보이지
않는
영화

보이지
않는
영화

허문영
지음

이 책에 실린 글들은 2011년부터 2014년 여름까지 쓰인 것들이다. 4년 전에 출간된 첫 평론집 『세속적 영화, 세속적 비평』에 실린 글들은 작품 혹은 감독 중심이었지만, 여기 실린 글들은 대개 특정한 의제들에 초점을 맞추고 있다. 작품 비평의 경우에도 텍스트를 꼼꼼하게 읽으려 하기보다는 해당 작품이 제기하거나 함축한 논점을 생각해보려 했다. 계획적인 중심 이동은 아니며, 나는 여전히 개별 작품과의 단독적 대화가 여전히 비평의 가장 중요한 일이라고 믿는다. 그럼에도, 흔히 사용되지만, 그 앞에 잠시 멈추어 그것이 무얼 의미하는지 생각해볼 수밖에 없는 특별한 단어들이 있었고, 그 생각을 나름대로 정리해볼 수 있는 기회가 마침 주어져 얼마간 우회로를 걸어본 것 같다. 이 머리말을 쓰고 있는 지금까지도 아직 걸어야 할 우회로가 꽤 남아 있다고 느낀다.

이 책의 1부는 문학계간지 『문예중앙』에 2011년부터 2012년까지 연재된 여섯 편의 글을 모았다. 칼럼의 간판은 '인문학 연재―시네마 노트'였지만, 편집자는 영화에 관련된 것이면 무엇이든 좋다며 자유로운 쓰기를 허용했고, 그를 핑계 삼아 영화비평도 아니고 정색한 인문학 에세이도 아닌 잡문을 쓰게 되었다. 쓰면서도 이게 무슨 부류의 글인가, 라며 스스로 어리둥절한 적도 있었지만, 그 소속의 애매함은 오히려 묘한 쾌감을 느끼게 하기도 했다. 이 글들이 다루는 의제는 거창하지만 흔한 것이었고, 그래서 불가피했다. 나로선 엄두를 낼 수 없는 인문학적 일반론이 아니라, 내가 본 영화들이 이 문제들을 어떻게 다루는지 생각해보려 했다.

이 책의 펴낸이이며 훌륭한 산문가이자 문학평론가인 정홍수 형은 『소설의 이론』이 (쓰이지 않은) 도스토옙스키론의 서론이기도 하다는 루카치의 사례를 빌려, 이 글들이 아직 쓰이지 않은 홍상수론의 서론으로 여겨진다는 과분한 소감을 말해줘 부끄러웠지만, 당사자인 나로서는 아직 잘 모르겠다. 우리는 세상을 보듯 영화를 보고, 영화를 보듯 세상을 본다. 달리 말하면, 영화는 보이는 세상이고, 세상은 보이지 않는 영화다. 양자의 경계는 유동적이고 불투명하며, 이 글들은 그 모호한 경계지대에서 양쪽을 두리번거리고 있다. 이렇게 두리번거리게 만든 큰 요인이 홍상수 영화에 있는 건 맞다. 그의 영화를 말하려 할 때, 그의 직전 영화를 말했던 방식이 거의 무력해진다는 사실 때문에 매번 난감했고, 홍상수론 쓰기는 계속 미루어져왔다. 뭔가 다른 길을 찾아야 했다. 하지만 이런 우회 과정이 그를 더 잘 말하는 데 어떤 도움이 될지는 아직 모르겠다.

이 책의 2부는 한 편을 제외하고 영화주간지 『씨네21』에 2013년부터 2014년 여름까지 게재한 비평들을 모았다. 이 글들을 다시 읽어보고 내게 일관된 비평의 방법이나 체계라고 부를 만한 것이 없다는 것을 재확인하게 된다. 물론 나는 그런 것을 정립해나갈 의지가 없으며 꼭 필요하다고 느끼지도 않는다. 다만 이런 질문은 늘 염두에 두고 있다. 영화를 보면서(어쩌면 세상을 보면서도) 왜 우리는 눈앞에 현전한 것을 종종 보지 못하며, 거기 없는 것을 종종 보았다고 느끼는가. 물론 이것을 간단히 실재계와 상징계라는 용어를 빌려 설명할 수도 있을 것이다. 하지만 한 편의 영화 안에서라면 사정은 좀더 복잡하다. 어떤 영화에서 우리가 보고도 보지 못한 것에는 영원의 침묵 혹은 실재의 반짝임뿐만 아니라, 위대한 결단, 가혹한 비난, 절박한 전언이 담기기도 한다. 우리가 보지 않고도 보았다고 느끼는 것들에는 종종 자기기만이 작동하는 것이 사실이지만 정반대로 창작자도 의도하지 않은 대화의 절정이 배태될 수도 있다.

영화는 읽는 것이 아니라 보는 것이다, 라고 쉽게 말할 수 있다. 하지만 '본다'는 것은 거의 불가능하다. 본다는 것에 이르기 위해서는 보고 또 보아야 한다. 반복해서 본다 해도 전보다 조금 더 볼 뿐 '본다'는 것을 완수할 수는 없다. 완수의 만족감을 즉각적으로 충족시키려는 영화들이 대다수라 하더라도, 영화의 힘은 보는 것과 읽는 것, 보이는 것과 보이지 않는 것과의 완결되지 않는 긴장에 있다고 여전히 생각한다.

그 생각으로 이 글들을 쓰려 했다.

원래는 영화에서의 윤리라는 문제에 대해 별도의 서문을 쓸 계획이었다. 이 책에 실린 글들이 어떤 층위에서건 그 문제와 연관되어 있지만, 나와 동료들이 윤리라는 단어로 정확히 무엇을 말하려는 것인지에 대해 한번 정리해보고 싶었다. 그런데 그것을 쓰기 위해선 2014년 우리의 소망과 무관하게 우리의 눈에 새겨져버린, 세월호 침몰 이미지와 IS(이슬람국가)의 참수 이미지를 경유하지 않으면 안 된다는 생각을 벗어나기 힘들었다. 하지만 그 두 이미지 앞에서 어떻게 해도 말길이 열리지 않았다. 뭔가 써놓고 보면 매번 그 말들이 추해 보이거나 졸렬해 보였다. 아직 그것에 대해 말할 준비가 안 되어 있다는 점을 인정하고, 쓰기를 미룰 수밖에 없었다.

특별히 고마움을 표해야 할 사람들이 있다.『문예중앙』원미선 편집장(당시)과 이미 일가를 이룬 문학평론가인 김영찬 편집위원(당시), 그리고 첫 평론집에 이어 이 책의 출판도 맡아준 정홍수 형은 내가 소속 불명의 글을 쓰도록 부추겼고 응원해주었다. 그들의 격려, 그리고 그들과의 대화에서 얻었던 자극과 힌트가 없었으면 1부의 글들을 쓸 생각조차 하기 힘들었을 것이다.

이 책과 직접 관련 없는 한 사람을 말하고 싶다. 첫 직장의 부서(『월간중앙』) 상사로 처음 만났고, 자주는 아니지만 25년 동안 꾸준히 보아온 정춘수 선배다. 세상에 자신을 드러내는 데 완전히 무관심한 이 지독한 독서광은 내가 쓴 글들을 대체로 존중해주었지만, 종종 무심하게 던지는 한마디로 내 생각의 빈틈을 아프게 찔렀다. 그는 고마운 선배이고 따뜻한 스승이자 무서운 독자다. 그는 한때 옛 『문예중앙』의 편집자이기도 했다. 이 우연한 인연 때문인지, 쓰는 동안 이 글들이 책으로 묶여 나오면 그에게 바쳐야 한다고 생각했다.

2014년 12월
허문영

2부 보이는 것과 보이지 않는 것

1부

영화의 윤리,
죽음의 시학

아덴만의
미혹(迷惑)

1

우리가 솔직하다면, 폭력에 반대한다는 상식화된 우리의 신념이 매우
연약한 지반 위에 서 있다는 것을 인정할 수 있다. 그 지반이 언제든
허물어질 수 있음을 보여준 사례를 최근의 '아덴만의 여명'에서 찾을
수 있다. 소말리아 해적들에게 인질로 잡힌 한국인 선원들을 구출하기
위해 2011년 1월 21일 감행된 한국 해군의 이 작전은 말 그대로 국민
적 갈채를 받았다. 진보적인 성향을 지닌 언론들도 이를 '쾌거'라고 표
현했다. 분명한 사실은 이 작전이 여덟 명의 해적을 사살한 것으로 완
수되었으며, 한국인 선장 석해균 씨의 생명도 위험에 빠트렸다는 것이

다. 전쟁 상황이 아니었음에도, 또한 해적들이 요구한 것이 돈이었음에도 불구하고 한국 정부는 폭력적으로, 더 부정적인 뉘앙스로 말하면 살육 작전으로 대응한 것이다. 한국 군대가 이 정도 규모의 살육 작전을 벌인 것은 적어도 '광주' 이후 처음일 것이다. 그럼에도 불구하고 이 살육에 대해 우리는 대체로 환호하고 있다.

물론 다른 목소리가 없었던 것은 아니다. 시간이 좀 지나자 소말리아 해적들에게 억류된 또 다른 한국인 선원들이 있다는 사실이 알려지고 석해균 씨가 맞은 총탄 중 하나가 한국 해군의 유탄임이 밝혀지면서 이 작전의 무모성과 과도함을 지적하는 의견도 조금씩 흘러나왔다. 하지만 이 목소리들은 주목받지 못하거나, 그 의견들 스스로 무언가 확신을 결여하고 있는 것처럼 보였다. 무엇보다 이 의견들은 보편적 윤리의 차원에서가 아니라 군사공학적 효율성, 정책적 적합성, 장기 대책과 같은 기술적 정책적 차원에서 제기된 것이다(공식적으로 표명된 의견 가운데 드문 예외는 박노자의 견해였다. 『한겨레』 1월 31일자에 게재한 칼럼에서 그는 "어쩔 수 없이 해적이 된 가난뱅이 여덟 명을 '성공적으로' 죽였다고 기뻐서 난리 치는 우리를 과연 계속 '인간'이라 부를 수 있는가?"라고 절규하듯 썼다).

조금 더 솔직해져야겠다. '아덴만의 여명'은 정파나 노선에 관계없이 우리 대부분에게 어떤 쾌감을 전해주었다. 우리는 실은 폭력에 반대하고 있었던 게 아니다. 어쩌면 우리는 우리의 공적 언명과 관계없이 전쟁에도 반대하고 있지 않을지도 모른다. 북한의 연평도 포격 때, 한국 정부의 '안보 무능력'은 정파에 관계없이 주장되었다. 안보 무능력의 상대어에는 세련된 대북 정책 외에도 가차없는 보복, 전쟁 능력의 향상이 있지 않은가. 이라크 전쟁을 반대할 때 그 언명의 바탕이라고 믿었던 전쟁 반대, 폭력 반대라는 일반적 신념은 전면전이 아닌 이 정도의 상황 변화만으로도 부서질 만큼 허약하기 짝이 없다.

전쟁과 폭력에 반대한다는 일반적 신념의 바탕은 정의감이 아니라 공포감이다. 홉스의 국가 이성론에는 동의하지 않더라도, '평화를 위한 자연법'을 낳은 것은 죽음의 공포이며, 그 공포의 모체가 인간 사회의 '만인에 대한 만인의 전쟁 상태'(토머스 홉스, 「제13장, 인간의 자연 상태에 대하여」, 『리바이어던』, 신재일 옮김, 서해문집, 2007)라는 그의 주장은 그의 시대보다 우리 시대에 더욱 유효하지 않은가. 2차 세계대전 이후에 정착된 세계적 힘의 균형, 국지적으로는 남북 관계의 군사적 균형, 일반적으로는 사적 소유를 절대화하고 근대적 합리성에 입각한 법질서 체계가 무너질 때, 나에게 닥쳐올지 모르는 재난에 대한 두려움이 우리의 정의감과 휴머니즘의 주인일 것이다. '아덴만의 여명'은 어떻게 우리를 매혹시켰는가. 그것은 우리의 수상쩍은 정의감을 어떻게 비웃으며 우리의 두려움을 어떻게 잠재웠는가.

이런 가정을 해보자. 서울 도심의 한 건물에 서울 시민 20여 명이 인질로 잡혀 있고, 빈민가 출신인 인질범들은 무장한 채 엄청난 몸값을 요구하고 있다. 인질범들은 무장하고 있고 상습범들이긴 하지만 아직 인질을 해친 적은 없다. 이 상황에 특수부대가 투입되어 인질범 중 여덟 명을 사살하고 인질을 구출하는 데 성공했다. 다만 인질 가운데 한 명이 복부에 심한 관통상을 입었다. 이런 상황이 벌어진다면, 이 작전에 우리는 '아덴만의 여명'에서와 똑같이 반응할까. 보통의 판단력과 감수성을 지닌 사람이라면 이 작전이 너무 위험하며 또한 잔혹하다고 느낄 것이다. 전 국민적 환호는 물론이고, 다수의 동의를 기대하기도 쉽지 않을 것이다. 그렇다면 이 가정된 사태와 실제로 벌어진 아덴만 사태의 차이는 무엇일까.

그 차이를 '거리'의 차이라고 말할 수 있을 것이다. 서울 도심과 아프리카의 지리적 거리, 한국인과 소말리아인의 인종적 거리, 혹은 도시인과 화물선 선원의 계층적 거리, 그리고 해적이라는 얼마간 낭만적이고 환상적인 기호(한 인디레이블은 '해적'이라는 이름을 갖고 있다)가 빚어내는 비실재감이라는 심리적 거리 등등. 이 거리들이 한데 모여 더해지거나 곱해질 때, 거기에 그 사건이 나의 생활 반경에 모종의 영향을 미칠 가능성이 거의 없다는 국제정치학적 거리에 대한 판단이 가세할 때, 아덴만 사태는 그것을 원거리 통신 미디어를 통해 바라보는 우리에게 실제 사건이라기보다 하이퍼리얼한 스펙터클에 가까워진다.

한 국책 홍보 사이트는 "영화 같은 구출 작전"이라고 자찬하고 한 국책방송은 "영화보다 더 영화 같은 당시 긴박했던 상황"이라고 표현했다. '영화 같은'이라는 수사의 의미는 이중적이다. 하나는 '거짓말처럼 멋지게 잘 수행된'이 될 것이며, 다른 하나는 '실재인지 아닌지 구별하기 어려운'이 될 것이다. 국책 사이트와 방송은 아마도 전자의 뜻으로 썼겠지만, 우리가 보기에 더 중요한 건 후자이다. 앞서 언급한 거리들이 우리로 하여금 안방에 앉아 그것을, 그 '영화 같은' 상황을 사실상 또 하나의 영화로 관람하도록 이끈다. 이 거리들 중 하나 혹은 그 이상이 작동하지 않을 때, 우리의 안전한 관람은 방해받을 것이다.

인터넷 매체 『미디어스』의 한 기사는 소말리아 해적이 테러리스트가 아니므로 '아덴만의 여명'은 과잉 대응이라고 비판했다. 이 비판은 윤리적으로 정당하지만, 초점이 빗나간 것이다. 사실을 말하면 소말리아 해적이 테러리스트가 아니었기 때문에 이 작전은 감행될 수 있었고, 그 효과가 '영화 같은' 것이 될 수 있었다. 만일 인질범들이 중동 테러리스트였다면, 국제정치학적 거리는 소멸되고 아덴만과 같은 작전은 바로 우리 생활환경 안에 테러의 가능성을 높이는 결과를 낳을 것이다. 김선일 씨가 이라크 무장단체에 피랍되어 끔찍한 무슈으로 '참수'될 때까지, 그리고 그 이후에도 한국 정부는 어떤 '작전'도 시도하지 않았다. 연평도 사건 때 이명박 정부가 한 일은 결국 보복 공격이 아니라 무력시위였을 뿐이다. 만에 하나 '작전'이 시도되고 또한 성공하더라도 결코 '영화'가 될 수 없을 것이다. 우리의 안방이 더 이상 안전하지 않을 것이기 때문이다.

그러니 이렇게 말하는 게 맞을 것이다. 김선일 사건, 연평도 사건으로 집약되는 현실의 불안과 두려움을 달래주는 국가적 반격의 시뮬라크르가 '아덴만의 여명'이다. 그 작전은 우리의 불안과 두려움을 불러일으키는 실재와는 거의 무관하기 때문이다. 요컨대 '아덴만의 여명'은 한국 정부가 국민에게 제공한 '영화 같은' 폭력의 스펙터클이었다. 여기서 '영화 같은'은 비유이면서 비유 이상이다. 우리가 '영화 같다'고 느끼는 순간, 우리는 영화를 체험하는 방식으로 아덴만의 시청각적 정보들을 재구성하기 때문이다. 한 영화제작사는 놀랍게도 사건이 일어난 지 20일도 안 되어 이 사건을 200억짜리 영화로 만들겠다고 발표했다. 한국 영화계에서 최상의 시나리오와 감독과 배우가 준비되어 있다 해도 20일이라는 시간은 200억이 드는 영화의 제작을 결정하는 데 터무니없이 짧은 시간이다. 우리가 이 사건을 즉각적으로 온전한 '상업' 영화로 보았다는 방증이다. 머나먼 대서양에 울려 퍼진 "안심하십시오. 대한민국 해군입니다"라는 감격적인 외침은 실제 목소리였지만 그 목소리는 분단의 현장과 중동의 싸움터에서는 발화되지 않고, 그 말을 사후에 모든 거리들이 안전하게 작동하는 안방에서 듣는 우리에게 증강된 쾌감을 선사할 뿐이다. '아덴만의 여명'을 국가가 기획한 대단히 성공적인 폭력의 스펙터클 혹은 또 하나의 액션영화라고 부르지 않을 이유가 없다.

2

'아덴만의 여명'의 흥행 성공은 영화의 폭력성에 대한 도덕적 비난이 완전히 쓸모없다는 것을 알려준다. 1990년대에 영화의 폭력성 논쟁을 재점화한 퀜틴 타란티노의 〈펄프 픽션〉에는 피투성이 시체 옆에서 인물들이 킬킬거리는 장면이 등장한다. 일부 관객과 평론가들은 이런 장면에 분노했다. 윤리적 혹은 미학적 용어로 표현되기는 했지만, 그 분노는 특정 장면에 대한 감각적 역겨움, 불쾌감에서 비롯된 것이다. 즉각적이고 주관적인 쾌/불쾌가 정의와 윤리의 언어로 둔갑해 특정 영화를 비난하는 무기가 되는 것은 영화의 역사만큼이나 오래된 일이다. '아덴만의 여명'을 승인한 윤리적 기준으로 〈악마를 보았다〉(2010)의 폭력성을 규탄하기란 최소한의 이성을 지닌 사람이라면 불가능하다.

우리의 관심사는 영화의 폭력성에 대한 도덕적 비난에 있지 않다. 문제는 폭력적임에도 불구하고, 아니 오히려 폭력적이라는 사실 때문에 우리가 영화에 매혹된다는 것이다. 그 점에선 '아덴만의 여명'도 예외가 아니다. 폭력 이미지가 불러일으키는 쾌/불쾌가 무의미하거나 무시해야 할 경험이 아닌 것이다. '아덴만의 여명'은 우리의 세상 보기와 영화 보기, 특히 영화의 폭력성에 관련된 의미 있는 쟁점들을 예시한다. 그것이 이 영화 아닌 영화를 계속 문제 삼는 이유이기도 하다. 나의 사실은 우리가 이 영화의 매혹으로부터 벗어나는 것이 거의 불가능하다는 것이다. 이것을 말하기 위해서, 이 영화에서 우리가 본 것과 보지 않은 것이라는 문제를 거쳐 우회하는 것이 좋겠다.

정확히 말하면 '아덴만의 여명' 그 자체가 액션영화가 아니라 그 사건에 관한 시청각적 정보를 우리가 액션영화의 틀로 받아들였거나, 우리의 뇌가 그것을 액션영화로 재상영했다고 표현하는 게 맞을 것이다. 그 재상영이 가능하기 위해선 극장 혹은 안방에서의 관람과 같은 수준의 안전을 보장하는 모종의 거리들이 작동해야 한다는 것은 이미 언급했다. 다음 문제는 영화의 내용이다. 우리가 모두 같은 영화를 본 것일까. '아덴만의 여명'은 '문제적 상황-해결의 행위-개선된 상황(SAS′)'이라는 고전기 영화의 전형적 도식을 지니고 있다. 하지만 스토리라인이 같다고 해서 같은 영화가 되는 건 아니다. 만일 우리가 하나의 영화를 보았다면, 같은 스토리라인을 지닌 또 다른 '아덴만의 여명'을 상상해볼 수 있다. 다른 버전을 만들어낸 이런 요소들을 살펴보는 것이 영화의 폭력성에 대한 우리의 이중적 태도를 파악하는 데 도움이 될 것이다.

먼저, 영화에서의 동일시와 연관된 시점(視點)의 문제다. '아덴만의 여명'은 한국 해군이 제공한 정보로 우리에게 주어졌다. 다시 말하면 이 영화는 한국 해군의 시점으로 구성된 것이다. 만일 한국 해군이라는 영웅이 아니라 이 영화에 등장하는 다른 주체의 시점으로 구성된다면 어떻게 될 것인가. 예컨대 억류된 선원의 시점이라면? 우리는 영웅의 도착을 애타게 기다리는 가련한 인질의 모습을 쉽게 떠올릴 수 있지만, 아닐 수도 있다. 돈이 지불되어야만 중단될 해적의 위협과 자신의 생명이 위태로울 수 있는 구출 작전 중에서 당신은 무엇을 택할 것인가. 적지 않은 사람은 차라리 전자를 택할 것이며 적어도 우리는 둘 사이에서 끝없이 망설일 것이다. 앞서 가정한 도심 인질극을 다시 떠올리면 문제가 좀더 명확해질지도 모른다. 그 상황이라면 우리는 특수부대에 동일시하기보다는 인질에 동일시할 가능성이 높다. 그렇다면 '아덴만의 여명'은 위협적인 영화가 되었을 것이고 우리의 환호는 비명으로 바뀔지도 모른다.

좀더 심각한 사태는 이 영화가 해적들의 시점으로 구성될 경우에 벌어진다. 인구의 70퍼센트의 생계비가 2달러가 안 되는 나라에서 태어난 가난한 아이가 먹고살기 위해 해적선에 몸을 싣다 사살된 여덟 명 속에 포함된 청년이었다면, 그리고 그 시점으로 이 이야기가 구성되었다면? 우리는 완전히 다른 영화를 보게 될 것이며, 박노자가 우리에게 보도록 요청한 것은 이 버전이었을 것이다.

물론 우리가 환호할 때 우리의 뇌에서 상영된 영화에는 이런 선원과 해적의 시점이 없었다. 한국 해군의 시점으로만 줄곧 진행되는 '아덴만의 여명'이 그런 점에서 어설픈 영화라고 말하는 것은 쉬운 일이다. 그리고 우리는 진보적인 입장을 견지하며 혹은 정치적 올바름을 추구하며 이 영화에 '수정주의적' 시점 이동을 요청하는 것도 가능할 것이다. 개척자 미국인의 시점에 따라 인디언을 야만적 악으로 묘사한 일부 고전기 서부극의 관점을 〈리틀 빅 맨〉 혹은 〈늑대와 춤을〉처럼 인디언의 시점에 의해 수정하듯이 말이다. 그런데 역지사지의 시점 전환, 그게 아니라도 공정한 시점 혹은 시점의 공정한 배분이 과연 근본적인 수준에서 가능한 일일까.

영화에서 시점은 거의 외설적일 만큼 유동적이다. 간단한 예를 들어보자. 〈스크림〉과 같은 공포영화의 클리셰가 된 장면에서 연쇄 살인마가 가련한 여성을 쫓고 있을 때, 카메라는 여성을 보는 살인마의 시점과 여성의 시점을 오간다. 관객인 우리는 두 시점을 번갈아 점유한다. 여기서 우리는 살인마의 자리에서 여인을 쫓고 있는가, 아니면 여인의 자리에서 괴물로부터 달아나고 있는가. 마침내 살인마가 여인을 끔찍하게 살해할 때, 우리는 완수의 쾌감을 느끼는가, 아니면 고통을 느끼는가. 60, 70년대 영화이론에서 까다로운 논쟁을 촉발한 시점 의제는 80년대 이후에는 사실상 사라지고 말았다. 관객의 주체성에 대한 확정적인 결론에 이를 수 없었기 때문이다. 다만 한 가지는 확실해졌다. 복수의 시점을 번갈아 점유할 수는 있지만 동시에 점유하거나 공평하게 점유하는 건 불가능하다. 통합적 시점이나 시점들 사이의 균형 혹은 대칭점이란 존재하지 않는 것이다. 영화는 제한 없는 시점 이동의 천국이기도 하지만 끝없는 비대칭의 지옥이기도 하다.

두 인물이 카페에 앉아 대화하는 상황이 숏-리버스 숏-투 숏으로 이어지는 매우 흔한 영화 장면을 떠올려보자. 우리는 대개 리버스 숏이 시점 전환이고, 미디엄 숏인 투 숏이 통합적 시점 혹은 간주관적(상호주체적) 시점이라고 생각할 수 있다. 하지만 투 숏에서도 우리는 두 사람에게 동시에 집중하는 것이 불가능하다는 사실을 경험적으로 알고 있다. 게다가 대개 클로즈업인 숏-리버스 숏은 감정의 숏(들뢰즈의 표현을 빌리면 감화-이미지)이지만 투 숏은 두 사람의 상황에 대한 정보를 알려주는 지각의 숏(지각-이미지)이다. 숏, 리버스 숏, 투 숏은 동일 평면 위의 세 시점이 아니라 서로 다른 차원에 속해 있어 우리는 결코 세 시점을 한꺼번에 혹은 공평하게 점유할 수 없다.

이것은 곰브리치가 『예술과 환영』에서 예시한 착시의 그림(토끼로 보이기도 하고 오리로 보이기도 하는)을 보면서 우리가 토끼와 오리를 결코 동시에 볼 수 없는 시차(視差)의 패러독스에 비유될 수도 있을 것이다. 동물 다큐멘터리를 즐겨보는 사람이라면 늑대가 주인공인 작품과 붉은 사슴이 주인공이 작품을 떠올려봐도 좋을 것이다. 전자에서 우리는 잔혹하지만 강하고 고독한 맹수에게 매혹되고, 후자에서 우리는 상처받기 쉬운 초식동물의 섬세함과 아름다움에 매혹된다. 그런데 그 둘이 한 장면에서 먹고 먹히는 사태가 벌어진다면 어떻게 할 것인가.

이 둘을 동시에 승인한다는 것은 불가능하다.

　이 논의들의 함의는 명백하다. 우리는 '아덴만의 여명'에서 한국 해군의 시점과 소말리아 해적의 시점, 선원의 시점 가운데 어느 한편을 선택하거나 번갈아 점유할 수는 있지만, 그 시점들을 통합하는 제3의 시점을 지니는 것이나 그 사이에서 균형을 잡는 것은 불가능하다. "가장 기초적인 차원에서 일어나는 인간의 의사소통 과정 속에는 평등주의적 상호주체성의 공간이 없다"고 본 자크 라캉의 말에 동의한다면, 상호주체성은 잠정적으로 일종의 환상이라고 간주해도 좋을 것이다. 이스라엘 암살요원의 활약을 그린 스티븐 스필버그의 〈뮌헨〉이 아랍 테러리스트의 시점을 끌어들여 균형을 잡기 위해 애썼지만 결국 유대인의 관점을 벗어나지 못한 것, 그리고 클린트 이스트우드가 2차 세계대전 시기 이오지마 전투라는 한 가지 상황을 각각 미군의 시점과 일본군의 시점으로 그린 영화를 〈아버지의 깃발〉과 〈이오지마에서 온 편지〉라는 두 편의 영화로 '분리'해 만들었을 때, 이 영화들의 내용 이전에 그 분리라는 결단이 심원한 감흥을 불러일으킨 것도 이런 논의와 무관하지 않을 것이다.

　현실의 행위에서 상대적으로 중립적인 혹은 상대적으로 윤리적인 선택이 불가능하다고 말하는 것은 아니다. 우리는 정치적 올바름이나 톨레랑스 같은 덕목이 개인, 집단, 국가 간의 비폭력적인 관계 설정에 도움이 된다는 사실을 알고 있다. 하지만 뒤에 다시 말할 기회가 있겠지만, 그런 덕목이야말로 우리에게 더 많은 억압을 강제하며 파괴적 충동을 무의식 속으로 밀어 넣는다. 이것이 영화의 폭력성에 탐닉하게 하는 하나의 요인이 된다. '아덴만의 여명'이 한 편의 영화로 던져졌을 때, 그것을 소말리아 해적의 시점으로 완전히 재구성하지 않는 한, 우리가 박노자의 우울한 절규에 이성적으로 동의하더라도, 그 영화의 매혹으로부터 벗어나기란 거의 불가능하다.

  적어도 한국에서 만들어지는 '아덴만의 여명'이 소말리아 해적의 시점으로 재구성되기는 불가능에 가깝다는 사실에 설명이 필요할까? 영국의 보수 언론으로부터 "이 사람은 왜 이토록 자신의 조국을 혐오하는가"라는 극단적 비판을 불러일으킨 켄 로치의 〈보리밭을 흔드는 바람〉은 영국군과 싸우는 아일랜드 공화군(IRA)의 시점으로 아일랜드 해방전쟁을 묘사한다. 이 시점 전환이 가능했던 것은 켄 로치가 사회주의자였기 때문이다. 정확히 말하면 켄 로치는 아일랜드라는 국가의 편을 든 것이 아니라 영국의 '지배 계급'에 반기를 든 것이다. 이 영화에는 타협적인 아일랜드 지배층에 대한 반감도 드러나 있다. 시점 전환은 영국인에서 아일랜드인으로의 방향이 아니라, 지배 계급에서 피지배 계급으로의 방향으로 이루어진 것이다(〈보리밭을 흔드는 바람〉이 진정으로 사회주의적인가에 대해선 의문이 있다. 이 영화는 엄격한 계급적 관점을 유지하기보다는 아일랜드 공화군의 급진파 데이미언의 멜로드라마적 수난기에 가깝기 때문이다).

  켄 로치의 관점은 보편적 계급으로서의 프롤레타리아를 국가/국민의 상위에 두는 것이다. 그런데 사회주의자라 할지라도 소말리아의 하층민이 한국의 하층민에게 해적 행위라는 폭력을 행사하는 상황에서 계급적 관점을 어떻게 유지할 수 있을까. 아마도 유일한 출구는 양국

하층민의 불행한 상황을 초래한 세계의 질서 자체를 문제 삼는 쪽일 것이다. 그러나 이 선택은 아덴만의 시급한 상황으로부터 눈을 돌리는 것, 즉 이 영화를 보지 않는 것이다(슬라보예 지젝이라면 이것이야말로 긴급한 윤리적 결단이라고 말할 것이다). 곰브리치의 말을 빌리면 "케이크를 먹어치우고도 그걸 계속 소유할 수는 없다. 환영 역시 그것을 이용하고 있으면서 경계할 수는 없다."(에른스트 곰브리치, 『예술과 환영』, 차미례 옮김, 열화당, 2003) 이 영화가 시작되는 순간, 멈춰 세우지 않는 한, 그 안에는 출구가 없다.

통속적인 수정주의가 빠지기 십상인 기만성도 언급하고 싶다. 예컨대, 〈늑대와 춤을〉은 한 백인이 평화롭고 관대하며 생태주의적인 인디언에 통화되는 이야기다. 인디언이 어떤 실제적 위협도 될 수 없는 안전한 시대, 오히려 인디언이라는 단어가 해적과 유사하게 향수 어린 낭만과 주술의 기표가 된 시대에, 인디언을 이상화하는 것이다. 이 방식은 〈아바타〉에서도 고스란히 반복된다. 우리가 속해 있고 우리가 그 작동을 승인한 세계의 시스템이 말살해버린 타자들, 더 이상 나의 안전과 내 집값을 위협하지 않는 그들을 위해 눈물을 흘리고 그들이 진정 위대했노라고 말하는 건 얼마나 쉬운 일인가. 타자를 이상화하는 것은 자기를 이상화하는 것만큼 위험하다. 두 태도는 실은 자아의 결핍과 분열을 은폐하려는 동일한 시도에서 비롯된 것이다(뉴에이지는 타자의 이상화에서 시작해 자아도 타자도 모두 사라진 황홀경으로의 진입을 시도한다).

두번째 요소는 영화의 폭력 이미지와 직결된 것이다. 우리가 환호할 때 '아덴만의 여명'에서 보지 못한 이미지들이 있다. 예컨대 우리는 총격 장면을 근접 화면으로 본 적이 없다. 이것은 이 영화의 수용에 모종의 영향을 미칠 것이다. 만일 한국 해군이 발사한 총탄에 해적들의 육신이 손상되는 장면, 그리고 그들이 피 흘리며 죽어갈 때의 공포와 고통의 표정과 몸짓을 볼 수 있었다면, 우리의 반응은 얼마나 달라졌을까. 여덟 명이 사살되었다는 정보를 인지하는 것과 개별적 육체의 손상 장면을 직접 본다는 것은 완전히 다른 체험이다. 후자의 경우에, 우리는 이 영화에 대한 환호를 망설이게 될지도 모른다.

시각적 정보의 차이에 따른 반응의 차이를, 슬라보예 지젝은 지각의 착각과 비슷한 '윤리적 착각'이라고 불렀다. 우리 대부분은 버튼 하나를 눌러 눈에 보이지 않는 수천 명의 사람을 죽이는 일보다 총으로 누군가를 직접 겨냥해 쏘는 일에 대해 더 큰 거부감을 느낀다는 것이다. 전자가 훨씬 잔혹한 행위인데도 이런 착각이 일어나는 이유에 대한 지젝의 설명은 이러하다. "추상적으로 추론하는 능력이 엄청나게 발전해왔음에도 불구하고 우리의 정서적 윤리적 대응은 아주 오래된 본능적 반응에 길들여져서 고통받는 장면을 직접 목격하면 동정을 느끼게 되기 때문이다."(슬라보예 지젝, 『폭력이란 무엇인가』, 이현우 외 옮김, 난장이, 2011)

'아덴만의 여명'은 그런 면에서 매우 온건한 액션영화이다. 고전기 할리우드에 적용되었던 제작 준칙(Production Code)에는 '발사되는 총과 그 총을 맞는 사람이 한 장면에 담겨서는 안 된다'는 금지 조항이 있었다. 당시 미국의 여론 주도층은 설사 악인을 처단하는 폭력이라 하더라도 영화의 폭력 장면은 도덕적으로 해롭다고 판단했고, 이런 금지조항으로 그 해악성을 피할 수 있다고 믿었다. 이 조항이야말로 '윤리적 착각'을 정확히 겨냥한 것이며, '아덴만의 여명'은 그 준칙을 충실히 지킨 영화인 셈이다. 이 영화의 온건함은 몇 사람이 사살되었느냐는 실정적 차원이 아니라 특정 이미지의 유무에 관계되어 있고, 그것이 우리의 '윤리적 착각'을 유도하고 있는 것이다.

지젝의 설명이 명쾌한 것은 사실이지만, 영화의 폭력 이미지에 관해서라면 이것만으로 부족하다. 왜냐하면 오늘의 많은 관객들이 영화에서 보고 싶어하는 것 중의 하나는 거부감을 느끼게 하는 바로 그 장면, 개별적 육체의 손상 이미지이기 때문이다. 거부감을 불러일으키는 폭력 장면이 동시에 매혹적이라는 사실을 우리는 경험적으로 알고 있다. 이것을 인정하면 사태는 다소 끔찍해진다. '아덴만의 여명'에 해적의 신체가 손상당하는 폭력 이미지가 담겨 있었다면 그것이 불러일으키는 불쾌의 느낌 때문에 윤리적 판단이 더 활성화할지 모르지만, 그것은 여전히, 어쩌면 더 매혹적인 것이 된다. 〈아저씨〉(2010)가 충격적인 폭력 장면들의 파노라마가 없었다면 그토록 많은 사람들을 불러모을 수 있었을까.

한 가지 질문을 짚고 넘어가는 것이 좋을 것 같다. 왜 폭력 이미지는 그것의 추함, 잔인함, 역겨움에도 불구하고 게다가 우리의 이성이 그것을 거부하고 있는데도, 우리의 시선을 여전히 붙드는가(혼란을 피하기 위해 덧붙이자면, 여기서 말하는 영화의 폭력은 구조적 폭력

이 아니라 신체에 가해지는 물리적 힘이라는 좁은 의미의 폭력을 뜻한다). 이 문제에 대한 만족할 만한 대답은 아직 제출되지 않은 것 같다. 최근에 발행된 한 연구서는 "영화의 폭력이 쾌감을 준다는 것은 여전히 논쟁거리이다. (……) 영화의 폭력을 비난하는 소리보다 더 큰 유일한 것은 관객들이 폭력적인 영화를 향해 몰려가는 소리이다"(James Kendric, *Film Violence*, Wallflower James, 2009)라고 적고 있다.

이 문제에 대한 견해는 세 가지 정도로 나눌 수 있다. 세 견해는 서로 연관되어 있지만, 초점은 약간씩 다르다. '제의론'이라고 부르고 싶은 첫번째는 다소 상식적인 카타르시스론의 일종이다. 영화의 폭력을 인간이 지닌 디오니소스적 에너지가 분출하는 제의로 간주한다는 것이다. 감독 마틴 스콜세지는 잘라 말했다. "아마도 우리는 고대 로마인들이 그랬듯이 유혈과 참수의 카타르시스를 필요로 하고 있을 것이다." 영화계 폭력학파의 창시자이자 '폭력의 피카소'로 불리는 샘 페킨파의 말은 조금 더 분석적이다. "모든 인간에게는 폭력의 충동이 있다. 그것에 숨통이 트이지 않거나 그것이 이해되지 못한다면, 전쟁과 광기로 터져 나올 것이다." 최신 폭력학파의 보스이자 '헤모글로빈의 시인' 퀸틴 타란티노는 빈정대듯 말한다. "폭력은 영화로 할 수 있는 가장 멋진 일 중의 하나다. 에디슨이 카메라를 발명한 건 그것 때문이 아니었나?" 많은 이들이 공유하는 이런 견해는 영화의 폭력이 인간이 지닌 비합리적 충동을 대리 충족시켜 '정화'한다고 가정한다.

또 다른 견해는 '적응론'이라 할 만한 것으로, 영화의 폭력을 근대 사회 특유의 불연속성, 아찔한 속도감, 과잉 자극에 맞선 일종의 사회적 적응전략과 연관시킨다. 발터 벤야민은 프로이트가 「쾌락 원칙을 넘어서」에서 '불안'의 방어적 효과에 관해 전개한 논의를 빌려 영화가 "대중적 정신 이상에 대해 정신적 예방 접종의 가능성을 제공했다"(발터 벤야민, 『기술복제시대의 예술작품/사진의 작은 역사 외』, 최성만 옮김, 길, 2007)고 말했다. "영화는 사디즘적 혹은 마조히즘적 망상들이 과장되게 발전한 모습을 보여줌으로써 현실에서 그러한 에너지들이 자연스럽고 위험한 방식으로 성숙하는 것을 막아줄 수 있다는 것이다." 벤야민이 영화의 폭력을 직접 언급한 것은 아니지만 '사디즘적 혹은 마조히즘적 망상들이 과장되게 발전한 모습'을 폭력 이미지와 나란히 놓아도 무리는 없을 것이다. 영화학자 비비안 소브차크도 유사한 논지를 펼쳤다. 그녀는 사적인 회고의 글에서 케네디 암살, 베트남 전쟁 등으로 얼룩진 폭력의 시대를 살았던 자기 세대의 삶과 당대에 번성한 스크린의 폭력을 연관시켰다. "폭력으로 인한 죽음의 가능성은 우리 모두에게 열려 있었다. 그 죽음에는 드라마도 카타르시스도 없었다. (……) 폭력과 피와 죽음은 여전히 두려운 것이었지만, 그것을 모르는 것은 더 두려운 일이었다. (……) 그 두려움으로 인해 우리는 영화의 폭력에서 눈을 떼지 못하였다."("The Violent Dance", *Screening Violence*, ed. Stephen Prince, Rutgus University Press, 2000)

세번째는 시체 혹은 '조각난 신체'의 물신론이라 할 만한 것이다. 이것은 첫번째 견해와 유사하지만 손상된 신체의 매혹에 유의한다. 앤터니 이스트호프는 라캉의 거울 단계론에 기대어 이러한 논지를 전개한다. 라캉에 따르면 거울 단계에 이른 아이는 거울을 통해 통합된 신체 이미지를 보지만 정작 자신의 여러 신체 부위들은 제멋대로 움직인다. 거울 이미지가 갖고 있는 영속성과 총체성과는 대조적으로 아이는 자신의 신체를 파편화된 것으로 느낀다는 것이다. 이것이 라캉의 '조각난 신체'의 개념이다. "거세와 불구, 절단, 탈구, 내장 적출, 삼키기, 신체의 파열을 보여주는 이미지들"이 거울 단계의 '조각난 신체'의 경험으로부터 비롯된다는 것이다. 이스트호프는 반문한다. "절단의 이미지가 우리에게 크게 부과되어 있지 않다면 왜 우리가 같은 종에 속한 구성원의 신체를 고의적으로 조각내면서 즐거워하는 유일한 종인가라는 문제는 어떻게 설명될 수 있는가?"(앤터니 이스트호프, 『무의식』, 이미선 옮김, 한나래, 2000)

이스트호프가 영화를 언급하고 있는 건 아니지만, 우리의 논의에는 유용하다. 에밀 졸라의 『테레즈 라캥』에 묘사된, 시체공시소에 몰려들어 흉측한 시체들을 탐닉하듯 관람하는 19세기 파리 시민들, 혹은 한 흑인 여인의 '시체 해부 쇼'를 보기 위해 입장료를 내고 모여든 1,500명의 19세기 미국 시민들(나카노 교코, 『무서운 그림 2』, 최재혁 옮김, 세미콜론, 2009)은 사지절단의 전시장인 고어(gore) 영화를 보기 위해 모여든 오늘의 관객과 흡사하지 않은가. 오늘의 영화관은 수 세기 전의 시체공시소와 시체 해부 쇼의 어떤 기능을 계승하고 있으며, 그들은 공히 조각난 신체의 매혹을 전시한다.

이 견해는 또한 폭력 이미지에 대한 탐닉과 폭력 행위에 대한 탐닉을 동시에 설명하기에 유용하다. 폭력과 공격성은 자기 신체의 파편성, 즉 "자신을 이루고 있는 무질서를 세상을 향해 되던질 때"(앤터니 이스트호프,『무의식』) 발생하는 것이다. 첫번째 견해가 가정한 폭력 영화의 '정화작용'은 실은 불가능한 것이며, 손상된 신체 이미지에 대한 탐닉 그리고 '자아의 통일성을 위해 타자를 조각내려는 충동'은 결코 정화되거나 제거될 수 없다는 것이다. 그렇지 않다면, 25만 명의 생명을 앗아간 2004년 동남아시아 쓰나미 때, 10만여 명이 희생당한 2008년 미얀마의 사이클론 때의 동영상 CD가 날개 돋친 듯 팔려나간 사태(『연합뉴스』, 2005. 1. 24)를 어떻게 설명할 수 있을까.

어떤 근거에서든 손상된 신체 이미지가 매혹적인 것이라면 우리는 끔찍한 추론에 다시 이르게 된다. '아덴만의 여명'에 소말리아 해적의 신체가 부서지는 이미지가 첨가되더라도, 지젝의 예상과는 다르게 윤리적 착각이 아니라 쾌감의 증강이 이루어지게 된다는 것이다. 하지만 이 추론을 과장해선 안 된다. 하나의 폭력 이미지는 모두에게 같은 수준의 쾌/불쾌를 불러일으키지 않는다. 폭력 이미지의 매혹에 대한 위의 견해들은 합리적 이해가 불가능한 지점에서 제기된 일종의 가설들이며, 개별적 반응의 편차들을 포괄하지 못한다. 특히 정신분석학은 여성성의 해명에는 종종 문제를 드러낸다. 예컨대 우리는 고어 영화의 마니아들 중에는 남성이 압도적으로 많다는 사실을 알고 있다.

그렇다면 '윤리적 착각'의 가능성을 배제해선 안 된다. 누군가는 덧붙여진 폭력 이미지에 쾌감이 아니라 죄의식을 느낄 것이다. 문제는 그럼에도 그것은 여전히 '착각'이라는 것이다. 여기에 존 버거의 논의를 덧붙이고 싶다. 존 버거는 피 흘리는 노인과 아이가 담긴 보도 사진을 본 뒤에 그 사진에서 보여지는 폭력 이면의 또 다른 폭력을 발견했다.(존 버거, 「고통의 장면들을 보여주는 사진들」, 『본다는 것의 의미』, 박범수 옮김, 동문선, 1980) 사진은 그 사건이 이루어진 상황과 시간으로부터의 독자를 폭력적으로 격리시킨다는 것이다. 독자들이 그 사진을 보고 느끼게 되는 도덕적 무능함은 그 격리로부터 발생한다. 사진을 본 뒤에 다시 일상으로 돌아가거나 기부를 통해 속죄한다 해도 그 무능함의 느낌은 사라지지 않는다. 문제는 사진 속에 담긴 사건의 배후에 있는 전쟁 혹은 정치적 메커니즘에 눈을 돌려 그것에 개입할 우리의 정치적 자유가 없다는 사실을 깨닫는 것이지만, 사진에 담긴 이중의 폭력성이 오히려 그것을 방해한다는 것이다(이 지점에서 존 버거는 주관적 폭력의 직접성으로부터 눈을 돌려 객관적 구조적 폭력을 응시해야 한다고 주장한 지젝과 만난다).

폭력 이미지의 정체를 한마디로 정의하는 길은 없을 것이다. 그것은 불쾌하고 불편하며 자극적이고 매혹적이며, 무엇보다 강렬하다. 우리는 그 앞에서 어쩔 줄 모른다. 그것을 폭력 이미지의 미혹성(迷惑性)이라고 부르고 싶다. 실제 사건이지만 우리의 뇌에서 영화라는 환영의 프레임으로 상연된 '아덴만의 여명'과, 앞으로 만들어질 영화이지만 실재성을 쾌락의 원천으로 삼을 〈아덴만의 여명〉은 어떻게 변주되어도 서로 꼬리를 물며 폭력과 폭력 이미지의 매혹과 미혹 사이를 유영할 것이다.

3

영화가 유아기를 벗어나자마자 그 포토리얼한 물질적 속성과 서사의 능력으로 인해 폭력 이미지의 보고가 된 것은 불가피했다. 미국 영화의 아버지라 불리는 D. W. 그리피스가 "영화는 남자와 여자와 총"이라고 말할 때부터 "폭력은 영화의 필수 성분"(Stephen Prince, *Screening Violence*)이었다. 폭력 이미지의 미혹성은 우리에게 어떤 출구도 제공하지 않는다. 그것은 미끈거리는 액체처럼 의식과 무의식을 넘나들며 우리의 공격성을 만족시키고 동시에 우리의 죄의식 또는 무력감을 작동시킨다. 영화에서 폭력 이미지를 문제 삼는 유일한 방법은 폭력 이미지 자체가 아니라 그 이미지들의 사이와 '관계'를 보는 것이다. 이것은 영화의 서사에 주목해야 한다는 뜻이 아니다.

영화는 본질적으로 과잉의 매체다.(더들리 앤드루, 『영화 이론의 개념들』, 김시무 외 옮김, 시각과언어, 1998) 그렇다고 해서 그 과잉이 한 영화의 모든 이미지에 동등하게 작용하는 건 아니다. 다른 이미지들은 그 과잉을 잠재화할 수 있지만, 영화의 폭력 이미지는(섹스 이미지와 함께) 그것의 직접적이고 본능적인 감화력과 미혹성으로 인해 어떤 경우에도 흘러넘친다. 폭력 이미지는 흘러넘치면서 결코 서사에 온전히 포섭되지 않는다. 그렇기는커녕 오히려 영화의 다른 요소들을 그 안으로 빨아들여 부차화하거나 녹여 없앤다. 폭력 이미지는 차라리 이미지의 포식자 혹은 블랙홀이다. 포르노그래피의 방식은 이 과잉성을 전경화하는 것이다. 폭력과 섹스 이미지는 공히 포르노그래픽하다.

고전기 할리우드의 제작 준칙은 폭력 이미지를 조심스럽게 다루도록 요구했다. 1968년, 미국에서 제작 준칙이 등급제로 바뀐 뒤로 폭력 이미지에 가해진 제한은 사실상 사라졌다. 오늘의 영화에는 모든 유형의 폭력 이미지들이 범람한다. 우리의 감각을 거의 무감각의 경지로 이끄는 이 폭력 이미지들의 밀림에 들어가기 전에, 두 편의 할리우드 고전기 영화들이 폭력 이미지를 다루는 방식을 살펴보는 것이 필요할 것 같다. 그 방식이 폭력 이미지의 밀림에 빠진 우리의 나침반이 되어 줄지도 모른다. 그들의 작업은 할리우드 제작 준칙의 구속 아래 이루어졌지만, 오늘의 대다수 폭력 영화보다 폭력 이미지를 훨씬 다층적이며 복합적인 방식으로 드러낸다. 때로는 제한과 구속이 예술적 성취를 낳는다.

프리츠 랑의 〈빅 히트(Big Heat)〉(1953)는 당대의 가장 폭력적인 영화에 속한다. 선악의 대결과 공동체의 질서 회복이라는 고전기 영화 일반의 도식에 사적인 복수 이야기가 결합된 이 영화는 모티브의 면에서 오늘날 범죄 스릴러의 원형이라 할 만하다. 미국 시절의 프리츠 랑은 동시대의 어떤 감독들보다 '복수'의 모티브에 몰두했으며, 이것이 그의 영화에 폭력적이고 자기 파괴적인 기운을 불어넣는다. 〈빅 히트〉의 주인공은 형사 데이브(글렌 포드)이며, 그가 상대하는 범죄자는 데이브의 상관을 포함한 도시 전체를 지배하는 갱스터 마이크와 그의 야수적인 행동대장 빈스(리 마빈)이다. 데이브는 마이크가 배후에 있는 자살 사건을 수사하다 빈스가 교사한 자동차 폭발로 아내를 잃는다. 데이브는 경찰 배지를 내던지고 마이크의 조직과 홀로 맞선다.

〈빅 히트〉의 폭력 이미지에 대한 다음의 설명은 주로 로빈 우드의 견해를 따르려고 한다.("Fritz Lang: 1936~1960", *Cinema: A Critical Dictionary*, ed. Richard Roud, Nationwide Book Services, 1980) 이 영화의 가장 폭력적인 장면들은 모두 빈스와 연관된다. 이상 심리의 범죄자를 묘사하는 프리츠 랑의 방식은 폭력 묘사를 피하지 않으면서도 그 이미지의 과잉성을 절묘하게 제어하는 균형의 전범이라 할 만하다. 예컨대 빈스가 술집 여급의 손을 시가로 지지는 장면. 데이브의 눈앞에서 벌어지는 이 장면에서 카메라는 클로즈업을 사용하기는커녕 움직임도 없지만, 오히려 프레임의 하단에서 발작적으로 이루어지는 그의 행위는 놀라움을 주며, 그로 인해 여급의 고통은 비명 소리에 실려 효과적으로 전달된다. 이 장면은 빈스의 가학적 캐릭터를 드러낼 뿐만 아니라, 아내를 잃은 데이브의 분노와 기사도적 대처, 빈스의 애인인 데비의 데이브에 대한 호감을 차례로 발생시키며 서사 전개의 중대한 전기가 된다. 하나의 폭력 이미지에 "수많은 사람들이 연루되고 그로 인해 복합적인 의미가 태어나는 것"이다.

또 다른 장면은 빈스가 질투심으로 끓는 물을 데비의 얼굴에 퍼붓는 대목이다. 이 장면에서 데비의 얼굴에 끓는 물이 닿는 순간은 스크린 밖에 놓인 채 비명으로만 처리되었다. 시각적으로 자극적인 요소가 전혀 없는데도 이 장면이 소름 끼치는 효과를 발휘하는 이유를 로빈 우드는 "미장센의 경제성과 정교함, 사건이 일어나는 속도와 급작스러움, (……) 필요한 모든 정보는 갖고 있지만, 행위 그 자체는 우리의 상상력에 남겨진다는 사실"에서 찾았다. 〈빅 히트〉가 모던한 느낌을 주는 이유는 복수의 모티브뿐만 아니라 이런 폭력 이미지들이 폭력 행위보다 고통에 초점을 맞춘다는 데 있다. 다른 점이 있다면 신체 훼손의 시각적 세부 묘사가 아니라, 미장센과 속도, 사운드와 상상력을 통해 고통의 감각을 전한다는 것, 또 그 고통이 서사의 전개에 복합적이고 유기적인 방식으로 작용한다는 점이다.

또 다른 영화는 상대적으로 덜 알려진 조셉 맨케비츠의 걸작 〈노 웨이 아웃(No Way Out)〉(1950)이다. 이 영화는 폭력 이미지에 관한 특정한 유형을 제공하지는 않지만, 고전기 영화의 폭력에 대한 사유를 가장 사려 깊게 보여주는 작품 가운데 하나다. 주인공은 촉망받는 젊은 흑인 의사 루터(시드니 포이티에)이다. 주유소를 털다 경찰의 총에 맞은 백인 형제 범죄자 레이(리처드 위드마크)와 조지가 그에게 맡겨진다. 과격한 인종주의자인 레이는 흑인 의사를 맹렬히 거부하다 동생이 루터의 응급처치를 받는 도중 사망하자 "내 눈앞에서 깜둥이 의사가 동생을 살해했다"고 주장한다. 레이는 동료들에게 흑인 공동체에 대한 복수를 지시하고 이 정보를 미리 알게 된 흑인들이 역습을 시도하면서 흑백 간의 대규모 충돌이 일어난다.

이 영화의 두 가지 점이 우리를 숙고하게 한다. 하나는 루터의 응급처치 장면이 화면에 등장하지 않는다는 점과 연관되어 있다. 레이가 "깜둥이가 내 동생을 살해했다. 내가 보았다"고 말할 때, 그 진실성을 확인할 수 있는 화면이 제시되지 않는 것이다. 다만 형제가 범죄자이자 광적인 인종주의자이고, 루터는 인정받는 의사이므로 관객인 우리는 레이가 거짓말을 한다고 추정한다. 그런데 문제는 그가 거짓말을 하는지 여부에 있지 않다. 오히려 그는 진실을 말하고 있다고 봐야 한다. 레이는 루터의 응급처치의 타당성을 판단할 의학적 지식이 없다. '흑인 의사가 죽였다'고 믿게 하는 것은 그의 인식의 지도이며 이데올로기이다. 그는 지금 본 것을 보지 못했다고 말하거나 보지 않은 것을 보았다고 말하고 있는 게 아니다. 그는 지금 본 것을 자신의 판단에 따라 말하고 있는 중이다. "이데올로기가 현실을 은폐하는 것이 아니라, 이데올로기야말로 우리가 현실이라고 말하는 것"(지젝)이다.

좀더 나아갈 수 있다. 레이가 가장 두려워한 것은 흑인 의사 루터가 동생을 살려내는 것이다. 이것은 그의 인종주의 이데올로기를 붕괴의 위험에 빠트릴 것이다, 다시 말해 레이는 자신의 환상의 지속을 위해 동생의 죽음을 욕망한다는 것이다. 그 욕망이 실현되어야만 그로 인한 자신의 공격성을 정의감의 발현이라고 스스로를 속일 수 있다. 동료들에게 흑인 공동체 습격을 지시하는 레이의 얼굴은 정녕 기쁨으로 가득하지 않은가. 이데올로기는 현실에 대한 오인이 아니라 자기 오인 위에서 작동한다. 불의(不義)의 현실이라는 원인이 인간적 분노와 정의의 폭력이라는 결과를 낳는 것이 아니라, 공격적 본능의 만족을 위해 즉 폭력과 폭력 이미지의 생산을 위해 불의의 현실을 조성해야 한다는 것, 그리고 그 조성은 자기 오인의 이데올로기를 경유해 일어난다는 것이다. 이 패턴은 정확히 오늘의 대다수 폭력 영화가 의존하는 서사의 구조다(〈노 웨이 아웃〉은 이 구조의 메타 서사인 셈이다).

이 서사가 두려워하는 것은 실재가 틈입해 이 구조를 완전히 붕괴시키는 것이다. 레이가 동생의 부검을 그토록 반대한 것은 바로 이 때문이다. 우리는 레이가 동생의 몸이 부검이라는 명목으로 산산조각 나는 것을 진심으로 원치 않아서 부검을 반대했다고 믿을 수 있다. 진실이 자명한데 왜 그것을 확인하기 위해 그토록 잔혹한 짓을 해야 하는가, 라고 그는 주장한다. 요점은 우리는 환상의 지속을 위해 실재의 틈입을 반대할 진정으로 훌륭한 이유를 늘 가질 수 있다는 것이다. '아덴만의 여명'에서 우리는 중태에 빠진 석해균 선장의 회복을 진정으로 소망한다(고 믿고 있다). 그러나 그 소망이 실은 인간적 염려 때문이 아니라 그 영화에 대한 우리의 만족이 훼손되는 것, 즉 그것이 영화에 그치지 않고 한 한국인의 실제적 죽음을 초래함으로써 완결된 패턴으로서의 우리의 환상에 구멍이 나는 것이 두렵기 때문은 아닐까.

맨케비츠의 천재성은 최초의 폭력이 행해진(레이는 그렇게 믿고 있다) 루터의 응급처치 장면을 생략했다는 것에 있다. 관객인 우리는 루터가 정당한 행위를 했다고 상식적으로 추론한다. 그런데 그 행위를 우리가 보지 못했다는 사실 때문에 은밀한 불안을 느낀다. 혹시 루터가 실수한 것은 아닐까, 아니면 이 영화의 후반에 일어날 반전(예컨대 루터가 정말 살인자였다는)을 위해 그 장면에만 우리의 눈을 가린 건 아닐까. 영화의 서사 진행과 함께 꿈틀거리던 우리의 은밀한 상상은 우리를 모종의 각성에 이르게 한다. 평범한 관객인 우리도 레이와 마찬가지로 그 장면을 보았다 해도, 그 의학적 적합성을 판단할 수 없다. 그런데도 영화에서 그 장면이 보여졌다면, 우리가 보았다는 사실 때문에 우리는 그것에 대한 지식을 얻었다고 판단하고, 루터의 누명이 벗겨지기만을 기다렸을 것이다. 이 선택은 진실과 거짓, 선과 악의 자명한 대립구도로 이끌 것이다. 하지만 우리는 그 생략된 장면이 불러일으킨 불가피한 무지(실은 보아도 알 수 없는 것을 보지 않은 것에 불과한)의 불안으로 인해 레이가 모종의 진실을 말하고 있을지도 모른다는데 유의하게 된다.

맨케비츠의 관심은 보여주는 것이 아니라 보여주지 않음으로써, 이데올로기와 폭력의 구조를 환기시키는 데 있다. 마침내 흑인 공동체와 백인 범죄 공동체의 유혈 충돌이 벌어졌을 때에야 당사자인 루터와 레이 외에는 보지 못한 그 장면이 이 거대한 폭력 사태와 사실상 무관해져 있다는 것을 불현듯 알아차리게 된다. 우리 눈앞에 드러나는 폭력 사태는 흑인 공동체와 백인 범죄그룹, 즉 한 하층민 집단과 또 다른 하층민 집단의 상호 폭력이다. '아덴만의 여명'과 마찬가지로 이것은 엉뚱한 대리전이다. 그들은 서로 상대를 잘못 골랐다. 흑인들의 진정한 투쟁 상대는 차라리 루터의 자애로운 백인 상사가 속한 백인 기득권층이 주도하는 질서 전체이기 때문일 것이다.

이 폭력 사태가 루터의 의료 행위와는 무관하게 구조적으로 운명 지어졌음을 아는 것은 루터의 노쇠한 어머니다. 그녀는 흑백 전쟁(실은 빈민들끼리의 전쟁)에 나서는 루터의 동생을 붙잡으려는 그의 아내를 만류하며 "너는 세상을 바꿀 수 없다. 우리는 (주부로서) 할 일이 있다"고 말하고 뜨개질을 계속한다(이 대사야말로 이 영화의 제목 '출구 없음'의 해제에 해당하는 메타적 진술이며, 숭고한 소극성이라 부를 만한 것이다). 이접(離接)된 원인과 결과의 틈새를 봉합하는 이데올로기, 혹은 상상된 폭력(루터의 응급처치)과 가시적 폭력(흑백 빈민들의 충돌)이라는 대리전을 내세워 자신을 감추는 진정으로 폭력적인 구조의 폭력. 〈노 웨이 아웃〉은 이 최종적 폭력의 정체를 그 징후로서 비로소 드러낸다. 이것이 생략이라는 위대한 결단의 효과다.

오늘의 영화에서 폭력 이미지의 과잉이, 단순히 폭력이 도덕적으로 나쁘기 때문에 나쁜 것은 아니다. 그것이 나쁜 것은 폭력 이미지의 제한 없는 전시가 고전기 거장들이 개척한 폭력 이미지의 다양하고 풍부한 표현 가능성을 오히려 제한하고 있기 때문이다. 최악의 경우는 폭력 이미지를 물신화해 폭력의 포르노그래피가 되는 것이다. 물론 정반대로 폭력 이미지의 미혹성 자체를 탐구의 대상으로 삼는 영화들도 있다. 우리는 특정한 폭력 이미지를 그 자체만으로는 도덕적으로 판단할 수 있는 근거가 없다는 사실을 인정해야 할 것이다. 우리에게 필요한 건, 우리가 비록 출구를 찾지는 못하더라도, 또 폭력의 카니발에 나서려는 청년을 말릴 수는 없더라도, 〈노 웨이 아웃〉의 노모처럼 뜨개질을 계속하게 해줄 분별력일 것이다.

(『문예중앙』, 2011년 봄호)

영화, 폭력, 폭력 이미지에 대한 단상 2

위장된 쾌락,
오인된 분노

1

2011년 5월 1일, 알카에다 지도자 오사마 빈 라덴이 파키스탄에서 미군 특수부대에 의해 사살되었다고 오바마 미국 대통령이 발표했다. 오바마는 그날 백악관 상황실에서 특수부대의 헬멧에 장착된 비디오카메라로 현장 상황을 지켜보았다고 한다. 이 사살의 국제법적 정당성과 함께 빈 라덴 시신 사진의 공개 여부에 관한 논란이 뒤따랐다. 제이 카니 백악관 대변인은 비공개의 이유를 이렇게 설명했다. "사진을 공개할 경우 (미국에 대한) 강한 분노를 유발할 수 있다는 점도 고려하고 있는 한 가지 사안이다." 그 사진이 "신문 1면에 실리기에는 적절하지 않을 정도로 끔찍한 빈 라덴의 두개골이 깨져 있는" 모습이기 때문이다. 찬반논란이 곧바로 이어졌다. 공개 반대론자는 "DNA 검색 등을 통해 이미 빈 라덴이 사망했음을 증명할 수 있는 증거들이 많은데 굳이 사진까지 공개할 필요는 없다"라고 주장했다. 찬성론자는 "의구심을 해소시키기 위해서라도 빈 라덴의 사체 사진 공개는 필요하다"고 주장했다.

이 논란은 우리가 매우 기묘한 시대를 살고 있음을 상기시킨다. 오늘의 우리는 존재하는 모든 것을 볼 수 있다고 믿는다. 첨단 광학과 전자 통신 테크놀로지는 우리의 시각 체험에서 물리적 거리, 시간적 거리라는 장애를 삭제했다. 백악관에 앉아 파키스탄의 한 가옥에서 벌어지는 사건을 보는 것은 물론이고 화성의 표면마저 작은 텔레비전 화면에 담아 실시간으로 볼 수 있는 시대, 촬영된 과거를 언제든 볼 수 있는 것만이 아니라 컴퓨터 그래픽이 1억 년 전의 공룡을 유사 실사 이미지로 재현할 수 있는 시대. 이제는 그것에 대한 경탄조차 새삼스러워진 옴니스코프(omniscope) 시대의 계율은 '보는 것이 아는 것'이다. 알기 위해선 보는 것만으로 충분하다는 것, 즉 시각=지각이라는 등식화이다.

이 등식화에는 뜻하지 않게 주술적 효과가 스며든다. 개그맨 김병만의 말대로 "안 봤으면 말을 하지 말아야" 한다. 보이는 것의 우상화, 혹은 이미지의 신격화. 레지스 드브레는 고대의 우상이 지닌 마술적 힘을 현대의 과학기술이 불러냈다며 이러한 이미지의 신격화를 두번째 우상 숭배라고 불렀다.(레지스 드브레, 『이미지의 삶과 죽음』, 정진국 옮김, 글항아리, 2011) 빈 라덴의 죽음이라는 사실에 대한 지각은 이미지로서 확증되며, DNA 분석이라는 생명공학의 지식은 이 새로운 우상을 제압하지 못한다.

그런데 알카에다가 나흘 만에 빈 라덴의 죽음을 인정함으로써 이 논란을 머쓱하게 만들었다는 건 어떻게 이해해야 할까. 이것은 시각의 우상화가 첨단 과학이 지배하는 문화권인 미국에서 가장 급속히 이루어졌다는 사실의 방증이 아닐까. 시신의 사진을 보지 않으면 죽음을 믿지 않을 것이라는 그들의 염려는 자신들보다 덜 문명화된 것으로 간주되는 이슬람 문화권이 아니라 오히려 미국인들 자신, 혹은 서구 사회 일반에 우선적으로 적용되는 것이 아닐까. 현대의 전쟁을 물리적 누기와 명력의 내설이 아니라 '시각적 변재 능력'(폴 비릴리오, 『선생과 영화』, 권혜원 옮김, 한나래, 2004)의 대결로 전환시킨 미국 스스로가 바로 이 새로운 우상의 가장 충실한 신도라는 사실이 이 짧은 논란의 배후가 아닐까.

하지만 여전히 남는 문제는 시신 사진의 공개가 한 인간의 죽음이라는 사실의 지각에서 그치지 않는다는 것이다. 사진에는 찍힌 것 말고 무언가 다른 것이 따라붙는다. 사진은 사실을 전사(轉寫)하지만 그 이미지에는 전사된 사실 외에 모종의 잉여가 필연적으로 발생한다. 이것이 사진과 영화를 그토록 매혹적으로 만든 요소 가운데 하나이지만, 이 경우 그 잉여에는 쾌/불쾌 혹은 분노/희열이라는 즉각적인 감화 작용이 포함될 것이다. 총알을 심장에 맞아 죽은 것과 얼굴에 맞아 죽은 것에는 고통의 차이를 포함해 본질적 차이가 없을 것이다. 그러나 그 형상의 차이는 엄청난 감화의 차이를 빚어낸다.

시신 사진을 보지 못한다면 빈 라덴을 숭배하는 이슬람 근본주의자들은, 그들 중 극소수만이 빈 라덴의 실제 모습을 보았을 것이므로, 우리와 마찬가지로 통상의 동영상 혹은 사진 이미지로 빈 라덴을 떠올릴 것이다. 그 이미지는 그들의 성상(聖像)이다. 두개골이 처참하게 으깨진 시신 사진을 본다면 그들의 성상은 그 시신 이미지로 대체될 것이다. 뼈와 살을 지닌, 그러나 이제 더 이상 작동하지 않고 추하게 일그러졌으며 비참하게 해체된 인간 신체로의 성상의 전락. 이 성상 파괴는 빈 라덴의 죽음이라는 객관적 사실보다 그들에게 더 고통스러운 일이 될 것이다. 반대로 빈 라덴을 증오하는 사람들에게는 그것이야말로 천상의 복음과도 같은 이미지가 될 것이다. 시신 사진 공개 논란에는 이렇게 성상 파괴를 둘러싼 이미지의 정치학이 개입한다. 다시 레지스 드브레의 말을 빌리자면 "우리는 이데올로기 대신 이코놀로지(iconology, 성상화를 뜻하는 이콘과 이데올로기를 합성한 조어)를 택했다." (현장 사살에 대해 일부 비판론자는 빈 라덴을 법정에 세워 합리적 신문과 판결의 과정을 밟게 함으로써 그를 세속적 인간의 하나로 보이게 만들었어야 했다고 주장했다. 이것은 법리주의나 인간주의적 판단이 아닌, 성상의 점진적 혹은 정치적 파괴 전략이라고 부를 수 있을 것이다.)

2

이 논란은 프리츠 랑(1890~1976)이 할리우드에서 처음 만든 영화

〈분노(Fury)〉(1936)를 떠오르게 한다. 〈메트로폴리스〉(1927)에 매혹된 히틀러의 협력 요구를 거절하고 미국으로 망명한 프리츠 랑은 자신의 할리우드 데뷔작에서 명백히 파시즘의 발흥을 경고하고 있는 것처럼 보인다. 한편으로는 미국의 서부개척사가 낳은 자경주의(vigilantism) 전통의 잔혹한 이면을 다루면서, 다른 한편으로는 파시즘의 집단적 광기(혹은 그 변종인 매카시즘)를 알레고리화하고 있다는 점에서 윌리엄 웰만의 〈옥스바우 사건(Oxbow Incident)〉(1943), 안소니 만의 〈틴 스타(Tin Star)〉(1957)와 나란히 놓을 수 있지만, 이들보다 훨씬 전에 만들어진 〈분노〉가 이미지 혹은 영화의 이중성과 모호성, 파시즘과 폭력 스펙터클의 연관성에 대한 섬뜩한 통찰을 담고 있다는 점에서 훨씬 풍무하며 탁월한 선구적 영화라 할 만하다. 녹일 표현수의 시대를 이끌었으며 히틀러의 부상을 곁에서 목격한 이 대가는 파시즘이 단순히 정치적 의제가 아니라, 시각적 스펙터클과 연관된 미학적 의제라는 사실을 알고 있었다.

〈분노〉의 줄거리는 이렇다. 조 윌슨은 두 동생과 함께 주유소를 운영하는 건실한 사내로, 약혼녀를 만나러 가는 길에 아동 유괴범으로 오인되어 체포된다. 몇몇 건달들에게 선동된 주민들은 그를 린치하기 위해 몰려갔다가 그가 갇혀 있는 보안관서를 불태운다. 윌슨은 그 방화 때 죽은 것으로 알려진다. 유괴범은 다음 날 바로 검거되고 방화 주모자들은 일급 살인 혐의로 법정에 선다. 그런데 사실 조 윌슨은 죽지 않고 가까스로 탈출했다. 하지만 그는 자신이 살아 있다는 사실을 공개하지 않는다. 방화 주모자들이 교수형을 당하도록 하기 위해서이다.

그는 지금 복수심에 눈이 멀었다.

그런데 이 선량한 사내를 복수의 화신으로 만든 건 방화 사건 자체가 아니었다. 외벽의 파이프를 타고 가까스로 탈출에 성공한 조 윌슨은 다음 날 몸을 숨기기 위해 극장에 간다. 극장에선 바로 자신이 불타오르는 건물 안에서 비명을 지르고 있는 보안관서 방화 사건의 뉴스릴이 상영되고 있었다(영화사 초기에는 센세이셔널한 사건의 뉴스릴이 인기였다). 나중에 두 동생에게 그는 이렇게 말한다. "산 채로 불태워지는 내가 그 속에 있었어. 열 번인가 스무 번인가 계속 봤어. 몇 번 봤는지 몰라. 사람들이 꽉 차 있었지. 내가 불타 죽어가는 걸 보고 모두 즐거워하더군." 무고한 자신이 화형에 처해지는 광경에 환호하는 군중 속에서 그 광경과 환호를 보고 들어야 하는 기구한 상황에 놓인 사내. 그의 마음속에서 어떤 불길이 솟았는지 우리는 차마 짐작하기조차 어렵다.

우리가 이 딱한 사내와 같은 처지에 놓일 가능성은 거의 없을 것이다. 그러나 그에게 분노를 불러일으킨 관객 중의 하나가 되기는 쉽다. 어쩌면 이미 그런지도 모른다. 관객들은 지금 한 사내가 불타고 있는 모습을 지켜보고 있다. 그들은 그것을 보기 위해 이 극장에 왔고 즐기고 있다. 진범은 이미 잡혔으므로 그들이 보고 있는 불타 죽어가는 사내는 억울한 희생자이다. 그들에게 그 사내가 진범인지 아닌지는 부차적인 문제다. 방화 주모자들도 마찬가지였는데 그들은 "아직 진범이라는 증거가 없다"는 보안관의 말을 무시하고 방화를 저질렀다. 그 극장의 관객이 보고 있는 것은 방화 사건이라는 객관적 사실만이 아니다.

그것은 불타는 남자의 이미지, 폭력의 포르노그래피이다. 그 이미지가 발산하는 불꽃같은 감화야말로 이 극장의 진정한 유혹이다. 이것이 빈 라덴 시신 사진 공개 찬성론자들이 말하지 않은 은밀한 동기이기도 할 것이다. 그 반대편에 있는 조 윌슨의 처지는 시신 사진을 마주한, 빈 라덴과 자신을 동일시할 이슬람 근본주의자들과 겹쳐진다.

물론 그 뉴스릴은 또한 객관적 '사실'이다. 아이러니컬하게도 조 윌슨을 분노하게 만든 이 필름이 법정에서는 방화 주모자들의 식별에 사용된다. 빈 라덴의 죽음이라는 사실을 최종적으로 확증하게 할 과학적 임무가 그의 시신 사진에 주어진 것처럼, 방화 사건을 담은 이 필름이야말로 진실에 접근하게 해줄 과학 기술의 결정적 무기이다, 조 윌슨에게 이 필름은 측량할 수 없는 분노를 점화할 감화의 불꽃과 그것을 다스릴 차가운 과학을 동시에 지니고 있다. 요컨대 사진, 혹은 영화의 사진적 이미지는 이중적이다. 그것은 진실을 증언하면서 그 진실을 넘어서는, 때로 그 진실을 무화하는 감화를 촉발한다.

상기해야 할 점은 그 이미지가 재현 이미지가 아니라 전사(轉寫) 이미지라는 사실, 즉 그 이미지가 '사실' 그 자체와 존재론적으로 동일하다는 점, 달리 말해 실재의 복제가 아니라 실재의 전이(轉移)라는 점으로부터 그 감화 작용이 비롯된다는 것이다. 회화, 애니메이션, 카툰 혹은 그래픽 이미지는 법정에서 과학적 증거가 될 수 없을뿐더러 그것들의 폭력 이미지는 〈분노〉의 극장 관객들에게 사진적 이미지만큼의 감화를 불러일으키지 못할 것이다. 그런 이미지에 부재한, 카메라라는 자동기계가 낳은 대상과의 존재론적 결속이야말로 사진적 이미지에 역설적 효과를 빚어낸다. 역사의 거의 전 기간에 걸쳐 인간은 이미지가 현실에 근접하기를 꿈꾸었으나 근대의 광학이 현실 그 자체를 물질적으로 전이시키는 데 성공한 순간, 그 이미지는 현실을 지나쳐버린 것이다. 잠정적으로 이렇게 말할 수 있을 것이다. 하나의 사진 이미지, 혹은 영화의 사진적 이미지에서 그것이 비록 사실과 정보만을 목적으로 제작되었다 해도, 우리는 결코 사실'만'을 볼 수는 없다. 거기서 지각과 감화는 식별 불가능하다. 그리고 정보와 그 잉여는 환원 불가능하다.

사소해 보이지만 까다로운 의문 한 가지가 있다. 〈분노〉의 조 윌슨은 왜 자신이 불타는 그 끔찍한 필름을 그 광경에 환호하는 군중과 함께 "열 번인가 스무 번인가" 반복해서 봤을까. 그것은 누명과 린치라는 실제 사건보다 더 가혹한 체험이 아닌가. 얼마간 비합리적인 한 가지 추론은 그가 그 극장에 앉은 어느 관객보다 더 큰 쾌감을 느꼈기 때문이라는 것이다. 죽음 충동과 관음증을 동시에 만족시켜주기에 이보다 더 적절한 볼거리가 있을까. "인간은 자신이 죽지 않는다는 보장만 있으면 자신의 장례식이라도 보고 싶어하는 족속"이라는 말은 재난 영화와 호러 영화의 매혹을 지적하는 아이러니의 수사이지만, 극장에 앉아 있는 조 윌슨에게 이것은 수사가 아니라 현실이 된다.

또 다른 추론은 '더 큰 분노를 위해서'라는 것이다. 이 가난한 사내는 건달과 어울리는 동생들을 꾸짖고, 결혼을 위해 약혼녀와 1년 동안 떨어져 살면서 성실하고 힘겹게 일해왔다. 아버지의 율법을 철저히 내면화한 이 모범 시민의 억압된 리비도는 유괴범으로 몰리고 치명적인 린치까지 당하면서 폭발하기 시작했다. 불붙은 분노에 이 반복 관람은 휘발유와도 같은 작용을 할 것이다. 그는 지금 극장에서 분노의 거대한 폭발을 위한 에너지를 비축하고 있다. 이 추론을 더 밀고 나간다면 빈 라덴의 끔찍한 시신 사진을 더 보고 싶어하는 쪽은 미국 우파가 아니라 이슬람 근본주의자들일 수도 있다. 물론 사실 확인을 위해서가 아니라 분노의 충전을 위해서이다.

3

그러므로 〈분노〉에서의 '분노'는 믿을 만한 것이 못 된다. 방화를 저지른 군중이 내세울 수 있는 '유괴범에 대한 분노'는 명백히 핑계다. 그들은 방화와 린치의 대상을 찾고 있었을 뿐이다. 표준적 인과 관계가 실은 뒤집혀 있는 것이다. 반복하자면 분노가 폭력을 낳는 것이 아니라, 폭력과 폭력 이미지의 생산을 위해 분노를 조성하는 것이다. 물론 조 월슨의 방화 군중에 대한 분노는 인간적으로 동조할 만한 것이다. 그러나 그가 극장에 앉아 분노의 용량을 키우면서 사태는 약간 복잡해진다.

여기 두 부류의 군중이 있다. 하나는 폭력에 환호하는 군중이고, 다른 하나는 폭력 이미지에 환호하는 군중이다. 전자는 정치적으로 위험한 군중이다. 후자는 실은 군중이 아니라, 눈앞의 이미지를 즐기고 있는 개인들일 뿐이다. 이 극장에서 진정으로 위험한 유일한 존재는 바로 조 월슨이다. 극장 안에서 그의 분노는 걷잡을 수 없이 과도해지고 있다. 그의 위험성은 그가 정당한 분노와 과도한 분노를 구분할 수 없다는 데 있다. 뒤집어 말하면 그의 분노는 과도해지기 위해 이 극장을 필요로 한다. 방화 주모자들의 죽음이라는 과도한 복수를 이루기 위해 방화 사건 자체로는 부족한 분노가 이 극장에서 그 에너지원을 찾은 것이다.

우리의 상식과는 다르게 분노는 부정적이고 불편한 감정이 아니라는 점은 짚고 가는 것이 좋겠다. 심리학자 제니퍼 러너의 실험에 따르면 인위적으로 분노를 느끼게 했을 때 피실험자들이 자신의 미래에 대해 평균 이상의 장밋빛 전망을 제시하고 위험을 무릅쓰겠다는 의지도 더 강해지는 것으로 나타났다. 두려움을 느끼게 한 피실험자들은 반대로 위험을 회피하려 들었으며 자신의 미래를 평균 이상으로 암울하게 예상했다. 요컨대 "분노를 느끼는 순간 오히려 편안한 기분과 자기 운명을 스스로 통제한다는 낙관적 느낌을 받는다"는 것이다.(롤프 데겐, 『악의 종말』, 박규호 옮김, 현문미디어, 2010) 그리고 분노는 더 큰 분노를 요청한다. 이때 거짓말(조 윌슨은 "나는 죽은 사람이다"라고 말한다)은 필수적이다. 분노는 자신의 쾌락을 감추려 하기 때문이다. 니체가 "분노한 사람만큼 거짓말을 잘하는 사람은 없다"(프리드리히 니체, 『선악의 저편, 도덕의 계보』, 김정현 옮김, 책세상, 2002)고 말할 때, 그는 분노가 필연적으로 과도해지면서 자기기만에 이른다는 점을 지적하려는 것 같다.

가장 위험한 점은 그가 자신에게 일어난 일을 표준적 인과 관계로 충분히 알고 있다고 믿는다는 데 있다. 극장에 모인 사람들은 그저 결과로서 던져진 폭력 이미지를 즐기고 있을 뿐이다. 그러나 조 윌슨은 폭력적 사건과 폭력 이미지의 전개 양자에 '선하게 살아온 자신'과 '사악한 세상 사람들'이라는 원인으로서의 대립항을 만들어낸다. 해결책은 후자를 폭파하는 것뿐이다. 문제는 이것이 오해가 아니라는 점이다. 오해는 바로잡을 수 있지만(조 윌슨이 유괴범이 아니었으므로 방화 주모자들의 오해는 해소될 수 있다) 분노의 과도함이 만들어내는 자기기만은 그 내부에 출구가 없다(조 윌슨이 법정에 출두해 자신이 살아 있음을 밝히면서 그 위험성이 표면상 해소되지만, 그것은 그러지 않을 경우 약혼녀가 자신을 떠나겠다고 선언했기 때문이다. 그의 과도한 분노는 결코 해소되지 않는다).

이 지점에서 다시 물어볼 수 있다. 〈분노〉에서 진정한 파시스트는 누구인가. 한나 아렌트를 몸서리치게 만든 건 나치의 잔혹성 자체가 아니라 그들의 '정상성' 혹은 "악의 평범함"(엘리자베트 루디네스코, 『악의 쾌락 변태에 대하여』, 문신원 옮김, 에코의서재, 2008)이었다. 그들 역시 어떤 의미에서 합리적이었고 유대인 절멸을 통한 '최종적 해결'에 관해 표준적 인과론을 지니고 있었던 것이다. 프리츠 랑은 현명하게도 조 윌슨의 과도한 분노가 충전되고 있는 극장의 모습을 그의 대사로만 전달한다(그러니 실제로 그 관객들이 즐거워했는지 우리는 알 수 없다). 게다가 그 극장 안 광경을 전하는 그의 말투는 냉담하기 그지없으며, 그는 이후로도 흥분과 광기를 한 번도 드러내지 않는다. 이런 점에서 〈분노〉의 진짜 파시스트는 경솔하고 난폭한 방화 군중이나 악취미를 즐기는 극장 속 군중이 아니라, 바로 조 윌슨(물론 법정에 출두하기 전의)이라고 봐야 한다. 영화의 폭력과 폭력 이미지에 관해 말할 수 있는 거의 모든 것이 담긴 〈분노〉의 진정한 위대성은 이 냉혹한 역설의 암시에 있다.

한 가지 잠정적 결론을 말하기 위해 〈분노〉라는 영화의 세부를 우회했다. 영화의 폭력이 위험해지는 건 그 이미지가 비합리적으로 잔혹해질 때가 아니라 그 폭력 이미지가 분노의 서사에 기대고 있을 때이다. 분노의 서사에 부여된 합리적 질서, 폭력 서사의 표준적 인과론의 종착지는 결국 파시즘이다. 질 들뢰즈는 훨씬 포괄적인 의미지만 유사한 뉘앙스로 "운동-이미지의 귀결은 레니 리펜슈탈"(질 들뢰즈, 『시네마 2』, 이정하 옮김, 시각과언어, 2005)이라고 말했다(여배우 출신의 레니 리펜슈탈(1902~2003)은 뛰어난 나치 선전영화인 〈의지의 승리〉〈올림피아〉를 만든 독일 감독이다).

이것이 나치의 유대인 수용소에서 살아남은 프리모 레비가 "우리가 바라는 건 어쩌다 하필 우리 시대에 유럽 한가운데에서 '살인하지 말라'는 계명이 무너졌는지를 설명할 수 있는 사람이 너무 빨리 나오지 않았으면 하는 것이다"(프리모 레비, 『이것이 인간인가』, 이현경 옮김, 돌배게, 2007)라고 말하는 이유이며, 구스 반 산트가 미국 콜롬바인 고등학교에서 일어난 끔찍한 집단 살인 사건을 다룬 〈엘리펀트(Elephant)〉(2003)에 어떤 사회적, 정신분석학적 원인도 담지 않은 이유이고, 장 뤽 고다르의 〈기관총부대(Les carabiniers)〉(1963)에서 한 장교로부터 참전 권유를 받은 율리시즈가 "그러면 무고한 사람을 마음대로 죽일 수도 있어?"라고 천진난만하게 되묻는 이유일 것이다.

모든 액션영화의 모태라 할 서부극은 파시스트의 영웅담이라고 가 감 없이 말할 수 있다. 한국의 한 우파 매체는 빈 라덴 사살이 국제법 위반이라고 비판하는 일부 여론에 대해 이렇게 반박했다. "국제 사회 에서 때로는 현학적이고 무력한 국제법보다 '힘'을 토대로 한 강력하 고 철저한 응징이 정의를 실현하는 데 훨씬 더 도움이 되는 게 현실이 다. 현실을 무시한 채 테러범에게 '자비'를 베푼다면 언젠가 그 '자비' 가 당신네들을 집어삼킬 것이다."(『뉴데일리』, 2011. 5. 7) 이 문장에 서 국제 사회를 서부로, 국제법을 연방법으로, 테러범을 인디언 혹은 무법자로 바꿔놓으면 그대로 미국의 자경주의 전통, 서부 사나이의 계 율이 된다. 지극히 '정상적'인 이 말은 대부분의 폭력 영화의 액션서사 ('아덴만의 여명'을 포함한)의 테제이다. 우리가 위대한 서부극을 사 랑하는 이유 가운데 하나는 그 안에 이 테제의 거부할 수 없는 유혹과 이 테제가 부인하는 타자의 얼굴이 동시에 담겨 있기 때문이지, 그것 이 그 테제의 유혹으로부터 자유롭기 때문이 아니다.

4

앞의 장에서 우리는 폭력 이미지의 종잡을 수 없는 성격을 미혹성(迷 惑性)으로 요약했다. 이제 그 미혹성을 매혹 혹은 쾌락이라는 감화 작 용에만 한정시켜도 좋을 것이다. 개별적 반응의 편차에도 불구하고 영 화의 폭력 이미지가 산업적으로 때로 정치적으로 쉼 없이 생산되는 이 유는 그것이 대중적으로 소비되거나 설득되기 때문이다. 평범한 관객으로서 우리는 폭력 이미지를 끝없이 욕망한다고 인정하는 편이 나을 것이다. 너무 참혹해 고개를 돌리고 싶은 순간에조차 어떤 층위에서든 그것을 즐기지 않는다면 왜 우리가 그 폭력 이미지 앞에 자발적으로 시간과 돈을 들여 도착해 있을 것인가.

영화의 폭력 이미지가 그것의 학습 효과를 염려하는 도덕주의적 시민 단체나 교육자뿐만 아니라, 진지한 학자나 예술가들도 난처하게 만든다는 것은 이상한 일이 아니다. 〈분노〉의 극장에 있던 관객들은 사실을 기록한 뉴스릴의 폭력 스펙터클에 환호했다. 우리가 극장에서 접하는 대부분의 폭력 스펙터클은 허구이다. 하지만 폭력 이미지가 전경화하는 순간 그 차이는 사실상 사라진다. 사진적 이미지의 실재성과 표현적 사실성은 감화 효과의 하위 개념으로 전락하며 그 구분도 점차 무의미해진다. 실재성은 쾌감의 증강을 위한 보조 도구가 되고 사실성은 더 세밀한 디테일, 더 강력한 자극을 향해 질주한다. 이창동 감독은 〈밀양〉(2007) 개봉 즈음에 가진 인터뷰에서 이렇게 말했다.

"영화가 그렇게 윤리적인 매체는 아닌 것 같다. (……) 폭력을 새롭게 다뤘다는 이유만으로 왜 영화 하는 사람끼리는 서로 상찬을 하는지 모르겠다. 영화가 관객들의 영혼에 어떤 작용을 하는지 고민하는 것은 남의 몫인가. (……) 윤리적으로 보기에 좋은 책과 나쁜 책이 있다. 그게 상식이다. 영화는 그 상식이 작동 안 된다. 나는 여전히 그게 의심스럽다."(「중요한 건 고통이다」, 『씨네21』, 602호, 2007)

폭력이 노골적이고 잔혹한 이미지로 다루어진다는 사실 자체를 문제시하는 이 견해는 일반적이며 말 그대로 상식적이다. 그는 지금 폭력 이미지의 '도덕적' 파급 효과에 대해 말하고 있다. 하지만 영화의 폭력 이미지에 대한 도덕적 비판이, 그 비판이 온전한 비판 혹은 시급한 비판으로 성립하는가, 라는 문제와 별개로, 그것을 멈춰 세울 수 없다는 사실을 우리는 알고 있다. 소위 아이돌 그룹의 성적 유혹의 기술, 그 외설적 이미지들의 질주를 멈춰 세울 수 없는 것과 마찬가지이다.

우리는 선택해야 한다. 영화의 폭력 이미지의 의제는 도덕인가, 정치인가. 도덕이라고 생각한다면 〈분노〉의 극장에 앉아 폭력 이미지를 즐기고 있는 익명의 관객이 역겹거나 위험하다고 판단할 것이다. 정치라고 생각한다면 조 윌슨이야말로 위험한 존재라고 판단할 것이다. 물론 나는 후자라고 생각한다. 악취미나 도착적 취향은 부분 대상에 대한 페티시즘에 머무를 뿐 상징적 질서를 주인하거나 장안하지 않으며 대개 취향의 소공동체 형성을 통해 게토화한다. 우리는 고어 영화 마니아들이나 밤새 포르노를 보는 사람들의 영혼이나 윤리에 대해 왈가왈부할 수 없다.

폭력 이미지가 탐닉의 부분 대상이기를 멈추고 상징적 질서의 정상적 작동의 결과로 드러날 때 비로소 위험해지기 시작한다. 폭력의 포르노그래피가 위험한 게 아니라 정상화된 폭력 이미지가 위험한 것이다. 달리 말하면 〈악마를 보았다〉(김지운)보다 〈아저씨〉(이정범)가 더 위험한 것이다. 전자의 극도로 잔혹한 폭력 이미지는 연쇄 살인마와 그 처단자 모두가 빠져드는 도착적 폭력의 페티시즘의 표현인 반면, 후자는 폭력 이미지를 '옆집 아저씨'라는 이상적 아버지의 '정상적' 수행의 결과로 채용한다.

2010년의 한국 영화 가운데 가장 폭력적인 이 두 편의 영화에 대해 선 따로 언급하지 않으려 한다. 어떻게 말해도 이들 영화는 자경단 서사의 가장 단순한 버전에 속하기 때문이다. 다만 개인적인 체험 하나를 말하고 싶다. 내가 특강을 맡은 영화 강좌의 수강생인 중년 여성은 이렇게 말했다. "나는 폭력적인 영화를 싫어하는데 〈아저씨〉는 너무 좋았다. 나도 왜 그런지 모르겠다." 우리는 간단한 대답 한 가지를 말할 수 있다. 〈아저씨〉에서 폭력 이미지가 원빈이라는 배우로 표상된 대타자의 신체 이미지로 전환되었기 때문이다. 그 여성은 실은 폭력 이미지를 싫어한 게 아니라, 폭력 이미지에 매혹되는 자신의 감각 반응을 대타자가 승인하지 않는다고 믿었던 것이다. 혐오는 감각의 문제일 뿐 아니라 신념의 문제이기도 하다. 그 여성에게 대타자가 폭력이 자신의 운동이며 폭력 이미지는 자신의 신체에 새겨진 것이라고 속삭여주었던 것이다. 이것은 우리가 '아덴만의 여명'에서 들었던 것과 비슷한 음성이다.

5

여전히 많은 문제가 남아 있다. 하나는 페티시의 대상으로서의 폭력 이미지의 사용과 관계된 것이다. 우리는 여전히 이것을 도덕적 의제로 제기하는 것에 동의하지 않지만, 취향의 문제로만 넘기는 것은 부족하다. 이 글의 첫머리에 사진 이미지의 이중성과 잉여를 언급하며, 시신 사진의 감화 작용을 그 잉여에 포함시켰다. 거기엔 보완이 필요하다.

폭력 이미지는 그 속성상 사진적 이미지의 잉여를 즉각적인 감각적 충격에 제한하려 든다. 그것은 '이미지 안에 보아야 할 무엇인가가 있는가'라는 질문을 남겨두지 않는다.

이미지에는 새로운 우상으로서의 전지전능한 주술뿐만 아니라 신체와 사물에 내재한 끝내 사유의 영역에 포섭되지 않을 비의를 개시할 수 있는 주술도 담겨 있다. 레지스 드브레는 전자에 주목하면서 "결코 시각적 번역이 가능하지 않은 것들" 즉 '보이지 않는 것'을 은밀히 변호한다. 들뢰즈는 반대로 "삶과 접촉하기 위해 언어를 파괴할 것"을 주창한 앙토넹 아르토(앙토넹 아르토, 『잔혹연극론』, 박형섭 옮김, 현대미학사, 1994)를 지지하며 후자의 이미지에 내기를 건다. 어느 쪽이든 폭력 이미지의 청상화와 폭력의 포르노그래피는 모두 거부된다. 그러나 폭력 이미지 자체가 거부되는 건 아니다. 들뢰즈의 표현을 빌리면 '모든 이미지들의 비결정적 중심'인 신체에는 삶뿐만 아니라 죽음, 생성뿐만 아니라 소멸이 깃들어 있기 때문이다. 영화에서 폭력 이미지의 문제는 결국 얼마나 폭력적인가가 아니라, 그것이 어떻게 조직되는가의 문제이다. 그것이 여전히 영화 세상에 폭력의 작가들이 필요한 이유이다.

(『문예중앙』, 2011년 여름호)

〈무한도전〉에 대한 몇 가지 생각

웃음과 놀이,
혹은
비예술에서
배우기

1

비평은 웃음을 잘 다루지 않는다. 예술의 한 기원이 놀이라는 사실을 감안하면 이건 이상한 일이다. 놀이는 비극, 사유, 진지함, 눈물보다 희극, 유머, 유쾌함, 웃음에 가깝다. 하지만 비평은 작품을 다룰 때 대개 사유와 깊이, 진지함과 감동에 몰두한다. 이 무관심은 무능력의 다른 표현일까. 적어도 내 경우는 그렇다. 희극을 말할 때에도 웃음에 접근하는 비평 언어를 고민해본 적이 거의 없다. 그러니 코미디를 다루면서도 비극을 말하는 방식대로 고뇌, 성찰, 비판의식이라는 잣대를 흔히 들이댄다.

이 사태는 어느 정도 일반적인 것 같다. 웃음은 까다로운 주제다. 그것은 비평의 언어가 붙들기에는 너무 유연하거나 너무 크다. 주로 분석적이고 합리적인 언어를 구사하는 비평은 해삼 집기에 매번 실패하는 쇠젓가락처럼 웃음 앞에서 쩔쩔맨다. 미하일 바흐친은 "유럽은 웃음의 신비나 마법을 알지 못했다"고 단언한다.(미하일 바흐친, 『장편소설과 민중언어』, 전승희 외 옮김, 창비, 1998) 앙리 베르그송은 비슷한 어조로 "(웃음은) 언제나 모습을 감추고 빠져나가다가 다시 몸을 일으켜 세우는, 철학적 사변에 던져진 골치 아픈 도전"이라고 말했다.(앙리 베르그송, 『웃음』, 정연복 옮김, 열화당, 1992)

많은 비평은 웃음을 마주 보기보다는 외면하거나 무시하는 쪽을 택한다. 일상생활에서도 웃음은 존중의 대상이 아니다. 웃기네   서서 코미디군" 하고 말할 때 우리는 희극과 웃음을 은연중에 폄하한다. 그것은 언제나 비극과 감동에 비해 열등한 것이다. 영화 〈설리번 여행기(Sullivan's Travels)〉(프레스톤 스터지스, 1941)에서 3류 코미디 감독 설리번이 노숙자 행색으로 떠돌이 빈민 무리에 합류한 것은 자신의 희극을 스스로 멸시하고 비극적 리얼리즘을 동경했기 때문이다.

움베르토 에코의 소설 『장미의 이름』은 이 폄하가 웃음에 대한 기독교 문명의 두려움에서 비롯된 것이라고 추론한다. 이 소설이 소재로 삼은 아리스토텔레스의 『시학』은 1부 '비극론'과 2부 '희극론'으로 이루어져 있지만, 기묘하게도 '희극론'은 사라져버렸다. 고대 그리스의 많은 저작들이 끝없는 전쟁과 파괴와 분서(焚書)의 와중에 어렵사리 전승되었지만, 역사 속의 수많은 호르케 수사(『장미의 이름』에서 '희극론'의 페이지마다 독약을 묻혀놓는 인물)들이 '희극론'만은 불태우거나, 적어도 양피지에 옮겨 적는 수고를 무가치하다고 판단했기 때문일 것이다. 호르케 수사가 수도원 연쇄 살인의 진범임을 밝혀낸 윌리엄 수사는 이렇게 말한다. "인류를 사랑하는 사람의 사명은 사람들이 진리를 보고 웃도록, 진리가 웃도록 만드는 데 있는 거야. 유일한 진리는 진리에 대한 광적인 정열에서 우리가 해방되는 길을 배우는 데 있기 때문이지."

비평이 웃음을 다루는 가장 흔한 방식은 웃음을 해학, 풍자로 축소시키면서 저항정신과 비판의식의 한 표현으로 해석하는 것이다. 그리고 이 범주에 속하지 않은 웃음은 외면한다. 이 해석 방식은 즉각적인 반문을 낳는다. 저항과 비판을 위해서라면 왜 꼭 웃음을 필요로 하는가. 그것은 차라리 분노와 이성의 몫이 아닌가. 더구나 웃음은 분노를 무화하고 이성의 작동을 일시 중지하는 행위 아닌가. 우리는 웃음이 저항과 비판의 진지함과 엄숙함을 종종 훼손한다는 사실을 경험적으로 알고 있지 않은가.

학창 시절에 전설처럼 떠돌던 이야기가 있다(사실 여부는 확인해보지 않았다). 1970년대 초 유신 반대 시위가 치열했던 시절, 서울대 학생들이 거리로 나서기 위해 교문 앞에 이르렀다. 교문 밖에는 대규모 전투경찰들이 가로막고 있었다. 후에 걸출한 국악인이자 민중문화운동가가 된 임진택은 전위에서 시위대를 이끌고 있었다. 그는 경찰들을 한참 바라보더니 핸드마이크에 대고 말했다. "경찰들은 즉각 물러가라. 즉각 물러가라…… 만일 즉각 물러가지 않으면…… 5분 뒤에 물러가는 것으로 알겠다."

엄숙하던 현장은 아마 웃음바다가 되었을 것이다. 그런데 이것은 풍자인가 해학인가. "즉각 물러가지 않으면"이라는 비장한 표현에 이어져야 할 급진적 행동 선언의 기대를 기발한 말재간으로 한순간에 배반하는 이 어처구니없는 유머의 정체는 무엇인가. 이 유머가 투쟁 전선에 어떻게 기여하는가. 아니 그 반대로 오히려 무장한 전투경찰에 맨손으로 맞선 학생들의 긴장과 투쟁의욕을 감퇴시키는 이적행위 아닌가. 이런 점이야말로 호르케 신부가 『시학』을 금지한 이유가 아닌가……아무리 생각해도 당당한 변론이 떠오르지 않지만, 그럼에도 나로서는 이 유머를 사랑하지 않을 도리가 없다. 이 이야기를 떠올릴 때마다 해방감에 가까운 야릇한 쾌감으로 그저 웃게 된다.

비슷한 느낌을 주었던 노래도 있다. 역시 학창 시절, 술자리에서 가끔 불리던 찬송가 중에 〈춤의 왕〉이라는 노래. "이 세상이 창조되던 그 아침에/나는 아버지와 함께 춤을 추었다/내가 베들레헴에 태어날 때에도 하늘의 춤을 추었다/춤춰라 어디서든지/힘차게 멋있게 춤춰라/나는 춤의 왕, 너 어디 있든지/나는 춤 속에 너 인도하련다//높은 양반들 위해 춤을 추었을 땐/그들 천하다고 모두 비웃었지만/내가 어부들 위해 춤을 추었을 땐/날 따라 춤을 추었다/춤춰라 어디서든지/힘차게 멋있게 춤춰라/나는 춤의 왕, 너 어디 있든지/나는 춤 속에 너 인도하련다"

'춤'을 기독교 신앙이나 교리의 은유로 이해하면 이 노래는 그저 하나의 찬송가에 불과하겠지만, 이 노래를 부르는 순간 춤은 말 그대로

격렬한 몸의 율동으로 즉각 느껴진다. 여기엔 진중한 선교의 의도를
뛰어넘는 명랑한 에너지, 축제의 신명, 도취의 기운이 있다. 기독교 재
단의 중고등학교를 다닌 덕에 적지 않은 찬송가를 부르고 들었지만 이
만큼 불온하고 그만큼 생기 넘치는 노래는 없었다. 그렇게 느껴진 이
유는 아마도 "춤은 이 세상에 존재하는 가장 순수하고 가장 완전한 형
태의 놀이"(호이징하, 『호모 루덴스』, 김윤수 옮김, 까치, 1991)라는
진술과 연관이 있을 것이다.

웃음에서 시작했지만 놀이와 재미와 신명으로 말이 번져가는 것은
어쩔 수 없다. 1980년대의 민중문화운동가들은 탈춤과 마당극의 신명
을 옹호했지만, 놀이의 신명은 민중문화에만 독점이 허락된 감정/행
위 양식이 아니다. 그것은 웃음과 마찬가지로 모든 경계를 무너뜨리며
어디에도 속하지 않은 채 오직 그 스스로 살아 움직이는 어떤 상태이다.
신명은 종교, 계급적 질서 혹은 저항의 이념, 교훈과 계몽, 아름다움과
사유 어디에도 속하지 않는다. 이 노래를 부르고 들으며 그런 생각을
떠올렸다.

웃음은 그러므로 위험하다. 코미디언이 종종 권력과 제도와 관습을
웃음거리로 삼는 건, 그들의 저항정신이나 비판의식에서 비롯한 게 아
니라, 바로 거기에 웃음거리가 있기 때문이다. 엄숙한 것, 장중한 것,
의식과 절차의 경직성이야말로 희극성의 본질이라고 말한 사람은 베
르그송이다. 저항집단, 소수집단이라고 그런 경직성과 반복성이 없을
리 없다. 코미디언의 본능이라면 그걸 놓치지 않을 것이다. 학생운동가,
진보정치인, 못생긴 여자, 뚱뚱한 사람, 노인 같은 사회적 소수에 속하

는 사람들의 경직성까지 어김없이 웃음거리로 삼는다. 진지한 진보적 인사들이 간혹 화를 내는 것도 이런 점 때문이다. 2008년 말에 민주언론시민운동연합은 〈개그콘서트〉를 나쁜 프로그램으로 뽑았는데, 그 이유는 〈개그콘서트〉의 웃음이 세태 풍자와 해학에서 그치지 않고, 웃음거리의 대상을 이런 소수자에게까지 확대했기 때문이다. 특히 '할매가 뿔났다' 같은 코너는 패륜적이라고 비판했다.

그러나 웃음은 본질적으로 대상의 사회적 지위나 심지어 선악조차 가리지 않는다. 모든 종류의 진지함을 포함해 딱딱하게 굳어 있는 것이면 무엇이든 웃음의 대상이 된다. 웃음은 역사의식이나 도덕관과 무관하기 때문이다. 강자와 악인에 대한 풍자만을 의미 있는 유머로 받아들이는 것은 유머의 승인이 아니라 규범적 판단의 소산이다. 우리가 알고 있듯 웃음은 결코 규범에 길들여지지 않는다. 그러므로 규범적 판단을 지닌 사람에게라면 "유머를 이해시키는 것보다 더 어려운 일은 없다."(밀란 쿤데라, 『사유하는 존재의 아름다움』, 김병욱 옮김, 청년사, 1994) 밀란 쿤데라의 유머에 대한 정의는 이러하다. "인간사의 상대성에 대한 도취; 확실한 것이 없다는 확신에서 오는 야릇한 쾌감."

단순하게 물어보자. 눈물과 웃음, 어느 쪽이 더 가치 있는가. 우리는 눈물이 웃음보다 인간적이고 진지하며 더 심오한 것과 연관되어 있다고 습관적으로 생각한다. 하지만 스스로에게 솔직하기만 하면 우리는 눈물이 믿을 만하지 않다는 사실을 인정할 수 있다. 나치의 유대인수용소에서 벌어진 에피소드 하나를 떠올려보자. "SS장교는 유대인 음악가 세 명을 대열에서 불러냈다. 그리고 그들에게 슈베르트의 삼중주를 연주하라고 명령했다. 평소 좋아하는 음악에 감동한 SS장교는 눈물을 흘렸다. 그 곡이 끝나자 세 음악가를 가스실로 보냈다."(엘리자베트 루디네스코, 『악의 쾌락 변태에 대하여』, 문신원 옮김, 에코의서재, 2008)

이것이 우리가 인간적이라고 불러야 하는 것이다. 미(美)에 대한 감동과 찬미, 그리고 동종의 존재에 대한 공포와 혐오, 그리고 무자비한 폭력과 무감각한 학살. 우리가 감동이라고 부르는 건 대체 무엇일까. 그것이야말로 종잡을 수 없는 괴물과 같은 것이 아닐까. 우리는 그(녀)의 눈물에 속으면 안 되는 것이 아니라 우리 자신의 눈물에 속으면 안 된다. 우리는 텔레비전 다큐멘터리를 보며 지리산에 방사된 반달곰의 죽음에, 먹이를 찾지 못해 굶어 죽어가는 북극곰의 곤경에 눈물 흘린다(아우슈비츠 수용소장 루돌프 헤스도 동물 애호가였고 어린 시절에는 조랑말이 유일한 친구였다). 하지만 우리는 내일의 고기를 확보하기 위해 오늘 4만의 동물을 살해해 파묻는 일을 불편하지만 어쩔 수 없는 일로 여긴다. 2011년 3월 11일 발생한 동일본 대지진이 원자력 발전소 폭발 위험이라는 문제로 번지자 우리는 얼마나 많은 사람이 죽어갔는지 더 이상 궁금해하지 않는다. 다만 그것이 우리에게 미칠 위험에만 몰두한다. 한국의 언론에서는 사망자에 대한 기사는 원전 위험이 알려진 뒤로 완전히 사라졌다.

웃음은 차라리 비인간적이다. 웃음은 우리가 인간적이라고 믿는 눈물과 감동이라는 불순물로부터 완전히 자유롭다. 점잔 빼고 걸어가던 남자가 갑자기 자빠지는 모습을 보고 우리가 웃을 때, 거기엔 어떤 이물질도 끼어들 틈이 없다. 그것은 기계적이고 자동적이며 표층적이다. 웃음은 절대적으로 가벼운 것이다. 그 앞에서 인간이 만들어낸 가치와 관념은 일시 중지된다. 다시 바흐친의 말을 빌리면 "웃음만은 거짓에 오염되지 않고 남아" 있다. 그것의 정체를 해명할 수 없을진 몰라도 그 순간의 웃음이야말로 우리가 꿈꾸던 내면의 해방에 더 가까운 게 아닐까.

2

앞말이 길어졌다. 이 지면에서 말하려 하는 대상을 제대로 말하는 것이 빈껍하기 때문이다. 그 대상은 〈무한노선〉이며 PD인 김태호이다. 그는 공중파 방송의 프로듀서로서, 예능 프로그램에 요구되는 웃음과 재미, 그리고 그것이 반영되는 시청률이라는 절대 계율 아래 작업해왔고, 그 계율을 성공적으로 지켜왔다. 물론 그만큼 성공하거나 더 성공한 사람도 많다. 하지만 그의 작품은 각별하다. 나에게 각별하며, 많은 사람들에도 그러한 것 같다. 이 각별함이 "시청률로 평가할 수 없는 작가주의 예능"이라는 이례적 평가를 낳았을 것이다.

　나는 김태호를 〈지붕 뚫고 하이킥〉을 만든 김병욱과 함께 21세기 한국 대중문화의 두 천재라고 부르고 싶다. 물론 그가 전통적 의미에서 천재 예술가는 아니다. 그는 내적 통일성을 지닌 텍스트를 만든 적도 없고, 그것을 시도한 적도 없다. '리얼 버라이어티'라는 양식은 내적 통일성을 요구하지 않으며, 기대되지도 않는다. 그것은 어떤 예술 장르에도 속하지 않으며, 특정 예술 장르와의 배타적 혈연(텔레비전 드라마와 영화와의 관계 같은)을 찾기도 힘들다. 게다가 〈무한도전〉은 한국에서 이 양식의 효시다. 그러니 우리에게 비평의 객관적 기준이 있을 리 없다. 물론 의미와 깊이라는 잣대를 끌어들이는 순간, 우리는 그들의 산물에서 가장 멀어지게 된다. 반대로 재미와 웃음이라는 기준을 끌어들이는 순간, 우리는 비평하기를 멈추고 매회 '본방 사수'하면서 만족 혹은 불만족을 표하며 찬탄 혹은 불평을 늘어놓는 데 그칠 수밖에 없다.

하지만 21세기 한국 땅에서 만들어진 문화적 산물 가운데 그들의 작품이 어떤 의미에서든 가장 훌륭한 성취들에 속할 것이라는 예감을 떨치기 힘들다. 내가 그의 양식과 미감을 믿거나 그의 견해를 경청하는 사람 중 다수가 두 사람의 작품에 깊은 애정을 보인다는 사실도 그 예감을 든든하게 만든다. 〈무한도전〉을 보면 종종 상반된 느낌 사이를 오가게 된다. 하나는 여기에 비평적 언어가 닿을 수 없다는 사실을 직감하기에 비평적 판단이라는 스스로에게 부과한 책무로부터 해방되어 마음 놓고 즐긴다는 것이다. 그 점이 〈무한도전〉을 더 좋아하게 만들었을 것이다. 다른 하나는 〈무한도전〉이 전해주는 즐거움과 친밀함 혹은 해방감에 대해 무언가 말을 하고 싶은 충동이다. 그 말들이 이 지면의 이름에 붙어 있는 인문학 혹은 비평과 무관하더라도 그 충동은 쉽게 가시지 않는다. 거듭 망설이다 소속도 정체도 불분명한 그 말들을 이제 몇 마디 하려 한다.

양해를 구할 점 한 가지가 있다. 나는 〈무한도전〉을 좋아하지만 전편을 다 보지 못했다. 이 글을 쓰고 있는 2011년 8월 14일까지 방영된 262회 중에서 기껏해야 반 정도를 본 것 같다. 우리의 논의는 어쩔 수 없이 불충분하겠지만 이 결함이 〈무한도전〉을 말할 자격까지 박탈하지는 않는다고 믿는다. 감안해야 할 점 한 가지가 있다. 그것은 〈무한도전〉이 단일한 텍스트가 아니라는 점이다. '리얼 버라이어티'라는 명칭은 그것의 복수성을 직접 지칭한다. 거기엔 전통적인 코미디와 무대 공연과 경연, 토크쇼와 퀴즈쇼, 백스테이지 다큐멘터리와 패러디 쇼등등이 뒤섞여 있거나 매회 주도적인 장르가 앞으로 나온다. 하나의 텍스트를 말할 때와 같은 방식으로 〈무한도전〉을 말하는 것은 불가능하다. 이 두 가지 점 때문에 여기서의 논의는 〈무한도전〉의 특정한 면에 집중될 수밖에 없다.

〈무한도전〉에 대한 방송 저널리스트나 매스컴 관련 연구자들의 비평은 적지 않다. 일부는 정치적이거나 미학적인 해석을 시도하기도 하지만, 방송 콘텐츠로서의 강점을 분석하는 글이 다수이다. 나는 그들보다 〈무한도전〉을 더 정교하고 세밀하게 말할 수 없다. 한국의 방송사에서 혹은 예능 프로그램의 역사에서 〈무한도전〉이 차지하는 특별한 자리에 대한 분석은 내 능력을 벗어난 일이다. 영화평론가로서의 내 관심은 〈무한도전〉이 전통적 예술 개념으로는 포섭할 수 없는 양식을 통해 어떻게 우리의 두뇌와 감각을 흔들게 되었는가에 있다.

〈무한도전〉의 자리는 이중적이다. 이것은 벤처 캐피탈의 성공신화와 겹쳐지고(한국 '리얼 버라이어티'의 효시로서 유사 상품들을 끝없이 배출했고 시청률이라는 시장 지배력도 여전히 막강하다), 엄숙하거나 비장하기는커녕 경쾌하고 즐거우며 때로 눈물과 감동까지 선사한다. 문화 상품으로서의 방송 컨텐츠가 소망할 수 있는 모든 영광이 그의 몫이다. 그런데 여기엔 무언가 더 있다. 상품 가치를 근본적으로 훼손하지 않으면서도 상품성과 미묘하게 긴장하면서 이 상품을 상품 이상으로 만들어내는 어떤 것.

이것을 통념화된 예술성과 연관시키는 일부 저널리즘의 설명에는 동의하기 힘들다. 한 대중문화 전문기자는 영화학자 앤드루 새리스의 작가주의론을 빌려 〈무한도전〉을 작가주의적 예능으로 상찬하며 '웃음을 주는 탁월한 기술' '멤버에서 자막까지 드러나는 현저한 개성' '웃음의 기제에 담긴 심오한 의미'를 그 근거로 들었다.(『마이 데일리』, 2010. 2. 14) 이 지적은 그 자체로 틀린 것은 아니지만 불충분하거나 초점이 빗나간 것이다. 특히 '웃음에 담긴 심오한 의미'는 평자들이 자신들의 웃음에 특권을 부여하기 위해 동원하는 핑계에 지나지 않는다. 의미가 있든 없든 웃기는 것은 웃기는 것이다. 웃음은 의미 작용 이전에 발생해 종종 의미를 무화한다.

심오한 의미 같은 것은 웃음의 앞뒤에 달린 장식을 넘어서는 일이 많지 않다. '미국 소처럼 쓰러진다' '광우병 송아지'라는 자막을 단다고 해서(105회, '창작동요제'), 몰디브의 침수와 북극 얼음의 붕괴를 모형화해 환경 문제를 상기시킨다고 해서(228회, '녹색특집—나비효과'), 혹은 철거 직전의 빈민 주거지를 질주한다고 해서(158~159회, '여드름 브레이크') 더 훌륭해지는 건 아니며, 이 이슈들이라면 다큐멘터리 같은 다른 장르가 더 잘 다룰 것이다. 〈무한도전〉이 특별한 것은 반대로 거기에 대개 어떤 심오한 의미도 없기 때문이며 그 무의미를 스스로 의식하고 견뎌내거나 그 안에서 놀기 때문이다. 〈무한도전〉을 영화 이론을 빌려 설명하는 것은 불가능하다. 이 점에 대해선 뒤에 다시 말하려 한다.

'리얼 버라이어티'에서 '리얼'은 까다로운 의제가 담긴 용어지만 여기서는 단순화하고 싶다. 다큐멘터리에서의 '리얼'과 〈무한도전〉의 '리얼'은 층위가 다르다. 다큐멘터리는 실제 생활과 실제 사건의 일부를 있는 그대로 담는다는 의미에서 말 그대로의 의미에서 리얼하다. 〈무한도전〉의 '리얼'은 실제 생활로부터 독립된 연행을 수행하면서, 대본의 역할을 축소하고 연행자들(연출자인 김태호도 포함된다. 그는 연출자이자 연행자다)의 즉흥성에 주로 의존한다는 점을 강조하는 수사에 가깝다.

하지만 이 수사에는 미묘한 진실이 있다. 연행자가 자연인으로서의 자기 캐릭터를 직접 드러낸다는 점에서 〈무한도전〉의 즉흥성은 무대예술이나 영화에서의 즉흥 연기보다는 확실히 더 '리얼'하다. 그런데 우리가 성격이라고 부르는 것은 천성이라기보다 넓은 의미의 습관에 가까운 것이다. 그것은 영혼이 된 스타일이며 얼굴이 된 가면이다. '리얼 버라이어티'에서 연행자에게 가장 먼저 요구되는 것이 '캐릭터 잡기'다. 캐릭터가 천성이나 신체와 같은 것이라면 '잡기'라는 의식적 노력이 왜 필요하겠는가. 〈무한도전〉의 '리얼'은 그런 점에서 즉흥 연기와 같은 것으로 보아도 좋지 않을까. 헌데 그렇게 단순하지는 않은 것 같다.

당겨 말하면 〈무한도전〉의 '리얼'은 즉흥 연기와 말 그대로의 '리얼'의 중간지대를 오간다. 그 중간지대에서의 불안정한 흔들림과 미완의 유희들이 이 특별한 연행의 자질 가운데 하나가 된다. 이 점도 뒤에 다시 말하게 될 것이다.

3

아이들이 놀고 있다. 노는데, 좀 힘들게 놀고 있다. 〈무한도전〉에 대한 내 인상은 그러하다. 아이들과 놀이, 이 두 단어로부터 출발하고 싶다. 〈무한도전〉의 출연자들이 스스로를 칭하는 말은 '대한민국 평균 이하'이다. 『시학』에 나오는 '희극은 보통 이하의 악인의 모방'이라는 말을 떠올리게 하지만 〈무한도전〉의 '보통(평균) 이하'는 미성숙의 뜻에 더 가깝다. 평균 나이 36세이고 그중 세 사람은 결혼했으니 아이들은 아니다. 그런데 이들은 아이들이다. 동심의 세계, 혹은 어린아이의 취향과 기질을 가진 키덜트 따위를 말하는 건 아니다.

아이들은 무식하고 이기적이며 무능하고 의존적이다. 자신의 어린 시절을 들여다보면서도 아이는 천진하고 순수하다고만 말하는 사람은 아주 특별하거나 정직하지 않은 사람이다. 게다가 아이들은 잔인하다고까지 말하고 싶다. 동정심과 연민을 가지게 되는 것은 적어도 열 살은 지나야 한다. 〈무한도전〉의 남자들이 아이들로 느껴지는 이유 가운데 하나는 그들이 바로 이러하기 때문이다. 그중에서도 특히 의존적이라는 점 때문이다. 유재석이 없으면 그들은 어쩔 줄 모른다. 박명수는 자칭 1.5인자이지만 유재석 없이는 임시 토크쇼 하나도 제대로 진행하지 못한다. 유재석은 말하자면 이 늙은 아이들의 어머니다.

이 남자들은 하나의 가족이다. '가족처럼 가깝다'(이 말도 허구이다)는 뜻이 아니라, 가족 관계처럼 행동한다는 것이다. 유재석은 어머니처럼 다른 남자들을 돌본다. 어색함, 무리수, '개드립', 때론 침묵마저 이 유능한 어머니의 돌봄에 의해 가까스로 웃음의 소재가 되고, 아이들은 비로소 한 사람의 몫을 한다. 박명수는 아이들의 맏형이다. 자신은 다른 아이들보다 훨씬 낫다고 생각하지만 그 차이가 크지 않고 딱히 갈 데도 없어서 아이들 노는 곳에 기웃거리며 골목대장처럼 군림하려고 한다. 하지만 그는 그럴 능력이 없어 종종 무시당한다. '동네 하찮은 형'이라는 별명은 그의 자리를 정확히 묘사한다. 아버지는 따로 있다. 김태호는 아이들에게 놀이의 행동반경과 규칙을 정해주고 뒤로 물러선다. 가끔 나설 때도 있지만 그의 가장 중요한 역할은 입법자이다. 유재석조차 그 입법의 권능을 침범할 수 없다. 그의 보이지 않는 또 다른 권능은 사법권에 비유될 수 있는 편집에 있다. 편집 당한다는 것은 아이들에게 가장 큰 징벌이다. '어색한 형돈'은 요즘 '대세'로 불리기까지 이 징벌을 오랫동안 받았다.

〈무한도전〉 공동체가 사회의 축소판보다 가족에 가깝게 느껴지는 또 다른 이유는 〈무한도전〉 자체가 이들에게 집처럼 보이기 때문이다. 아이들에 비유했지만 이들은 모두 이름난 연예인이다. 하지만 유재석을 제외하고는 다들 다른 프로그램에 나올 때면 어딘지 어색하거나 미숙하다. 집에서 제멋대로 떠들고 놀다 갑자기 웅변대회에 나간 아이를 보는 것처럼 조마조마하다. 실제로 그들은 대개 〈무한도전〉 밖에서 성공하지 못하고 많은 프로그램을 '말아먹는다'. 며칠 뒤 다시 〈무한도전〉에 나왔을 때 그들의 얼굴과 몸짓에는 생기가 돈다. 아이가 집으로 돌아온 것이다.

이 구도 자체가 특별한 성취는 아니다. 문제는 그다음이다. 아이들은 자란다. 때로는 갖가지 게임을 하며 놀거나 때로는 과도한 미션을 수행하느라 쩔쩔매면서 조금씩 성장한다. 하지만 끝내 성숙해지지는 않는다. 놀이와 미션, 그리고 이 양자의 과정을 관류하는 미완의 성장담. 세 가지 면에서 〈무한도전〉은 특별하다. 이 남자들이 아이로 보이는 정말 중요한 이유는 이 특별함과 관련 있다.

4

〈무한도전〉의 양식상의 특징은 특정 포맷이 없다는 것이다. 〈무한도전〉의 포맷 수입을 추진했던 한 스웨덴 방송사는 포맷 확정이 불가능하다는 이유 때문에 결국 수입을 포기했다고 한다.(『뉴스엔』, 2008. 3. 7) 여기선 〈무한도전〉의 양식을 게임과 미션, 그리고 그 양자가 진행되는 과정의 무대 뒤 쇼에 한정 지으려 한다. 무대 뒤 쇼는 유재석이 주도하는 즉흥 토크쇼가 주된 레퍼토리이므로 우리의 관심을 게임과 미션에 집중해도 좋을 것이다.

〈무한도전〉의 전신 〈무(모)한 도전〉은 게임과 징벌로만 구성되었다. 목욕탕 물 퍼내기 시합, 전동차와 달리기 시합 같은 괴상한 게임을 쫄

쫄이 옷을 입은 어른들이 죽기 살기로 하는 것이었다. 처음엔 어처구니없는 짓처럼 보였지만 중독성이 있었다. 이 시절의 게임은 〈무한도전〉 스스로 '무도 클래식'이라고 부르며, 요즘도 간혹 등장한다. 클래식? 일종의 패러디이긴 하지만 이 명칭이 전혀 엉뚱하지는 않다.

이 놀이들에서 받은 첫인상은 '바보 같다'였는데, 여기에 무도 놀이의 핵심이 있다. 무도의 놀이에는 목표가 없다. 그 자체가 전부다. 〈1박 2일〉의 고정 레퍼토리인 '복불복 게임'에는 목표가 있다. 게임에 이기면 안락한 잠자리, 푸짐한 밥상이 주어진다. 〈1박 2일〉은 잘 설계된 지도와 같고, 마지막에는 멋진 목적지에 도착한다. 〈무한도전〉(149회)의 'Yes or No'와 〈1박 2일〉('해피선데이' 347회)의 폭포 특집을 비교해보자. 후자는 갖가지 게임과 '배신'과 '반직'의 소농을 거치고 나서 결국 아름다운 폭포에 도착한다. 화면에는 절경의 폭포가 펼쳐지고, 홀로 각자의 폭포에 도착한 남자들은 이제 서로를 그리워한다. 풍경의 스펙터클, 감정의 스펙터클이 그 목적지다. 놀이는 그것에 이르기 위한 경유지다.

〈무한도전〉은 반대다. 마침내 짜장면을 먹기 위해(그것을 위해 왜 대한민국의 남단까지 가야 하는가) 마라도에 도착한 정형돈과 노홍철은 마지막 선택을 한다. 결과는 가느다란 목의 꽃병에 담긴 짜장면 곱빼기를 받아들고 괴로워하는 형돈과 보통의 그릇에 담긴 짜장면 보통을 받아들고 즐겁게 먹는 홍철. 이 장면으로 이 회차는 끝나버린다. 마라도의 어떤 경관도 소개되지 않으며, 결말의 허망함은 수습되지 않는다. 여기서 마라도는 풍경과는 무관하게 오직 물리적으로 가장 먼 곳으로 선택되었을 뿐이고, 한 사람은 먹고 한 사람은 먹지 못했다는 결말 외엔 어떤 서사적 감정적 정돈도 없다. 〈1박 2일〉의 엽서 쓰기는 멤버들 간의 우애를 확인하는 '의미 있고 감동적인' 이벤트이지만, 〈무한도전〉의 '롤링 페이퍼'는 서로를 홍보고 거리를 확인하는 놀이다.

놀이는 놀이다. 이 동어반복의 테제야말로 〈무한도전〉의 특별한 선택이며, 호이징하의 말대로 "놀이는 그 자체로서 존재한다"는 것, 혹은 프리드리히 폰 쉴러의 말대로 "놀이는 자기 자신 외에 다른 목적을 갖지 않는 활동"(자크 랑시에르, 『미학 안의 불편함』, 주형일 옮김, 인간사랑, 2008)이라는 것을 긍정하는 것이다. 호이징하는 이렇게 덧붙인다. "누구든지 마음만 내킨다면 정의, 아름다움, 진리, 선함, 마음, 신 따위의 거의 모든 추상적인 것을 부정할 수 있겠지만, 놀이는 결코 부정할 수 없다."(호이징하, 『호모 루덴스』)

'바가지로 목욕탕 물 먼저 퍼내기' '출발하는 전동차와 100미터 달리기 경주'에는 아무런 의미가 없다. 다만 그것에 몰두하는 육체의 격렬한 활동만 있을 뿐이다. 이것이 처음에 괴상하게 보인 이유는 우리가 언젠가부터 놀이 그 자체를 잃어버렸거나 아니면 유용성과 사회적 의미가 개입한 놀이에만 익숙해졌기 때문일 것이다. 〈무한도전〉은 순수한 육체 활동으로서의 놀이를 통해 '건전한'(따라서 오염된) 놀이로부터 탈주하려 한다. 이것이 '3D'(물론 3차원이 아니라 'dirty, difficult, dangerous'를 뜻한다) 예능을 자처하도록 만들었다.

이것이 웃음을 주는 이유는 몸이 지닌 기계적 성격 때문이다. 몸은 유연한 생명체의 성질과 자신의 습성과 관성을 지닌 기계의 경직성을 동시에 가지고 있다. 비에 젖은 논두렁을 통과하는 인간의 다리는 결코 진흙의 유연성을 이기지 못하고 상체를 지탱하는 데 실패한다('모내기 특집'). 박명수는 종종 침을 흘리며, 노홍철은 'ㅅ' 발음에 늘 실패한다. 의식하지 못하는 사이에 후자의 속성이 전경화하는 것, 다시말해 "기계적인 것의 방향으로 생명이 전환"(앙리 베르그송, 『웃음』)되는 것이 웃음의 진정한 원인이다. 슬랩스틱 혹은 '몸개그'의 방식이그러하다.

물론 이 방식은 〈무한도전〉만의 고유한 것은 아니다. 하지만 경직된 신체의 유머에 관한 한 〈무한도전〉만큼 다채롭고 풍성할 수는 없다. 일반적인 몸개그, 특정 부위가 도드라져 굳은 것처럼 보이는 못생긴 혹은 캐리커처적 얼굴(박명수, 유재석, 노홍철), 나이 든 육세의 뻣뻣직성(박명수), 발성기관의 일관된 오작동(노홍철), 경직된 두뇌(박명수, 하하) 등. 이 여러 유형의 경직성은 〈개그콘서트〉처럼 개별 코너의컨셉트로 제시되는 게 아니라, 예기치 않은 순간에 돌출해 우리를 웃게 한다. 박명수가 〈Nothing Better〉의 가성 부분을 부르려고 고개를 젖히는 순간 유재석이 "와, 저 형 저러니까 너무 못생겼다"고 말한 뒤로,이 아무것도 아닌 소재로 거의 10분 동안 정신없이 웃게 만드는 건 다른 작품에선 상상하기 힘들다.

우리에겐 못생긴 얼굴을 보고 못생겼다고 말하며 웃을 수 있는 자유가 생각보다 크지 않다. 우리의 '정상적' 교양이 그것을 금하기 때문이다. 통상의 코미디는 그 웃음이 그 안에서만 허용되는 한정된 연행 공간을 통해 자유를 제시하지만, 〈무한도전〉은 '리얼'한 상황으로 제시한다. 이 자유는 아이들에게만 허용된 것이다. 아이들은 못생긴 것, 기형적인 것, 특이한 형상에 대한 소감을 자기검열 없이 발설한다. 아이들은 그만큼 잔인하면서 자유롭다. 〈무한도전〉은 우리에게 웃음과 함께 어린 시절에 누렸던 자유의 공기를 환기한다. 〈무한도전〉의 남자들이 아이들로 느껴지는 또 다른 이유이다.

자유로움의 또 다른 방식은 기표의 물질성에 몰두하는 것이다. '무도 클래식'에 속하는 언어 게임은 이런 놀이의 예다. 한 사람이 어떤 단어를 제시하면 그다음 사람은 거꾸로 말한 다음 또 다른 단어를 제시해야 한다. 틀리면 박 바가지를 머리에 맞아야 한다. 이 자체도 전형적인 기표 놀이지만 더 괴상한 것은 벌칙이다. 벌칙으로 '쌍박'(바가지 두 개를 한꺼번에 맞는 것)을 누군가 발의할 경우, 서로의 얼굴을 처다보며 '쌍박?' '쌍박!'이라고 연이어 말하는 구두 동의가 이루어지면 갑자기 무대 뒤에서 나이트클럽 무희 차림의 여자들이 쏟아져 나와 멤버들과 함께 '삼바'춤을 춘 뒤 다음 게임이 시작된다. '쌍박'이 '삼바'를 상기시키니 모두 일어나 삼바춤을 춘다. 기표들은 기의를 따돌린 채 자기들끼리 웃고 떠들며 논다.

기표의 물질성에 대한 이 놀라울 정도로 단순한 몰두 역시 아이들의 고유한 능력이다. 아이들은 의미를 개입시키지 않고 "사물의 세계가 바로 자신들을 향해, 오로지 자신들을 위해서만 보여주는 얼굴을 알아보기" 때문이다.(발터 벤야민, 『일방통행로』, 최성민 옮김, 길, 2014) 아이들은 사물을 모방하며 즐거워할 줄 안다. 우리가 그렇게 하지 못하는 것은 나이를 먹어가며 쌓게 되는 사물에 대한 알량한 지식이 우리를 사물 그 자체로부터 격리시키기 때문이다. "이름 붙여진 것은 이미 잃어버린 것"(알베르 카뮈)이다. 우리가 잃어버린 이 능력이 곧 아이들의 놀이 능력이다. 호이징하는 놀이의 세계를 "아이들과 시인들과 미개인들의 세계"라고 불렀다. 〈무한도전〉의 남자들은 잘 놀 때 아이들처럼 논다. 그들이 아이로 느껴지는 세번째 이유이며, 이 늙은 아이들이 육체와 기표에 그토록 몰두할 때 내가 그들에게 감동 받는 이유이다. 그 몰두에서 재미와 진지함을 구분하는 것은 불가능하다. 희극성을 보통 이하 인간의 멍청한 언행을 바라보는 자의 우월감과 연관 짓는 통념은 적어도 여기선 폐기되어야 한다. 우리가 잃어버린 능력이 그들에겐 있다.

내세 쇠고의 〈무한도선〉은 '고리안 놀+아이 콘테스트'(146회)이다. 이 회차를 보고 나는 〈무한도전〉의 열렬한 팬이 되었다. '돌+아이'는 비속어 '또라이'의 방송용 표기이며 노홍철의 별명이다. 빨간 내복 차림으로 버스 안에서 춤을 추다가 운전기사에게 야단맞고 쫓겨나는 자, 눈썹을 밀고 그것도 모자라 눈 밑에 사인펜으로 또 다른 눈을 조악하게 그려 넣은 자, 손을 안 쓰고 바지를 입겠다고 용을 쓰는 자 등등이 이 콘테스트에 몰려들었다. 가능한 한 괴상한 짓을 해서 남들을 웃기겠다는 한심한 자들의 어처구니없는 경연.

나는 여기서 어떤 인간적 서사에도 기대지 않고 어떤 패턴화된 감정에도 호소하지 않는 순수 형식의 유머의 범람을 보았다. 이 비정상의 향연은 이 대회에 반대했다는 자칭 보수파 박명수가 주장했듯 소수자의 유머이며 환대받기 힘든 '저질' 퍼포먼스이다. 대구에서 올라온

한 소년은 대회에 나온 뒤에 아버지로부터 "이제 아버지라고 부르지
도 마라"는 말을 들었다고 전한다. 그 말을 들은 박명수는 기다렸다는
듯, "아이구, 이게 방송이 되겠냐. 저게 또라이여, 저게"라며 프로듀서
인 김태호를 가리켰다. '돌+아이'들로부터 야유를 듣긴 했지만, 박명
수는 정확했다. 김태호야말로 '돌+아이'다.

　더 놀라운 것은 박명수의 항명(프로듀서라는 아버지에 대한)이 이
프로그램의 일부로 편입되어 있다는 사실이다. 보통의 경연처럼 최고
의 '돌+아이'를 선정한 게 아니라, 12명의 '돌+아이'와 12명의 상'돌
+아이'를 뽑고, 이 경연의 입법자이자 집행자인 프로듀서 자신도 기
꺼이 '돌+아이'가 되어 킥킥거리는 이 난장이 지닌 불가사의한 활력,
그 어수선함과 웅성거림과 산만함과 불협화음 안에서 형성되는 새로
운 수평적 질서의 기운이 경이로웠다. 그것은 '정상성'을 내면화하지
않은 아이의 영혼만이 불러낼 수 있는 원초적 생기일 것이다.

　〈무한도전〉의 놀이는 아이들의 놀이이며 원형적 놀이이다. 그것이
우리의 마음을 붙든다면 우리의 몸 어딘가에 놀이의 기억이 새겨져 있
기 때문일 것이다. 놀이는 노동과 분리되어 상징계의 외곽, 혹은 본능
과 질서 사이 어딘가에서 웃음, 재미, 신명, 목적 없는 몰두와 같은, 어
떤 정신적 범주로도 환원되지 않은 활력을 발생시키는 장이다. 놀이의
활력을 위축시키는 건 우리의 이성이 분별할 수 있는 자본의 개입이라
기보다, 이성 그 자체의 개입이다. 유용성, 기능, 사회적 의미로 환원
되지 않을 것, 절대적으로 무의미할 것. 그를 위해 육체 활동과 기표에
몰두할 것. 이것이 원형적 놀이의 계율이다.

5

〈무한도전〉이 '사회적 의미'를 전적으로 거부하는 건 아니다. 〈무(모)한 도전〉〈무(리)한 도전〉 시절의 게임 중심에서 미션 중심으로 이행하면서 〈무한도전〉은 오히려 사회적 유용성을 고민하는 것처럼 보인다. 여자 권투, 여자 핸드볼, 봅슬레이, 조정 등의 비인기 종목에 도전할 때, 혹은 뉴욕에서 한국 음식에 대한 홍보에 열중하거나 평창 스키장에서 동계올림픽 유치를 기원하는 이벤트를 벌일 때, 그리고 앞서 언급했던 자막이나 무대와 장소를 통해 사회 문제를 상기시킬 때, 〈무한도전〉은 사회적 유용성이란 목적지를 향해 차를 갈아탄 듯 보이기도 한다. 이런 기획이 심태호와 멤버들에게 어떤 중요성을 가지고 있는지는 알지 못한다. 관객으로서 내게 이런 시도는 자기들끼리 놀던 무리들이 일종의 봉사활동을 하는 것처럼 보인다. 그렇다면 이건 놀이에 매혹된 자들의 면피용 봉사일까? 그렇게 단순하지는 않은 것 같다. '평창 동계올림픽 유치 기원 특집' 외엔 이 '봉사활동'들도 〈무한도전〉이라는 세계 안에서 이질적인 것들로 시끌벅적하지만 자연스럽게 공존하고 있다는 느낌을 준다.

  게임 중심의 〈무한도전〉과 미션 중심의 〈무한도전〉은 같고도 다르다. 예컨대 '목욕탕 물 퍼내기'와 '조정 특집'은 육체 놀이라는 점에서 동일하다. 육체 놀이가 주는 즐거움에 대해선 이미 말했다. 다른 점은, '목욕탕 물 퍼내기'는 목적 없고 의미 없는 자기완결적인 순수 놀이인 반면, 조정은 스포츠 제도의 일부이며 '조정 특집'은 그 제도의 규칙에 순응해 경연을 벌여야 한다는 것이다. '조정 특집'은 '봅슬레이 특집' '레슬링 특집'과 마찬가지로 비인기 스포츠 제도인 조정도 놀이의 즐거움과 감흥을 안긴다는 사실을 확인시킨다. 후자에 와서야 〈무한도전〉은 비인기 종목에 대한 관심 환기라는 사회적 유용성을 얻은 것일까. 나는 그렇게 보지 않는다. 그런 효용이 있더라도 부차적이다.

결론부터 말하면 〈무한도전〉의 미션들은 비유컨대 아이들의 성장담을 구성한다. 성장의 고달픔을 다시 말할 필요는 없으리라. 그 고달픔은 나이 들면서 정상성의 규범을 내면화하고, 사회적 쓸모를 가져야 한다는 융통성 없는 율법에서 비롯된다. 시인과 광인('돌+아이')은 그럴 수 없어서 그의 영혼은 아이와 미개인을 닮는다. 거의 모든 아이들은 자기들끼리 놀고 떠드는 것만으로 일생을 보낼 수 없다. 〈무한도전〉의 늙은 아이들이 집을 나와 사회에 편입될 만한 기능을 가질 수 있을까. 이 질문이 미션의 출발점이다. 이 점에서 'PD 면접 보기'와 '조정 특집'은 동질적이다. 아이들이 자신의 사회적 쓸모를 검증 당하는 것이다.

미션 수행이 실패한다는 사실이 중요하다. '에어로빅 특집'에선 엉겁결에 2등 상을 받았지만 거의 모든 미션에서 그들은 '댄스 스포츠 특집'에서처럼 예선 탈락하거나 '조정 특집'처럼 큰 실력 차로 꼴찌에 머문다. 그런데 조정 경기의 결승선을 통과하고 나서 정형돈이 울먹이며 "내가 봤어. 우리 진짜 잘했어"라고 외칠 때 그들이 잘한 것은 무엇이었을까. 〈무한도전〉에서 미션 포맷만을 따온 〈남자의 자격〉이 시도한 합창 경연('남자, 그리고 하모니')을 떠올려보면 문외한과 초보자들이 모여 생각지도 못한 수준의 성취를 이루었을 때 으레 깊은 감흥이 생긴다는 사실을 인정할 수 있다.

양자 모두 전문가 수준에 이르지는 못했다. 그러나 방점이 다르다. 〈남자의 자격〉에서는 노력하면 그 정도까지는 할 수 있다는 사실의 확인에 방점이 있다. 이것은 확실히 성취감에 가깝다. 〈무한도전〉에서는 아무리 해도 그 정도까지밖에 할 수 없다는 사실의 확인에 방점이 있다. 이것은 자괴감이나 연민에 가깝다. 미션 수행은 실패했고, 그들은 서로에게 '미안하다'고 말한다. 〈무한도전〉은 미션 수행이 완결될 때 그것을 성취로 드러낸 적이 거의 없다. 실패를 예감하면서도 끝까지 버텨낸 무능력자들의 안쓰러운 발버둥. 그에 대한 연민과 자기 연민이 그 폭발의 배음이 된다.

실패하는 미션은 실패하는 성장의 은유다. 사회적 쓸모를 검증 당한 늙은 아이들은 실패하고 고개를 숙이고 집으로 돌아온다. 돌아온 그들은 한풀이하듯 순수 놀이에 몰두한다.('우천시 취소 특집') 하지만 그들은 머지않아 또 다른 시험을 치르러 나가야 할 것이다. 이 대목에서 〈무한도전〉은 불현듯 비상한 성장 드라마가 된다. 정신없이 놀던 못난 아이들에게 주어진 성장이라는 율법의 명령, 그리고 거듭되는 실패. 이것은 슬픈 드라마이다. '전동차와 100미터 달리기'의 실패에는 슬픔이 없었으나 조정 경기에서의 실패에는 슬픔이 있다. 우리 모두는 자신이 성숙에 실패했다는 사실을 알고 있기 때문일 것이다.

그러나 웃음과 놀이는 포기되지 않는다. 여기에 '거성' 박명수의 위력이 있다. '무한 이기주의자'인 그는 자기 문제 외에는 무심하며 좀처럼 슬퍼하지 않는다. '댄스 스포츠 경연'에서 못난 동생들이 서로의 공연을 보며 울먹이고 있을 때 그는 "눈물이 안 나오는 걸 어떡해"라며 태평스레 밥을 챙겨 먹는다. 그러니 '거성이 운다'는 건 〈무한도전〉의 사건이 된다. 감동과 슬픔을 스펙터클화하지 않기, 박명수의 무심한 시선으로 혹은 자기반영적 테크닉으로 슬픔을 물끄러미 쳐다보기, 혹은 그마저 유희하기. 이것이 〈무한도전〉의 방식이다. 그러나 정말 울고 싶을 때가 있다. 그때 거성이 운다.(85회 '땡큐콘서트') 한국의 어떤 주류 영화도 〈무한도전〉만큼 감동이나 눈물의 스펙터클을 조심스럽게 다루지 않는다. 김태호는 슬프거나 어쨌거나 놀아야 한다고 믿는 사람이다. 기 드보르는 "놀이의 자유로운 활동"이 "스펙터클의 수동성에 대한 치료제"라고 말했는데 김태호도 이 말을 믿을 것이다. 〈무한도전〉에는 성장 계율의 수긍과 그에 대한 은밀한 저항이 뒤엉켜 있다.

이 성장담에는 또 다른 요소가 있다. 〈무한도전〉이 성장담으로 번져가면서 이 예능이 캐릭터 경연장이라는 점이 더 분명해졌다. 미국의 리얼리티 쇼가 사건 중심적이며 관음증을 충족시키는 반면, 한국의 리얼리티 쇼는 캐릭터 중심적이며 동일시 효과를 유발한다는 점은 많은 방송 연구자들이 지적해왔다. 이 점은 최근 방송을 휩쓸고 있는 각종 오디션 프로그램에서 더 두드러진다. 승자를 결정할 시청자 투표가 경연에서의 성취보다 그의 드라마틱한 인생 역정에 의해 종종 좌우된다는 것은 널리 알려져 있다. 경연 참가자들은 솜씨의 경연 이면에 캐릭터 서사의 경연을 함께 벌이고 있는 셈이다.

한국 '리얼' 예능의 효시이긴 하지만 〈무한도전〉의 경우는 좀 다르다. 여기에선 확립된 캐릭터가 경합한다기보다는 캐릭터가 변화한다. 변화의 과정을 지켜본 사람에게는 동일시와는 다른 특별한 친밀함과 유대감이 형성된다. 웃기는 것 말고는 다 잘하는 정형돈, 약간 비호감인데다 웃기는 데도 별다른 재주가 없는 정준하와 하하, 정신 사납고 부담스러운 노홍철, 유재석 없이는 무능하기 짝이 없는 박명수, 그리고 이 모두를 보살펴야 하는 유재석. 이 오합지졸이 처음 모였을 때 실제로 할 수 있는 것은 아이들의 놀이 외엔 없었을 것이다. 시간이 흐르고 그들은 점점 집 밖에서 자신의 쓸모를 시험 당하는 일이 잦아졌다. 그러자 그들의 캐릭터에도 변화가 생겼다.

그런데 이 변화는 선형적 변화라기보다는 다중화에 가까운 것이다. '어색한 뚱보'(형돈)는 '건방진 뚱보' '미존개오'(미친 존재감, 개화동 오렌지)가 되었고, '돌+아이'(홍철)는 '사기꾼' '퀵 마우스'가 되었다. '바보 형'(준하)은 '쿨 가이' '정총무'가 되었고 '무식한 상꼬마'(하하)는 '두 개의 심장 하이브리드'가 되었으며 '찮은이 형'(명수)은 '악마의 아들' '거성'이 되었다. 팬 사이트를 찾아보면 이보다 훨씬 더 많은 별명을 발견할 수 있을 것이다. 그런데 후자의 별명들이 전자를 대체하지 않고 함께 불린다는 사실이 이상하지 않은가. '돌+아이'가 어떻게 유능한 사기꾼이 될 수 있는가. 바보가 어떻게 계산에 능한 총무를 겸할 수 있는가. 하찮은 인간이 어떻게 동시에 악마의 아들이 될 수 있는가. 게다가 이들은 어떤 캐릭터를 드러내야 할지 종종 망설이지 않는가. 이들이 아이들이며 성장 중이기 때문이다. "아이가 어른이 되는 것은 가면을 바꾸어 쓰는 일"이며 성장의 완성은 아이의 '다형성의 억압' '육체의 억압'의 결과이다.(가라타니 고진, 『일본근대문학의 기원』, 박유하 옮김, 민음사, 1997) 캐릭터의 경합은 실은 성장하는 아이의 내부에서 벌어져 온 일이다. 육체의 놀이에 몰두하던 아이들이 자신이 써야 할 여러 가면을 두고 우왕좌왕하는 이 풍경이야말로 성장에 관한 더없이 예민한 묘사가 아닐까.

〈무한도전〉의 마지막 자질은 개별 텍스트가 아니라 그들 사이에 혹은 그들을 가로질러 존재한다. 어머니(유재석)는 못난 아이들을 빠짐없이 돌보았고, 아버지(김태호)는 그들을 버리지 않았다. 〈무한도전〉은 아이들의 결함과 실패를 감추기보다는 드러냈고, 보는 이들은 아이들의 무능과 실수를 종종 비난했지만, 시간이 지나면서 그 결함과 실패의 불가피함에 동의하게 되었다. 그러는 사이 어색한 형돈은 '대세'가 되었고 원성의 가장 많은 표적이 된 준하는 특집의 주인공이 되어 찬탄을 들었다. 길이 무리수를 두며 흐름을 깨지만 이마저도 웃음의 소재로 되는 광경을 보며 형돈이 그랬던 것처럼 그도 한 사람의 몫을 언젠가 하리라고 짐작하게 된다.

이 과정을 함께 겪으며 보아온 사람들이 이 늙은 아이들에 대해 갖는 느낌은 애틋한 친밀감 같은 것이다. 이것은 동일시로 환원할 수 없는 더 깊고 은근하며 일상적인 정감이다. 보통의 서사예술에서 동일시는 텍스트의 효과이지만 〈무한도전〉의 친밀감은 텍스트만으로 설명될 수 없다. 주말 텔레비전 쇼라는 양식이 그 친숙의 시간을 허용케 했을 것이며, 텍스트 밖에서의 연행자들의 추문(특히 정준하)과 실패의 정보, 그것이 텍스트 안에서 웃음의 갖가지 소재로 다루어지는 광경을 함께 겪으면서, 꽤 긴 시간을 함께 살아왔다는 느낌을 가진 뒤에야 가능할 것이다. 이 친밀감으로 우리는 그들이 미션에 성공하지 못하더라도, 또 웃기는 데 실패하더라도, 때로 지루해지더라도 그들을 여전히 만나고 싶어한다.

이런 친밀감은 독립된 텍스트로서의 예술 작품에는 기대할 수 없을 것이다. 아마도 영화사 초기의 코미디 영화들에는 비슷한 느낌이 있었을지 모른다. 찰리 채플린과 버스터 키튼의 코미디가 1년에 몇 번씩 찾아올 때, 관객들은 절친한 친구를 만나러 가는 기분으로 극장을 향했을 것이다. 그럼에도 스크린이라는 막은 관객과 그들 사이에 엄존하고 있었고, '가련한 방랑자'(채플린)와 '위대한 무표정'(키튼)은 여전히 이미지의 인공낙원에 머무는 가상의 존재였다. 막은 사라졌고 〈무한도전〉의 친구들은 오히려 우리가 그들을 보살펴주고픈 일상적 존재에 가까워졌다. 형돈이 마침내 웃겼을 때, 그를 마음으로 보살펴온 많은 이들이 웃기보다 오히려 안도의 한숨을 내쉬는 일은 그래서 이상하지 않은 것이다. 다른 텔레비전 프로그램은 물론이고 최상의 영화들에서도 이런 유의 친밀감을 경험한 적이 없다.

〈무한도전〉은 육체와 기표의 놀이가 갖는 활력, 그로부터 비롯된 오염되지 않은 웃음의 난장이다. 이것은 놀이로부터 비롯된 예술이 사유와 친교하고 리듬과 하모니에 이끌리면서 떠나보낸 것들이다. 실패하는 성장담이라는 서사적 차원과 각별한 친밀함이라는 정서적 차원까지 더해져 〈무한도전〉은 21세기 한국인에게 대체 불가능한 문화적 산물이 되었다. 이것이 예술인가라는 질문은 불필요할 것이다. 비예술이면 어떠한가. 다만 여기엔 우리가 대중문화에 기대할 수 있는 창의성과 활력이 있다. 이만한 창의성과 활력을 지닌 한국 영화는 1년에 한두 편에 지나지 않는다. 이 숭고한 저속함의 비예술로부터 한국 영화는 더 많이 배울 필요가 있다.

(『문예중앙』, 2011년 가을호)

시신 이미지를
넘어

1

앙드레 바쟁의 진정한 후예로 추앙되는 영화비평가 세르주 다네 (1944~1992)는 10대 후반인 1961년 프랑스 영화지 『카이에 뒤 시네마』 6월호에 실린 자크 리베트의 글 「천함에 대하여」를 읽었다. 그 글은 나치 강제수용소를 다룬 이탈리아 좌파 감독 질레 폰테코르보의 〈카포〉(1960)에 관한 논평을 담고 있었다. 영화의 한 숏에 관한 리베트의 묘사와 판단이 영화 청년 다네의 뇌리에 꽂혔다. 그 구절은 이러하다.

"리바(〈카포〉의 주인공)가 스스로 전기 철조망에 몸을 던져 자살하는 장면을 보자. 바로 이 순간, 마지막 프레임의 앵글에 정확하게 시체의 올려진 손을 잡으려고 갖은 신경을 쓰면서 시체를 잡기 위해 앙각으로 트레블링-인을 하기로 결심한 사람, 바로 이 사람은 가장 깊은 경멸을 받을 수 있을 뿐이다."

다네는 이 대목을 보고 "이 글을 쓴 사람이 절대적으로 옳다고 확신했다"고 말했다. 그런데 다네는 그때 이 영화를 보지 않은 상태였고, 1992년 에이즈로 죽기 직전 「〈카포〉의 트레블링 숏에 관해」를 쓸 때까지도 이 영화를 보지 않았다. 그러면서도 이렇게 단언했다. "〈카포〉의 트레블링의 천함을 즉각적으로 느끼지 못하는 사람은 결단코 나하고 아무 관계도 없을 것이고, 아무것도 나눌 수 없을 것이다."(세르주 다네의 이 글이 실린 『영화가 보낸 그림엽서』는 2012년 11월에 번역 출간되었다. 정락길 옮김, 이모션북스)

보지 않은 영화에 대한 타인의 평가에 즉각적으로 동의를 표하고, 30여 년간 수정은커녕 '논란의 여지 없는 공리'로 받아들이는 이 절대적 확신은 얼마간 이상한 일처럼 보인다. 다네는 이 점을 납득시키려는 별다른 설득을 시도조차 하지 않았지만, 그럼에도 나는 고스란히 설득된다. 동시에 내가 설득되는 과정 역시 너무 즉각적이어서 다시 누군가에게 논리적으로 납득시키고 싶은 의지도 생겨나지 않는다.

약간의 보충 설명은 가능할 것이다. 세르주 다네의 동시대 유럽인들에게 아우슈비츠는 이제 막 경과한 눈앞의 사건이었다. 홀로코스트를 동시대인으로 경유한 세대는 다른 어떤 세대와도 다를 것이다. 무엇보다 유대인인 다네의 아버지 피에르 스몰런스키는 나치 강제수용소에서 죽은 것으로 알려져 있다. 평생 동안 영화를 통해 자신을 분석하려 했던 이 예민한 영화광에게 "영화는 죽은 아버지의 장소"(그의 아버지는 영화 녹음 기사이기도 했다)였으며, "모던 시네마는 강제수용소에 대한 앎의 영화"였다.

어떤 이성의 작동도 중지시키는 절대 타자, 모든 종류의 앎을 증발시키는 블랙홀로서의 아우슈비츠는 그러므로 끝내 영화로 돌아와서는 안 되는 장소였지만, 그러나 영화는 그 앎의 추구를 중단할 수 없는 운명이었다. 이 패러독스에 갇힌 세르주 다네의 시네필리아는 어쩔 수 없는 멜랑콜리아였다. 아버지와의 재회는 끝내 연기되었고, 앎은 나선형 회로 위를 달리는 자동차의 시선, 앞도 뒤도 보이지 않는 영원한 불안의 여정이었다. 영화가 해서 안 되는 일은 강제수용소를 성변으로 바라보는 것이었으며, 시체를 응시하는 것이었다. "우리 자리가 있지 않은 곳에서 자리 잡아서는 안 되며 다른 사람들의 자리에서 말해서는 안 된다"는 것이다.

요컨대 〈카포〉의 트래블링 숏은 미학적 문제 이전에 윤리적 문제였다. 세르주 다네의 동시대 시네필들에게 이 문제는 "트래블링은 도덕의 문제다"(장 뤽 고다르)라는 말로 정식화되었다. 17세의 소년에게도 이 모든 것은 너무도 명확해서, 어떤 논박도 무의미한 것이었다.

매우 특별한 세대라 해도, 리베트의 논의를 세르주 다네라는 개인, 혹은 아우슈비츠 세대의 체험에만 연관시키는 것은 부당할 것이다. 나는 이 논의를 영화가 죽음 일반을 다루는 방식에 관한 문제 제기로 받아들이고 싶다. 우리는 아우슈비츠를 겪지 않았지만, 한국전쟁과 광주를 비롯해 수많은 죽음의 행렬을 뒤쫓으며 20세기 후반을 살았고, 지금도 지구상에서 가장 많은 사람들이 자살하는 나라에서 살고 있다. 신체 손상과 시신 전시가 관습이 된 액션영화가 아니라도, 한국 영화에서 죽음은 피할 수 없는 의제다. 리베트 혹은 다네의 언사를 강령화하는 대신, 그의 논의를 출발점 삼아 2000년대의 몇몇 한국 영화들이 죽음을 다룬 방식을 느슨하게나마 되짚어보려 한다.

2

수년 전에 읽은 세르주 다네의 글이 떠오른 것은 올해 3월에 개봉된 다큐멘터리 〈말하는 건축가〉(2011) 때문이다. 최근 한국의 독립영화 가운데 다수는 주류의 양식을 전용하면서 기존의 독립영화적 태도를 잃어가고 있지만, 이 다큐멘터리에는 남다른 선택이 있다.

〈말하는 건축가〉는 건축가 정기용의 마지막 날들을 담은 다큐멘터리다. 정재은 감독은 건축에 관한 다큐멘터리를 찍기 위해 그를 만났지만, 그는 이미 대장암 말기였고 이 다큐멘터리는 건축 자체가 아니라 죽음을 눈앞에 둔 한 건축가의 생활 기록이 되었다. 좋은 다큐멘터리가 종종 그렇듯, 예기치 못한 피사체의 운명이 작품의 운명을 결정한 것이었다.

이 다큐멘터리에는 잊기 힘든 장면이 있다. 몸도 가누기 힘들 만큼 병세가 심해진 정기용은 볕 좋은 어느 봄날, 병원 인근의 숲으로 소풍을 나왔다. 그는 이동용 병상에 누운 채 숲길 위에 있고, 그의 주변을 제자와 가족 몇 명이 둘러싸고 있다. 휴대전화로 찍힌 이 장면은 해상도도 낮으며 촬영자가 인물들로부터 5미터 이상 떨어져 있어, 병상에 누운 정기용의 옆얼굴만 흐릿하게 보일 뿐이다. 숏의 길이도 10여 초에 불과하다.

이 장면은 영화의 라스트신 직전이어서, 그의 마지막 날들을 가슴 아프게 지켜본 관객은 한 고집스럽지만 멋진 인간이자 뛰어난 건축가의 죽음 앞에 이제 애도할 준비가 되어 있다. 하지만 카메라는 그에게 더 이상 다가서지 않는다. 그러곤 생전의 그의 모습을 담은 한 시퀀스로 돌아간 뒤 영화는 끝난다. 이 밋밋한 선택이 이 다큐멘터리에 위엄을 부여한다. 카메라는 왜 그의 마지막 얼굴을 클로즈업함으로써 우리의 애도 감정에 협력하지 않는가, 라고 반문하는 대신, 나는 이 카메라의 선택에 경의를 표하고 싶다.

정기용은 죽음 직전의 흉한 자기 모습이 카메라에 담기는 걸 원치 않았다고 한다. 하지만 감독이 결심하기만 한다면 그것이 그다지 어렵지 않다는 사실을 우리는 알고 있다. 이 장면의 선택에 대해서 정재은 감독에게 물었을 때, 그는 "그게 예의일 것 같아서"라고 답했다. 물론 이 '예의'에는 카메라로 존경을 바친 한 인간의 마지막 의사를 존중한다는 뜻이 포함되어 있다. 그러나 그것만은 아니다. 정재은 감독은 "죽음을 비극의 방식으로 찍는 것을 원치 않았다. 아직 죽음을 다루는 방법을 모르겠다"고 덧붙였다. 이 신중한 태도를 '절제'라고 말하는 건 온당치 않다. 자신이 알지 못하는 것을 알지 못한다고 말한다는 의미에서 '솔직'이라고 부르는 편이 차라리 나을 것이다. 카메라의 어떤 수사학도 이 '솔직'의 견고함을 넘어서지 못한다.

이와 정반대의 태도로 찍힌 다큐멘터리가 〈워낭소리〉(2009)이다. 200만이 넘는 관객을 불러모아 한국 다큐멘터리의 역사에서 믿기 힘든 흥행 신화를 쓴 이 기념비적 다큐멘터리는 그러나 결코 동의할 수 없는 영화다. 소가 눈물을 흘리는 장면을 삽입함으로써 비애감을 조장하는 작위적 편집에 대해서는 이미 다른 글에서 언급한 바 있다.(허문영, 「심금을 울리지만 껴안진 못하겠다」, 『세속적 영화, 세속적 비평』, 강, 2010) 이 다큐멘터리에서 보다 참기 힘든 것은 특정한 장면이 아니라, 소가 죽기를 기다리고 있었을 카메라이다.

"소가 죽어야 촬영이 끝나는데 빨리 죽지 않아서 마지막이 좀 힘들었다"고 어느 인터뷰에서 감독이 수줍게 말하는 것을 들었을 때, 나는 이 감독의 성품이 교활하다기보다 차라리 순박하다고 느꼈다. 그럼에도 40년을 살아 이제 죽음밖엔 남은 것이 없는 소의 가련한 육체를 찍고 있는 카메라가 소의 죽음을 찍겠다고 하염없이 기다리고 있을 때, 이 카메라의 천박한 태도를 결코 수긍할 수 없다.

그는 도대체 무엇을 기다리는가. 누군가 죽어서 비극이 되는 것이 아니라, 비극의 성립을 위해서 누군가 죽어야 하는 것이다. 대부분의 액션영화에서 분노가 폭력을 낳는 것이 아니라 폭력의 충동이 분노를 조성하는 것처럼, 이 경우엔 죽음이 슬픔을 낳는 것이 아니라 울음을 터뜨리기 위해 죽음을 조성하는 것이다. 이 위장된 표준적 인과 관계를 위해 극영화도 아닌 다큐멘터리의 카메라가 봉사하고 있을 때, 우리는 그 카메라를 경멸하지 않으면 안 된다.

3

〈워낭소리〉에서 죽음을 다루는 방식을 죽음의 도구화라고 부를 수 있을 것이다. 영화에서 이 도구는 개인적 슬픔을 위해서만이 아니라, 종종 모종의 사회적 쓰임새를 위해 동원된다. 이때 죽음은 외견상 더욱 숭고해지고, 영화는 더욱 교활해진다. 이것을 말하기 전에 약간의 우회를 하려 한다.

2009년, 노무현이 세상을 떠난 지 며칠 뒤 어떤 자리에서 귀를 의심할 만한 말을 들었다. 진보적 인사임을 자처하는 한 사람이 의기양양하게 말했다. "그 사람은 훌륭한 결단을 했다. 자기 몸을 던져서 민주화운동의 불꽃을 다시 살려낸 것이다." 이 말을 듣는 순간, 나는 이 말을 한 사람, 그리고 이 말에 동의하는 사람과는 살아 있는 동안 다시 마주치지 않았으면 좋겠다고 생각했다.

이 말에는 악취가 난다. 우리는 좋은 사람이 되지 못할 수도 있고, 공동체에 별다른 도움이 되지 못할 수도 있다. 그보다는 실은 범죄까지는 아니라도 부끄러운 짓을 많이 하며 살 가능성이 높다. 그렇다 해도, 견디기 힘든 고통 끝에 자살을 택한 사람의 결정이 공동체에 도움이 되므로 유용하다고 칭찬하는 정신을 경멸할 자격까지 없어지는 건아니다. 함께 슬퍼하면서 그 슬픔의 쓰임새를 (아마도 자기도 모르게) 계산하고 있을 때, 인간의 발달된 지능은 축복이 아니다.

죽음은 사회적 의미를 할당받는 행위이기 이전에, 단독자로서의 개인이 전적으로 짊어지는, 절대적 무의미로의 회귀이며, "뭔지 모를,

어떤 언어 속에도 그 이름이 없는 그 무엇"(레지스 드브레)이다. 죽음을 피안으로의 이행으로 보는 종교적 관점이 아니라면, 자살에 세속의 가치를 부여하는 것은 일종의 기만이다. 이 기만은 앞선 발화자의 문제만은 아닐 것이다. 널리 사용되는 '열사'라는 칭호에 이런 기만이 작용한다. 전투나 구출 과정에서 벌어지는 행위의 불행한 결과로서의 죽음이 아니라, 온전한 자살에 공동체적 가치를 부여하는 언사에 함축된 뜻은 이러하다. '당신이 죽어서 슬픈 우리는, 그것으로 우리의 삶을 위해 싸울 힘을 얻었으니 그 자살의 결정에 감사한다.'

이것은 잔인한 이율배반이다. 그의 죽음이 진정으로 슬프다면 '당신은 죽지 말았어야 했다'고 어떤 망설임도 없이 소망해야 한다. 열사의 정치학은 비극의 표준적 인과 관계를 노골적으로 전도한다. 세속적 삶을 위한 투쟁의 에너지원인 슬픔과 분노의 충전을 위해 그의 죽음을 필요로 하는 것이다. 노무현의 자살을 칭송한 발화자, 혹은 열사의 정치학은 죽음을 찬미하는 언어로 공동체의 삶을 긍정하는 기만적 이율배반을 감추고 있다.

한국의 대중영화는, 적어도 1990년대 후반부터 2000년대 중반까지는, 이 전도의 성찰이 아니라 그것의 양식화를 통해 열사의 정치학과 느슨한 공모 관계를 맺었던 것처럼 보인다. 공동체는 어둠으로 가득 차 있고, 영웅들은 공동체에 무관심하거나 그로부터 이탈하며, 자살 혹은 유사 자살로 끝맺는다. 〈친구〉〈실미도〉〈태극기 휘날리며〉〈왕의 남자〉 등 천만 이상의 관객을 모은 흥행작들의 결말에서 우리는 어김없이 비탄에 빠진 영웅(들)의 자기 파괴적 몸짓을 목격한다. 공동체를 이탈한 주인공의 비극적 죽음 이야기가 한동안 한 나라의 영화 관객 대부분을 사로잡은 사례는 이 시기의 한국 외에는 드물 것이다.

〈웰컴 투 동막골〉(2005)은 이 양식화의 가장 세련된 사례에 속한다. 한국전쟁의 와중에 각각 국방군과 인민군에서 이탈한 남북한의 병사 일행이 우연히 강원도 산골 마을에서 조우한다. 이들은 물리적으로뿐만 아니라 소속 집단의 이데올로기로부터도 멀어져 있다. 전쟁을 혐오하는 남한 장교(신하균)는 자살을 시도한 바 있으며, 북한 장교(정재영)는 이미 상부의 교조적인 명령을 어겼다. 처음엔 적대하던 두 일행은 차츰 산골 마을에 동화되어, 불시착으로 마을에 머물게 된 미군 조종사와 함께 평화로운 일상에 젖는다. 그러다 연합군의 무모한 작전으로 이 마을이 초토화될 위기가 닥치자, 남북한의 병사들은 힘을 모아 오인 공습을 유도하기 위한 작전에 돌입한다.

이 영화에는 두 가지 트릭적인 요소가 있다. 한 가지는 이 산골 마을이 1950년대의 한국에는 존재할 수 없는 장소라는 사실이다. 마을 입구에는 예쁜 호박 등불이 늘어서 있고, 단정한 초가집들이 아기자기하게 자리 잡고 있으며, 곳간에는 옥수수가 넘칠 만큼 쌓여 있고, 악인은 단 한 사람도 존재하지 않으며, '미친년'(강혜정)조차 완전한 조화의 일원인 곳. 어떤 결핍도 갈등도 없는 동막골은 완벽한 이상향이다.

이념형도 전형도 아닌 이상향을 무대화했다는 것 자체가 결함은 아니다. 문제는 이 장소를 역사적 사건의 내부에 위치시켰다는 사실이다. 이 영화에 영감을 주었을 것으로 짐작되는 〈지중해〉(가브리엘 살바토레, 1991)의 작은 섬마을은 2차대전의 소용돌이로부터 완전히 벗어나 있다. 이 섬은 도피주의자를 유혹하는 환상의 공간이다. 동막골도 처음엔 그런 공간처럼 보였지만, 연합군의 공습 대상이 되면서 역사 안으로 밀려 들어온다.

이 시점부터 동막골 대 연합군이라는 대립항이 형성된다. 이 대립항은 수상쩍다. 남북한 병사가 동막골이라는 공동체를 위해 연합군과 싸우고 있을 때, 동막골은 한민족의 시원적 고향으로, 연합군의 공습은 그것을 파괴하는 외세로 표상된다. 개봉 당시에 일부 보수 언론이 이 영화를 반미 좌파영화라고 판정한 것은 오해다. 실은 반대에 가깝다. 순수하고 선한 우리, 오염되고 사악한 그들이라는 대립항은 대부분의 민족주의가 은연중에 가정하고 있는 우파의 도식이다. 물론 이 도식의 최악의 판본은 나치즘이다.

물론 이 영화를 정치적 도식의 틀로만 재단하는 것은 부당할 것이다. 여기엔 사라진 소공동체가 지닌 향기와 소박하고 성실한 인물의 품위에 대한 남다르게 예민하고 섬세한 묘사가 담겨 있다. 우화 혹은 동화의 판타지에 역사적 사건을 직접 개입시킨 서사의 결함에도 불구하고, 그 묘사에는 부인할 수 없는 감화력이 있다.

보다 중요한 의제는 이 영화의 마지막 장면들과 관련이 있다. 이제 하나가 된 남북한 병사들은 연합군의 공습 지점을 다른 곳으로 유도하기 위해 필사적으로 노력한다. 시도는 성공한다. 엉뚱한 곳에 폭탄이 비 오듯 쏟아지고, 하늘에는 불꽃이 터진다. 문제는 이 대목이다. 병사들은 정말 불꽃놀이를 구경하는 사람처럼 황홀한 표정으로 공습 구역의 한가운데 앉아 이 광경을 바라본다. 그들은 지금 자신을 향해 떨어지는 폭탄을 더할 수 없이 행복한 표정으로 바라보고 있는 것이다.

이 장면은 분명히 아름답다. 동시에 잔혹하고 음산하다. 단순하게 물어보자. 그들은 왜 살기 위해 필사적으로 노력하지 않는가. 그들의 작전에 왜 자신들의 생존을 위한 어떤 계획도 포함시키지 않았는가. 혹은 작전이 성공한 뒤에 그들은 왜 그 지역을 탈출하거나 아니면 엄폐의 장소를 찾으려는 어떤 시도도 하지 않는가. 삶의 의지를 완전히 포기한 그들이 임박한 죽음 앞에 왜 그토록 행복한 표정을 짓는가. 자살에 가까운 이 선택의 순간에 왜 동화적 미장센과 감미로운 음악이 장식되는가. 이 아름다운 휴머니즘과 민족애의 숏에는 음울한 죽음 충동, 혹은 열사의 정치학이 음각되어 있다. 그것도 가장 세련되고 감동적인 방식으로.

〈웰컴 투 동막골〉은 어떻게 말해도 죽음을 도구화한 영화다. 물론 수많은 액션영화들, 그리고 오랜 역사를 지닌 신파 영화들 역시 죽음을 도구화해왔다. 그 죽음은 우리의 눈물에 봉사한다. 사적인 카타르시스를 위해서건, 사회적 분노의 충전을 위해서건, 그들의 죽음을 요구한 건 우리들이다.

4

2000년대 후반에 우리는 죽음에 대한 다른 관점을 지닌 영화들을 만난다. 전혀 달라 보이지만 많은 요소를 공유하고 있는 두 편의 영화가 있다. 봉준호의 〈마더〉(2009)와 이창동의 〈시〉(2010)는 몇몇 평자들

에게 영화와 직접 관계없는 현실의 한 사건을 상기시켰다.(정한석,「인
정받지 못한 자들의 투쟁」, 『씨네21』, 2009. 6; 신형철「시를 쓴 사람
은 양미자 씨밖에 없네요」, 『느낌의 공동체』) 그것은 노무현의 죽음이
다. 이 사건이 일어나기 전까지는 한 나라 국민의 절반이 한 사람의 죽
음 앞에, 비록 그가 전직 대통령이었다 해도, 공범의식과 죄책감에 사
로잡힌다는 것은 상상하기 힘든 일이었다. 그해 늦봄 우리가 가장 많
이 했고 들었던 언사는 허공을 향해 던져진 '미안합니다'라는 말이었다.

두 영화의 바뀐 키워드가 이 죄책감을 상기시켰을 것이다. 대부분
의 미스터리 영화는 '누가 그랬는가(WHODUNIT)'라는 질문을 축으
로 전개된다. 미스터리 형식을 차용하면서도 두 영화는 질문을 바꾼다.
한 사람이 죽었다. 그의 죽음에 나의 가족이 가담했음이 밝혀지고, 나
도 도덕적으로 연루된다. '후던잇' 게임은 나의 연루로 확인되면서 중
도에 끝나고, 다른 질문이 등장한다. 속죄할 것인가, 망각할 것인가. '후
던잇'을 '연루'로 대체하고, 도덕적 질문을 제기하면서 두 영화는 추리
게임에 몰두하는 대신, 죽은 자를 숙고한다. 이 방식을 죽음의 도구화
가 아닌 죽음의 애도라 부를 수 있을 것이다.

두 영화는 한 사람의 죽음에 대한 가족의 연루라는 근본적으로 동일
한 상황 앞에서 주인공의 다른 선택을 보여준다. 〈마더〉는 망각을 택
하고, 〈시〉는 속죄를 택한다. 이것은 표면상의 차이다. 우리의 논의에
서 더 중요한 것은 〈마더〉에서 죽음은 복합적 의제이고, 〈시〉에서 죽
음은 표준적 의제에 가깝다는 점이다. 뒤에 만들어졌지만 〈시〉에서부
터 시작해보자.

〈시〉에서 죽음은 삶-긍정-가치의 단순 대립항이다. 한 소녀가 윤간당한 뒤에 자살했고, 그 죽음 앞에 윤간범들은 속죄해야 한다. 어떤 논란의 여지도 없는 이 도덕적 결단 이전에 시는 쓰일 수 없다. 문제는 그다음이다. 치매 초기이며 시를 쓰려고 애쓰던 할머니가 마침내 속죄의 결단(강간범 중 한 명인 외손자를 고발하는 일)을 하고 소녀가 죽은 강가로 왔을 때, 때마침 내린 비가 그녀의 노트를 적시고 그 위에 그녀는 비로소 시를 쓴다. 그녀의 시 「아녜스의 노래」는 할머니의 보이스 오버 내레이션으로 흘러나오다, 죽은 소녀의 보이스 오버 내레이션으로 교체된다. 그리고 화면에는 죽은 소녀가 등장하고 영화는 끝난다.

시를 '나'(할머니)가 쓰지만, 동시에 빗물이 쓰고, 죽은 소녀가 쓴다. 세계와 나, 자아와 타자, 산 자와 죽은 자의 이 돌연한 합일은 당황스럽다. 이 엄청난 합일을 단숨에 성사시킨 도덕적 결단의 신비주의적 효과를 어떻게 받아들여야 할까. 나는 윤리와 예술을 일치시키려는 이 창동의 태도를 존중한다. 하지만 이 마지막 시퀀스의 합일에는 관념적 위압성이 있다. 혹은 타자의 얼굴, 죽은 자의 목소리가 '나'의 신체로 급작스레 밀고 들어올 때의 불편함이 있다.

애도의 정신분석학적 의미로서의 합체는 사랑하는 대상의 상실로 인한 비탄이 촉발한 내면적 선택이지만, 〈시〉에서의 합체는 도덕적 결단을 집행하는 초자아의 명령처럼 보인다. 이 명령의 불편함은 〈시〉의 실수가 아니라 기획이다. 당신이 극장 문을 나설 때, 죽은 자를 기억하라. 이 기획이 성공한다면 그것은, 장르적 쾌감으로 흡수되기 쉬운 시신에 새겨진 물리적 폭력의 흔적 때문이 아니라, 이 불편한 진입 때문일 것이다. 말하자면 비탄 아닌 불편이 이 영화의 애도 방식이다. 그 성공 여부에 관계없이 〈시〉에서, 시로 대변되는 예술은 물론이고, 삶과 죽음은 도덕적(혹은 범죄적) 선택의 하위에 놓이며, 죽음은 삶의 단순 대립항이라는 표준적 의제에서 크게 벗어나지 않는다.

〈마더〉에서 죽음은 표정이 복잡하다. 이곳은 도처에 죽음의 기운으로 가득하다. 엄마와 아들은 오래전에 미수로 그친 동반자살을 기도했고, 빨래처럼 접힌 여고생의 시체가 발견되며, 차들은 굉음을 내며 위협적으로 돌진하고, 밤에는 도깨비불이 점멸하는 공동묘지의 형상으로 변하는 곳. 이 공간의 신체에는 죽음의 기운이 암세포처럼 번져 있다. 살아남는 것이 절대 계율인 이곳에선 누구도 시를 말하지 않으며, 도덕적 선택은 관심 밖이다.

이 어두운 공간은 계급정치학의 산물인가. 나는 그렇다고 본 평을 썼다.(허문영, 「불안과 히스테리는 어떻게 작동하는가」, 『세속적 영화, 세속적 비평』, 강, 2010) 봉준호 영화의 서사에는 어김없이 계급/지역 정치학이 작동하고, 〈마더〉는 하층민의 폐쇄된 공동체를 무대화함으로써 그의 정치학을 더욱 급진화한다. 〈시〉에서는 도덕적 결단이 삶과 죽음을 합일하지만, 문명과 야만의 중간지대인 〈마더〉의 공간에선 하층민의 생존욕구가 도덕적 선택을 원천 봉쇄하며, 민중은 살육을 전가하며 내파한다. 이 영화는 봉준호의 영화 중에서도 가장 급진적이며 비관적이다. 하지만, 그뿐인가.

두 장면을 떠올려보자. 저능아 아들(원빈)이 따라가던 소녀가 골목으로 사라진 뒤 카메라가 어두운 골목을 지켜보는 장면. 시야를 완전히 가로막은 골목의 어둠 속에서 갑자기 돌멩이 하나가 튀어나온다. 소녀가 원빈을 향해 던진 것이지만, 그 형상은 괴물이 돌멩이를 내뱉는 것처럼 보인다. 괴물의 입 혹은 항문 혹은 여인의 질처럼 꿈틀거리는 듯한 어둠, 불길한 정적, 돌멩이의 발작적인 움직임. 그 속에서 소녀가 살해되었다는 사실이 후에 밝혀지지만, 이 괴이한 어둠의 형상은 서사에 포섭되지 않고 보는 이의 감각을 찔러온다.

다른 하나는 엄마(김혜자)가 목격자인 고물상 노인을 살해하는 장면. 카메라는 노인 위에 올라타 노인을 마구 찌르고 있는 김혜자의 상반신만 보여준다. 남자를 올라탄 여인의 격렬한 움직임, 튀어 오르며 여인의 얼굴에 뿌려지는 피, 감정을 읽을 수 없는 여인의 불안한 듯 무심한 표정. 이 끔찍한 살인 장면은 몇 장면 전에 행해진 노인의 은밀한 구애에 대한 여인의 대답이며, 명백히 섹스 장면의 변주다. 절망한 마르크스가 사드를 만난 듯한 이 장면의 불쾌하게 미끈거리는 액체의 질감을 대신할 언어를 찾기 힘들다. 〈마더〉는 의미화되지 않고 보는 이의 감각을 교란하는 행위, 형상, 소리, 표정들로 가득하다.

도식화하면 이렇다. 〈시〉와 〈마더〉에서 죽음은 공히 도덕적 죄악의 결과로 제시된다. 〈시〉에서 죄악은 결국 범죄자와 연루자 개개인에게 귀속되지만, 〈마더〉의 죄악은 계급정치라는 구조 자체다. 전자는 사적으로 속죄될 수 있지만, 후자는 사적인 속죄가 불가능하거나 무의미하다(민중이 내파되었으므로 혁명도 불가능하다). 이 차이에도 불구하고 여기까진 두 영화가 죽음에 대한 표준적 관념을 공유한다. 〈마더〉

는 더 나아간다. 섹스는 죽음과 교환되고, 피는 정액과 뒤섞인다. 오작
동하는 기억 장치, 해소되지 않은 정념들, 영화를 보는 우리를 지켜보
는 듯한 불길한 어둠의 형상들이 삶과 죽음의 경계를 어지럽히며 영화
는 악몽의 혼돈을 닮아간다. 〈마더〉는 죽은 자가 아니라 죄악과 혼돈
속에서 속절없이 죽어갈 최하층민(종팔)을 애도하지만, 동시에 이 혼
돈에 탐닉한다. 〈마더〉가 죽음에 대한 다른 시선을 보여준다면 이 죽
음의 예감과 유혹이 출몰하는 이 혼돈을 혼돈 자체로 제시했기 때문일
것이다.

5

영화는, 어쩌면 영화만이 죽음을 보여줄 수 있다고 생각하기 쉽다. 이
것은 오해다. 우리가 보는 것은 시신이며, 그것도 타인의 시신이다. 그
것은 죽음의 물리적 흔적 가운데 일부일 뿐이다. 사진 이미지로 제시
될 때 이 흔적조차 너무 강렬해서 우리는 죽음을 보았다고 믿게 된다.
또한 옴니스코프 시대의 계율에 따라 보았으니 알았다고 믿게 된다.
이것이 완전한 오해라는 사실은 자신에게 물어보는 것만으로 충분하
다. 그토록 많은 시신 이미지를 목격한 우리가 신체 기관의 영구적 작
동 중지라는 생물학적인 정의 외에 죽음에 대해 무엇을 알고 있는가.
사랑하는 가족을 잃은 이에게 이 생물학적인 정의가 죽음에 대해 무엇
을 설명해줄 수 있는가.
　진실은 오히려 반대에 가깝다. 영화는 죽음을 보여주기에 가장 난처

한 매체이다. 실재하는 시신은 죽음의 흔적을 보여주지만 영화의 시신 이미지는 죽음을 위장하기 때문이다. 시신 혹은 조각난 신체의 관능성은 앞선 장에서 언급한 바 있다. 다만 실재의 시신은 그를 보는 자와의 시공간적 근접성 때문에 아득한 불안을 불러일으킨다. 레지스 드브레는 때론 청천벽력과도 같은 이 불안이 인간을 '만드는 인간'에서 '생각하는 인간'으로 바꾸었을 것이라고 추정하며 퓌스텔 드 쿨랑주의 진술을 덧붙인다. "죽음은 인간의 사고를 보이는 것에서 보이지 않는 것으로 끌어올리며, 지나치는 것에서 영원한 것으로, 인간적인 것에서 신적인 것으로 끌어올린다."

영화 혹은 사진으로 제시되는 시신 이미지에서는, 피사체와 관람자의 시공간적 격리로 인해, 실재의 시신이 불러일으키는 불안의 심연이 제거된다. 실제 죽음의 이미지라 해도, 그 죽음은 그때 그곳에서 일어난 사건이며, 게다가 우리가 만나는 시신 이미지의 대부분은 극영화 속의 허구이기 때문이다. 외설성은 보존되지만, 불안의 심연은 거세된 허구의 시신 이미지들은 기껏해야 고통과 불행의 흔적만 연상시킬 뿐이다. 문명은 시신을 생활공간에서 완전히 사라지게 만들었다(부산에서 살던 어린 시절, 나와 내 친구들은 동네 입구에 가마니에 덮인 채 며칠 동안 방치된 행려의 시신 주변을 두려움과 호기심에 휩싸여 서성거렸다. 지금 그 동네에 사는 사람들은 더 이상 그럴 수 없을 것이다). 그 자리에 가상의 시신 이미지들이 빼곡히 들어섰다.

영화의 시신 이미지들은 더 자극적인 형상으로 변하거나, 더 많은 의미를 부여하고 더 복잡하게 맥락화함으로써 쓰임새를 유지한다. 그럴수록 그 이미지들은 죽음과 더욱 멀어진다. 죽음을 도구화할 때뿐만 아니라, 죽음을 애도하는 경우에도 이것은 피할 수 없는 사태다. 어린 세르주 다네를 뒤흔든 글에서, 리베트는 정당하게도 이렇게 말했다. "불안과 동요로만 접근되어야 하는 것들이 있다. 아마도 죽음이 그중 하나다. 이처럼 신비로운 것을 찍는 순간에 어떻게 스스로 사기꾼이 된 것 같은 기분을 느끼지 않을 수 있을까?"(「천함에 대하여」, 『사유 속의 영화』, 이윤영 엮고 옮김, 문학과지성사, 2011)

시신 이미지는 죽음을 보여줄 수 없다. 그렇다면 죽음을 제시하지 않고 죽음을 드러내는 길은 없을까. 그 방식을 죽음의 도구화, 죽음의 애도와는 구분지어, 죽음의 시학이라고 일단 부르고 싶다. 그 논의는 다음 장으로 미루려 한다.

  (『문예중앙』, 2012년 여름호)

파국의 죽음,
혹은
1인칭 죽음의
미로

1

2000년 3월 26일 밤, 아버지가 돌아가셨다. 나는 상주로서 한 인간의 죽음의 전 과정을 바로 곁에서 지켜보았다. 병실에서 그의 마지막 날들의 적지 않은 시간을 함께했고 임종을 했으며, 염의 의례를 가까이서 목격했고, 화장터에서 그의 뼛가루를 받아 납골당에 안치했다. 그의 죽음에 대해 나만큼 확실한 정보와 지식을 가진 사람은 세상에 없을 것이다.

내가 이해할 수 없는 것은 그 후로도 오랫동안, 10여 년의 세월이 지난 지금까지, 아버지와 비슷한 체구와 머리 모양을 한 사람의 뒷모습을 거리에서 마주치면 내가 흠칫 놀란다는 사실이다. 그것은 반가움보다는 두려움에 가까운 감정이다. 나는 누구보다 그의 죽음을 잘 알고 있으니 아버지가 이 거리에 있을 리 없다는 사실 역시 누구보다 잘 알고 있다. 그런데도 나는 '저기 아버지와 뒷모습이 닮은 사람이 있네'라고 인지하지 않고, '아니 저기에 왜 아버지가……'라고 순간적으로 오인하는 것이다.

나는 아버지의 죽음을 보고 겪었지만 실은 아직 아버지의 죽음을 모르고 있는 것일까. 그를 그리워한 나머지 환영을 본다고 말할 수 있다면 따뜻하게 들릴진 모르겠지만, 나는 그에 대한 애틋한 그리움이 있다고 말할 수 없다. 게다가 나는 종교도 없고, 내세를 믿지도 않는다. 프로이트 식으로 말하자면, 나의 의식은 그의 죽음을 알지만, 나의 무의식은 그의 죽음을 모른다. "아버지가 돌아가신 것은 알겠는데 저녁 식사에 오시지 않은 것은 이해할 수 없어요"라고 말하는 열 살짜리 소년의 터무니없어 보이는 인지 수준에서 나는, 그리고 아마도 우리는 생각보다 멀리 벗어나 있지 않다.

나의 죽음을 제외하고 이 세상의 모든 죽음 가운데 내가 가장 확실히 알고 있는 아버지의 죽음조차 실은 내가 모르고 있다면, 죽음에 대한 온전한 앎에 이르는 것은 불가능할 것이다. 하지만 그 앎에 대한 호기심은, 더 정확히는 그것에 대한 무지의 불안은 멈춰지지 않는다. 의식과 언어가 실패하더라도 혹시 영화는, 특히 어떤 영화들은, 그 앎에 조금 더 가까이 갈 수 있지 않을까. 그 막연한 기대가 실패의 예감을 무릅쓰고 이 글을 시작한 이유이다.

2

죽음에 대한 무수한 철학적 심리학적 의학적 논의들을 되짚는 것은 능력 밖의 일이다. 다만 죽음에서의 인칭의 문제는 염두에 둘 필요가 있다. 블라디미르 장켈레비치는 죽음을 인칭에 따라 세 가지로 구분해, 나의 죽음은 1인칭 죽음, 나와 가까운 사람의 죽음은 2인칭 죽음, 나와 관계없는 사람의 죽음은 3인칭 죽음이라 불렀다.(정동호 외, 『철학, 죽음을 말하다』, 산해, 2004) 이 구분은 같은 타자라고 해도 2인칭 죽음과 3인칭 죽음을 우리가 전혀 다르게 받아들인다는 사실을 설명하는 데 도움이 된다. 예컨대 나는 아버지의 뒷모습을 연상시키는 사람만 봐도 늘다시민 묵은 언내인의 일틀과 밟은 사남을 보고는 그서 신기아세 녀길 것이다.

1인칭 죽음, 즉 '나의 죽음'은 결코 볼 수도 경험할 수도 없지만 불가피한 미래의 사건임을 나는 이성적으로 알고 있다. 이것에 대한 나의 응답은 대개 무기력 혹은 불안과 공포이다. '당신의 죽음', 즉 2인칭 죽음은 경험할 수는 없되 사건으로 목격할 수 있으며, 대개 슬픔과 상실감을 불러일으킨다. 이것에 대한 나의 응답은 애도이다(장켈레비치는 우리가 2인칭 죽음을 겪을 때 비로소 죽음을 이해하고 감각적으로 받아들이게 된다고 보았다). '누군가의 죽음'인 3인칭 죽음은 아예 알려지지 않거나 기껏해야 정보로 제시되며 최선의 경우 사회적 연루와 책임감을 상기시킨다. 이것에 대한 나의 응답은 무관심이거나 막연한 죄의식이다.

이 구분에 따른다면 엠마누엘 레비나스의 '타자의 윤리학'은 3인칭 죽음을 2인칭으로 전환하라는 간절한 요청으로 재정의될 수도 있을 것이다. 레비나스는 '타자의 죽음'이야말로 나의 죽음에 앞서는 철학의 시원이자 철학의 가능조건이며 살아남은 자로 하여금 윤리적 즉 존재론적 겸손이라는 기적을 불러일으키는 계기라고 보았다.(에마뉘엘 레비나스, 『시간과 타자』, 강영안 옮김, 문예출판사, 1999) 하지만 '응답하라, 타자의 죽음에'라는, 철학적이라기보다는 종교적인 그의 요청이 점점 더 무력화하는 이유는 현대의 삶이 2인칭을 왜소화하고 있기 때문일 것이다. 10년 동안 동네 한 귀퉁이에서 술국과 소주를 팔던 할머니의 가게에 오늘 주인이 누군지 알 수 없는 커피 체인점이 들어선다. 나는 그 할머니의 손자가 지난해 대학에 들어갔다는 사실까지 알았지만, 오늘 저 커피 체인점 주인에 대해선 아무것도 알지 못한다. 심지어 그가 존재하는지조차 모른다. 우리가 아무리 노력한다 해도 할머니의 죽음과 잘 알지 못하는 커피점 주인의 죽음을 똑같이 받아들일 수는 없을 것이다.

신자유주의의 이상은 실은 2인칭 죽음의 완전한 소멸이 아닐까. 그리고 그 빈자리를 돈으로 대체하려는 기획 아닐까. 보험사, 은행과 같은 금융사의 광고들이 왜 유독 동반자, 동행, 가족, 친구 따위의 단어를 내세우는가. 이제 2인칭 죽음은 거의 사라지고, 돈이라는 유사 2인칭, 그러나 불멸의 2인칭이 우리의 가장 중요한 '당신'이 되어가고 있다. 가장이 죽은 뒤에 젊고 잘생긴 보험사 직원이 유족을 보살피는 한 생명보험의 광고야말로 이 기이한 대체 과정의 정확한 예시일 것이다.

레지스 드브레가 현대 사회의 특징을 장례문화의 상실이라고 말할 때, 그는 '2인칭 죽음의 죽음'을 염두에 두었을 것이다. 소공동체에서의 '당신'들이 이젠 '누군가'로 교체된 것이다. 레비나스의 요청과는 반대로 우리는 점점 타자의 죽음에 응답할 능력을 잃어가고 있다.

이 구분이 유용한 또 다른 이유는 대중영화의 감정 조작술이 인칭의 설정과 연관되어 있기 때문이다. 2인칭은 세 인칭 가운데 가장 불안정하고 유동적이다. 유능한 대중영화는 이 점을 잘 이해하고 활용한다. 어쩌면 영화는 사라져 가고 있는 2인칭 죽음을 간접적인 방식으로 체험할 수 있는 유일한 장일지도 모른다.

비극적 멜로드라마는 주로 2인칭 죽음에 연관된다. 주인공이 사랑하거나 그에게 의미 있는 누군가가 고통을 겪거나 죽는다. 여기서 중요한 것은 고통이나 죽음 자체가 아니라, 그 누군가를 관객인 내가 동일시하는 주인공에게 사랑받을 만하고 의미 있다고 믿을 수 있게 만드는 장치와 테크닉이다. 실은 3인칭에 불과한, 그것도 허구의 존재일 뿐인 '누군가'를 반드시 '당신'의 자리로 끌어와야 하는 것이다.

죽은 연인을 잊지 못하는 주인공에게 연인이 가장 아름다운 모습의 플래시백으로 반복적으로 되돌아올 때, 그것은 주인공의 심리를 설명하기 이전에 영화를 보고 있는 우리를 설득한다. '누군가'와 '당신'의 결정적 차이는 '나'의 기억의 유무에 있으므로, 관객에게 부재한 그에 관한 기억을 사후적으로 외삽하는 것이다. 주류 영화 중에서도 멜로드라마가 스타에 가장 깊이 의존하는 이유도 여기에 있을 것이다. 대중에게 사랑받고 친숙한 배우일수록 어둠 속에서 스크린을 마주한 관객에게 보다 쉽게 '당신'으로 여겨질 것이며 우리는 그의 시련과 죽음을 슬퍼할 것이다.

액션영화에서의 죽음은 대부분 3인칭이다. 멜로드라마에서보다 훨씬 많은 사람들이 죽어나가지만 관객인 우리는 그들에게 관심을 가질 틈이 없다. 여기선 영웅과 반영웅의 대결 양상이 절대적으로 중요하기 때문이다. 종종 벌어지는 기현상은 우리가 반영웅에 의해 희생당한 무고한 시민들('누군가')의 죽음보다 사악한 반영웅의 죽음을 더 가슴 아파하거나 적어도 더 무겁게 받아들인다는 사실이다. 〈다크 나이트〉(크리스토퍼 놀란, 2010)에서 히스 레저가 분한 기념비적인 반영웅 조커가 죽음의 위기에 처했을 때 일어난 일도 이런 것이다. 여기선 조커가 우리의 '당신'이 된다.

3

앞 장에서 영화가 죽음을 다루는 방식에 따라 '죽음의 도구화' '죽음의 애도' '죽음의 시학'으로 구분하고, 앞의 두 유형에 연관된 최근 한국 영화의 사례를 언급했다. 완전히 일치하는 것은 아니지만, 3인칭 죽음은 주로 죽음의 도구화에, 2인칭 죽음은 죽음의 애도에 종종 연관된다. 그리고 두 유형의 영화에서 제시되는 시신 이미지는 죽음을 보여줄 수 없으며, 죽음을 직접적으로 시각화하지 않고 드러내는 것이 가능하다면 그것을 죽음의 시학이라 부를 수 있을 것이라는 잠정적인 결론을 맺었다.

죽음의 시학을 말하기 전에 하나의 유형을 더 언급하고 싶다. 이 유형은 다음 질문과 연관된다. 영화는 1인칭 죽음, 곧 나의 죽음을 드러낼 수 있는가. 이 질문은 논리적으로는 성립할 수 없다. 나의 죽음은 경험될 수 없고 볼 수 없기 때문이다. 다만 이 질문을 비유로 받아들인다면 해당되는 영화를 거론할 수 있을 것이다. 관객인 내가 동일시한 주인공이 애도도 위안도 없이 허망하게 죽는 것으로 끝나는 영화들이다. 이런 영화들을 '파국의 죽음' 유형으로 부를 수 있을 것이다.

주인공이 죽는 결말의 영화들이 모두 여기에 해당되는 건 아니다. 대중영화에선 주인공이 죽더라도 그것에 인간적 가치를 부여하는 서사적 장치와 함께 애도의 주체를 남겨둔다. 예컨대 〈그랜 토리노〉(클린트 이스트우드, 2009)에서 완고하고 보수적인 노인 코왈스키는 자신의 육체를 총알받이로 쓰고 죽지만, 그를 통해 악한들에게 수갑을 채우게 하고, 결말에는 자신을 기억하고 애도하는 소년이 남겨진다.

'파국의 죽음' 유형에 속하는 영화들에는 '그리고 삶은 계속된다'는 기대가 완전히 삭제된다. 주인공이 죽고, 거기엔 아무도 없다. 대중영화의 근본적인 클리셰가 파기되므로 이런 영화가 주류가 될 가능성은 거의 없다. 비주류에서도 이런 영화들은 소수에 속한다. 우리에게 알려진 영화들 역시 제한적이다. 대신 이 부류의 영화들은 질문이 깊고 복합적인 까닭에 '죽음의 도구화'나 '죽음의 애도' 계열의 영화보다 더 주의 깊게 살펴지도록 요구된다. 다소 장황해지더라도 여기에 해당되는 몇 편의 영화들이 불러일으키는 감흥과 생각 들을 열거한 다음, 우리의 논의와 만나는 대목을 별도로 살펴보려 한다.

4

프랑스 누벨바그 세대의 기수였으며 그 세대 중에서 가장 짧지만 가장 화려한 영화 인생을 누렸던 프랑수아 트뤼포(1932~1984)는 46세에 그의 필모그래피에서 가장 이례적으로 보이는 영화 〈녹색방〉(1978)을 내놓는다. 트뤼포 자신이 깊이 투영된 불안정하고 예민한 내면적 고아 앙투안 드와넬의 성장담 연작들과 주로 알프레드 히치콕에 영감을 얻은 발랄한 영화광 영화들을 번갈아가며 분주하게 만들던 이 불세출의 시네필은 〈녹색방〉에서 장거리 주자가 갑자기 달리기를 멈추고 깊은 명상에 빠진 듯 죽음, 정확히 말하면 죽은 자들을 숙고한다.

1차대전에 참전했고 11년 전에 아내를 잃은 쥘리앵 다벤(트뤼포 자신이 연기했다)은 소도시의 신문사에서 부고기사를 전담한다. 친구도 연인도 없이 오직 죽은 아내와 영면한 지인들의 기억 속에서 살아가던 그는 마침내 전쟁으로 파괴된 예배당 하나를 구입해 사자(死者)의 제단을 만들고 죽은 자들 개개인을 위한 촛불을 밝힌다. 이 제단의 완성은 그 자신의 죽음 뒤에 자신의 촛불이 켜지는 것이라고 생각한다. 열병을 앓으면서도 치료를 거부하던 그는 마침내 죽고, 그를 사랑하는 여인 세실리아에 의해 그의 촛불이 켜진다.

〈녹색방〉은 얼핏 애도의 영화처럼 보인다. 다벤은 지금까지 31명의 부고 기사를 썼지만, 한 번도 같은 표현을 쓴 적이 없다. 그들은 모두 그의 지인들이며 그의 방에는 그들의 사진이 빠짐없이 보관되어 있다. 그에겐 3인칭 죽음이란 존재하지 않는다. 죽은 자들을 개별자로 기억하고 그의 흔적을 보존하는 것. 그가 파리의 큰 신문사로 옮기지 않는 이유는 그가 태어나고 자란 소도시의 이웃들, 정확히 말하면 이곳에서 죽었고, 죽어갈 이웃들을 기억하고 자신의 방식으로 애도하기 위해서다.

다벤은 레비나스적 윤리의 첫 단계에 매우 충실한 인물처럼 보인다. 문제는 그에겐 삶의 윤리가 없다는 점이다. 대신 그의 애도는 과도하다. 절친한 벗이었으나 출세가도를 달려간 친구 마시니에 관한 냉혹한 부고 기사를 쓸 때, 다벤은 소공동체적 삶을 찬미하는 것처럼 보이지만, 실은 더 이상 소공동체에 속하지도 않는다. 그는 죽은 자를 사랑하고 산 자를 혐오한다("나에겐 나만으로 충분해!"), 그의 과도한 애도는 무언가를 숨기고 있다. 그는 2인칭 죽음에 둘러싸여 있지만, 기억의 플래시백이 없다. 그는 죽은 아내를 아직도 사랑하고 보살핀다고 말하지만, 아내와의 기억은 한 번도 등장하지 않는다.

그는 죽음을 슬퍼하기보다 죽음을 동경한다. 그러나 죽음만으로는 불충분하다. 제단의 완성을 자신의 촛불이 켜지는 순간이라고 말할 때, 그는 촛불이라는 물질의 활동으로 자신의 존재를 은유적으로 대체하고 싶어 한다. 트뤼포는 이 영화를 만들면서 가스통 바슐라르의 『촛불의 미학』을 탐독했다고 한다. 다벤은 죽음이 아니라 죽음의 미학을 동경한다. 다벤이 공적 애도 공간인 공동묘지를 혐오한 것은 거기에 미학이 없기 때문이다.

이 태도는 미시마 유키오를 연상시킨다. 차이가 있다면 미시마는 죽음이라는 사건을 미학화하려 했고, 다벤은 죽음 이후를 미학화하려 한 것이다. 〈녹색방〉은 이 점에서 트뤼포의 이례적인 영화가 아니라, 삶을 '나쁜 영화'라고 부르며 영화가 삶보다 더 중요하다고 외쳤던 젊은 누벨바그 세대의 시네필리아적 자의식과 연관된 매우 누벨바그적 영화로 볼 수도 있다. 세실리아가 자기 얼굴을 가리며 "내 눈 색깔을 맞춰보세요"라고 질문하고 다벤이 대답하지 못할 때, 트뤼포는 시네필리아의 병적인 성격을 우회적으로 자문하고 있는 것처럼 보인다. 다벤은 죽은 자의 흔적과 기억을 그토록 소중히 여기면서도 왜 지금 자신에게 가장 가까운 사람에 대해선 아무것도 알지 못하며 알고 싶어하지도 않는 것일까.

그러므로 세실리아와 마시니의 존재는 다벤에게 이질적이다. 다벤은 죽은 자를 사랑하지만, 세실리아는 산 자를 죽은 자 못지않게 사랑하며, 마침내 다벤에게 사랑을 고백한다. 또한 마시니는 죽은 자이지만 다벤이 사랑할 수 없는 존재다. 두 인물이 다벤의 자족적 세계를 동요케 한다. 죽은 자들과 함께하는 것만으로 충분한 그에게 두 사람은 균열자다.

세실리아가 마시니의 옛 연인이고 아직도 그를 그리워한다는 사실을 알게 된 다벤은 그녀와 절교하고 혼자서 죽어간다. 세실리아의 사랑 고백이 담긴 편지를 받고서야, 다벤은 세실리아와 사자의 제단에서 조우하고 그녀의 품에서 눈을 감는다. 그런데 이 과정에는 무언가 빠져 있다. 다벤은 세실리아의 사랑에 응답하지 않는다. 또한 숨을 거두며 마시니를 용서한다고 말하지만, 그 결단의 이유도 말하지 않는다.

마지막 순간에 다벤의 마음속에 어떤 불길이 솟았는지 추측할 수 없다. 우리가 알 수 있는 것은 그에게 세실리아는 자신의 죽음 이후에 그의 촛불을 밝히고, 사자의 제단을 돌볼 관리자로서 반드시 필요한 존재라는 사실이다. 세실리아는 마침내 다벤의 촛불을 켜고 애도의 몸짓을 취하지만 이 애도는 뭔가 모호하다. 혐오하던 것(삶)을 떠나 소망하던 것(죽음과 촛불 되기)을 성취한 자에게 필요한 것은 축하가 아닐까. 그러나 애도 없이는 그의 소망인 제단의 완성, 즉 자신의 대체물인 애도의 촛불 점화는 이루어지지 않는다.

그러므로 〈녹색방〉의 결말은 근원적 화해나 애도가 아니라, 죽음을 위한 죽음, 애도를 위한 애도의 완성이다. 다벤의 세상에서 재귀화된 죽음과 애도는 서로를 하나의 형식으로 요구하고 있을 뿐, 내면적 연관이 없다. "그럼 내가 죽으면 누가 나의 촛불을 켜주나요"라는 세실리아의 질문에 다벤은 대답할 수 없다. 그녀는 삶에 속해 있어 다벤이 갇혀 있는 죽음과 애도의 재귀적 순환고리에서 벗어나 있기 때문이다. 다벤은 두 균열자와 화해하지 않았고, 자신이 죽음에 속할 때 산 자의 세상에서 자신의 촛불을 밝힐 인물을 찾았을 뿐이다.

만일 다벤이 마지막 순간에 "사랑해 세실리아, 당신과 살고 싶어"라고 말한 뒤 숨을 거뒀다면 〈녹색방〉은 진정한 애도의 영화가 되었을 것이다(그리고 아마도 흥행에도 성공했을 것이다. 이 영화는 개봉 당시 무참하게 외면당했다). 하지만 그 순간 사자의 제단은 폐기처분된다. 다벤은 입을 닫고 사자의 제단을 완성하는 쪽을 선택한다. 그의 죽음은 '파국의 죽음'이다.

우리는 간단히 반문할 수 있다. 자신이 그토록 혐오하던 산 자의 세상에 촛불로 남아 있다는 사실이 다벤에게 도대체 무슨 의미가 있는가. 이 반문에 대한 다벤의 논리적 대답을 우리는 기대할 수 없다. 다벤의 죽음의 미학에 대한 소망은 병적이며 비논리적이지만, 〈녹색방〉을 보는 관객으로서의 나는 그럼에도 불구하고 그의 소망을 폄하하기 힘들다. 다벤의 어두운 표정과 신중한 움직임, 완고함과 결벽증에는 정의 내리기 힘든 간절함이 있다. 이 간절함이 죽음이 지닌 근본적 모호성과 연관이 있는 게 아닐까. 또한 녹색방으로 불린 사자의 제단이야말로 또 하나의 제단이 아니라, 산 자의 세상에도 죽은 자의 세상에도 속하지 않는 모호성의 밀실과 같은 곳이 아닐까.

5

삶과 죽음에 대한 다벤의 태도를 더 급진적으로 밀고 나간 영화가 올해 개봉한 〈멜랑콜리아〉(라스 폰 트리에, 2011)이다. 이 영화에서보다 더 극단적인 파국의 죽음을 상상하기는 힘들다. 〈녹색방〉에서와 같은 애도의 형식적 주체조차 더 이상 남지 않는다. 지구라는 장소가 완전히 소멸하기 때문이다.

영화는 2부로 나뉘어 있다. 8분여의 프롤로그에서 수수께끼 같은 회화적 숏들의 파노라마가 제시된 뒤 시작되는 1부는 결혼식을 치르는 유능한 광고 카피라이터 저스틴의 우울증(멜랑콜리아)을 다룬다. 2부는 행성 멜랑콜리아와 지구의 충돌을 앞둔 저스틴 가족의 불안과 공포의 시간을 다룬다. 〈멜랑콜리아〉에서 우리는 임박한 종말에 대한 문명

사회의 반응은 전혀 볼 수 없다. 대신 마을로부터 멀리 떨어진 고립된 저택에 거주하는 세 인물의 행동과 감정의 세부를 근접 거리에서 관찰할 수 있다. 이 영화의 질문 가운데 하나는 이것이다. 종말이 두렵다면 그 두려움의 정체는 무엇인가. 전형화된 등장인물들의 개별적 선택이 그 두려움의 다른 양상들을 표현한다.

가정주부이고 따뜻한 어머니이자 성실한 아내, 그리고 자상한 언니인 클레어는 사랑하는 이의 죽음을 두려워한다. 행성이 육박해오자 반쯤 정신이 나간 그녀는 아들을 데리고 시내로 나가려 한다. 그녀는 불현듯 사람들이 그리웠거나, 아직 자신의 인생을 펼쳐보지도 못한 어린 아들을 남은 짧은 시간이나마 마을 사람들과 함께 있도록 하고 싶었을 것이다. 이것은 표준적 반응의 하나일 것이며 존중받고 이해될 만한 선택이다.

부유하고 유능한 가장이며 과학자인 클레어의 남편은 행성 충돌이 피할 수 없는 사실로 확인되자 혼자 약을 먹고 자살한다. 가족을 안심시키면서도 만일에 대비해 비상식량까지 준비하는 등 가장으로서의 책임을 다했지만, 마지막 순간엔 두려움을 견디지 못한다. 그의 두려움은 죽음 자체의 두려움이 아니라, 죽음에 이르는 시간의 두려움이다. 죽음의 공포가 실은 죽음의 공포에 대한 공포라는 사실을 우리는 알고 있으므로 그의 선택 역시 이해 가능하다.

문제는 저스틴이다. 그녀는 얼핏 〈녹색방〉 다벤의 21세기형 판본처럼 보인다. 행성 충돌을 염려하는 언니 클레어에게 저스틴은 이렇게 말한다. "지구는 사악해. 우리는 지구를 위해 슬퍼할 필요가 없어." 자신의 결혼식에서 예측불허의 행동으로 가족들과 하객들을 당황케 했고 신랑과의 잠자리를 거절한 뒤 직장 동료와 정사를 벌였으며 결혼식 당일 남편과 헤어진 이 중증 우울증자는 2부에서 파국이 임박하자 오히려 가장 의연하다.

저스틴과 다벤의 공통점은 산 자의 세상을 경멸하며 죽음을 두려워하기는커녕 오히려 기다린다는 점이다. 하지만 둘의 공통점은 이뿐이다. 저스틴은 다벤과 달리 자신의 애도자를 필요로 하지 않는다. 물론 〈멜랑콜리아〉의 종말에는 '이후'가 없으므로 애도가 불가능하다. 또한 저스틴은 다벤과 달리 그 스스로 사악한 세상의 일부로 살아왔으므로 애도를 원해서도 안 된다. 자기연민에 빠져 모순된 소망을 버리지 못하는 다벤에 비해 저스틴은 일관되고 당당하며 심지어 영웅적이기까지 하다.

이 인물을 어떻게 이해해야 할까. 이상한 대화 하나가 있다. 저스틴이 "우주에서 생명은 우리뿐이야"라고 하자 클레어는 반문한다. "네가 어떻게 알아?" 저스틴이 대답한다. "병에 든 콩 개수 맞추는 게임 기억나지? 678개야." "그게 뭘 말해주는데?" "내가 안다는 거야" "……" "생명은 지구에밖에 없어. 그것도 머지않아……" 병에 든 콩의 개수를 맞추는 것과 우주의 섭리와 지구의 미래를 아는 것과는 필연적 연관이 없다…… 그런데 연관이 있을 수도 있다…… 지금 그녀가 말하고 있는 것, 그리고 이 영화에서 벌어지고 있는 사건은 우리의 이성이 파악할 수 있는 '필연적 연관' 밖에 있기 때문이다.

짐작건대 라스 폰 트리에는 아리스토텔레스의 '모든 위인은 우울증 환자'라는 주장, 그리고 르네상스 시대에 전개된 우울증과 천재를 연관 짓는 학설들을 의식하고 있었던 것 같다. 그러나 텍스트 외적인 지식이 그녀의 정체성을 확정 지을 수는 없을 것이다. 저스틴은 망상가인가, 천재인가, 아니면 예지자인가. 〈멜랑콜리아〉라는 영화 안에서 그녀의 정체는 근본적으로 모호하다.

다만 우리는 그녀가 가려는 자리를 알 수는 있다. 앞서 인용한 그녀의 대사 "지구는 사악해. 우리는 지구를 위해 슬퍼할 필요가 없어"를 상기해보자. 이건 엉뚱한 말이다. 이 말을 듣고 있는 언니 클레어는 지금 인류의 존엄이나 지구의 가치를 주장하고 있는 게 아니라 어린 아들과 자신에게 닥칠 파국을 두려워하고 있을 뿐이다. 저스틴은 지금 언니에게 말하고 있는 게 아니다. 지구가 정말 사악한지는 이 영화에서 제시되지 않았으므로 우리는 그 진술의 타당성을 고민할 필요도 없다. 이 대사는 저스틴이 언니가 아니라 관객과 스스로에게 자신의 지위를 납득시키고 확인하려는 메타진술이다.

어떤 범인(凡人)이 지구의 사악함을 판정할 수 있겠는가. 그녀의 지위는 예지자, 혹은 적그리스도(Antichrist)의 자리다. 라스 폰 트리에가 직전에 만든 〈안티크라이스트〉(2009)가 창세기의 적그리도적 번안임을 상기한다면, 〈멜랑콜리아〉는 종말론의 적그리스도적 번안이라 부를 수 있을 것이다. 통상적 기독교 종말론은 적그리스도에 의한 세상의 종말 이후에 그리스도가 재림해 세상을 구원한다고 주장한다. 〈멜랑콜리아〉는 말하자면, 그리스도 없는 적그리스도의 비전이며 노아의 방주가 사라진 대홍수 버전이다. 저스틴은 신경증적 예지자와 종말을 지휘하는 적그리스도의 지위를 오간다.

이 지위는 보는 이의 눈길을 사로잡는 프롤로그의 14개 숏의 현란한 이미지들에 보다 직접적으로 연관된다. 첫 숏에서 클로즈업된 저스틴은 어둡고 차가운 얼굴로 관객을 바라보고 후경에는 죽은 새들이 추락한다. 일곱번째 숏에선 저스틴이 마치 지휘하듯 양팔을 펼치고 있고 수많은 곤충들이 팔 동작에 호응하듯 그녀 주위를 미친 듯 날아다닌다. 두 숏은 대구를 이룬다. 첫 숏이 새, 날개, 천사의 이미지 연쇄에서 생명의 종언을 뜻한다면, 일곱번째 숏은 곤충들의 소란에서 죽음의 예감을 드러내려는 것 같다. 저스틴은 지금 천사의 추락을 전시하고 죽음의 비상을 지휘하고 있는 중이다.

두 숏은 2부의 중간에 저스틴이 계곡에 나체로 누워 행성 멜랑콜리아의 푸른빛과 성교하는 듯한 에로틱한 이미지와 연관된다. 저스틴은 여기서 지금 다가오는 멜랑콜리아를 환대하거나 유혹하고 있는 것처럼 보인다. 프롤로그에서 멜랑콜리아 행성이 지구에 점점 접근하는 장면을 우주의 시선으로 바라보는 숏이 네 번 배치되는데, 이 행성의 움직임 역시 저스틴의 적그리스도로서의 유혹과 예지자로서의 비전 사이에 놓여 있다.

그 외에도 적그리스도로서의 저스틴의 다양한 현현을 상징하는 듯한 장면들과 가족들의 곤경, 그리고 몇 가지 불길한 풍경들이 프롤로그에 산포되어 있다. 전봇대에서 에너지가 빨려 올라가는 모습을 후경에, 저스틴이 자신의 손가락에서 에너지가 빨려 올라가는 것을 황홀한 표정으로 바라보는 모습을 전경에 배치한 열번째 숏은 저스틴의 사물성 혹은 초인간성과 연관되며, 그녀가 웨딩드레스를 입은 채 그물을 뚫고 나오는 열한번째 숏은 창세기에서부터 시작된 기독교의 반여성주의에 대한 저항처럼 보인다(〈안티크라이스트〉의 상영본에 새겨진 제목이 〈Antichrist 우〉임을 기억하자. 라스 폰 트리에는 적그리스도의 성을 여성이라고 보는 것 같다).

더 모호한 장면들도 있다. 세번째 숏은 피테르 브뢰헬의 유명한 회화 〈눈 속의 사냥꾼〉이 불타내리는 장면이다. 그 그림 자체에 특별한 의미를 부여하고 있는 것일까. 아니면 브뢰헬의 회화로 환유되는 인간의 예술, 혹은 인간의 예술에 보존된 인간의 기억의 소멸을 뜻하는 것일까. 그렇다면 밀레이의 회화 〈오필리아〉에서의 오필리아의 죽음을 신부복을 입은 저스틴이 재연하는 듯한 열두번째 숏은 열한번째 숏과 이 세번째 숏의 융합-변주일까. 열세번째 숏은 전경에서 나무를 깎는 아이와 그를 걱정스레 지켜보며 다가오는 후경의 저스틴을 담고 있다. 나무 깎는 아이는 혹시 목수인 요셉에게서 가져온 이미지일까? 그 아이만이 혹은 요셉만이 사악한 인간의 역사에서 동정할 만한 유일한 남자-인간이라는 뜻일까. 여덟번째 숏에서는 클레어와 아이가 골프장을 걸어 나온다. 잔디밭인데도 두 모자의 발은 수렁을 밟은 것처럼 빠져든다. 또한 이곳에는 숫자 '19'가 쓰인 깃발이 꽂혀 있다. 이 골프장은 18홀밖에 없다는 사실이 나중에 적시되므로 이곳은 상상의 공간이라는 뜻일까. 그렇다면 이 프롤로그 전체 혹은 이 영화 전체가 저스틴의 상상이라는 뜻일까.

저스틴이 우울증 환자이자 망상가인지, 지구의 운명을 알고 있는 예지자인지, 아니면 적그리스도인지 확정 짓는 건 불가능하다. 멜랑콜리아라는 행성이 그녀의 상상인지 영화 속 현실인지도 확인할 수 없다. 라스 폰 트리에는 모호함의 게임을 즐기는 것 같다. 해박한 인용자인 그는 곳곳에 해석자를 유혹하거나 곤경에 빠트릴 우의(寓意)와 상징을 배치하는 유희에 쾌감을 느끼는 것 같다.

주목해야 할 것은 그 유희의 이면에 작동하는 그의 전면적 비웃음이다. 예컨대 앎에 대한 비웃음이 있다. 완전한 앎(저스틴)과 완전한 무지(아이)만이 파국 앞에서 의연하다. 완전한 앎은 불가능하므로 무지가 나을 것이다. 물론 문명에 대한 비웃음도 있다. 현대 과학의 최첨단 도구도 무지한 아이가 만든 원시적 도구보다 유용하지 않다. 아이는 요셉처럼 나무를 깎는다. 그러나 아이도 죽을 것이다. 그의 비웃음은 지구와 인간 그리고 생명 전체에 대한 비웃음이며 총체적인 부정이다.

그의 부정성에는 어떤 거점도 없으므로 그것은 우리가 상상할 수 있는 가장 급진적인 부정성이다. 이것은 인간이 관계된 모든 층위를 부정한다는 점에서 초월적이며 종교적이다. 그에게 원죄는 에덴동산에서 이브가 선악과를 따는 시점에 있는 것이 아니라, 에덴동산의 출현 자체에 있다. 혹은 존재 자체가 악이다. 이것은 도덕적 근본주의의 마지막 단계이다. 그러므로 이런 반론을 피할 수 없다. 사악함을 말하기 위해선 사악하지 않은 것이 전제되어야 한다. 슬퍼할 필요가 없는 것을 말하기 위해선 슬퍼할 가치가 있는 것이 있어야 한다. 그의 영화에는 급진적 부정성을 성립시키는 긍정의 대립항이 없다.

우호적 이해의 방식 하나는 그 부정성을 그의 병으로 받아들이는 것이다. 그는 그 극단적인 부정의 태도를 잃고 있는지 모른다. 좋은 예술가는 시대의 병을 판정하고 치유책을 제시하는 것이 아니라 그 병을 누구보다 깊이 앓는 사람이기 때문이다. 하지만 나는 이 영화에서 그의 신음을 듣지 못한다. 우호적 이해의 또 다른 방식은 그 부정성을 질문으로 받아들이는 것이다. 과연 그 소멸을 슬퍼할 필요가 없을 만큼 지구는 사악한가. 그러나 이것이 질문으로 성립하려면 구체(具體)를 경유해야 한다. 〈멜랑콜리아〉에는 삶의 현장이 없다. 나는 앓는 이의 신음을 듣거나 사악의 현장을 목격하는 대신, 아름다운 잔혹함, 능숙하고 혹독한 냉소, 파괴와 소멸의 유려한 시각적 수사에 매혹된다. 라스 폰 트리에는 전면적 파괴와 훼손을 가장 아름답게 그릴 수 있는 시네아스트 중의 하나일 것이다.

라스 폰 트리에는 〈멜랑콜리아〉가 상영된 2011년 칸영화제의 공식 기자회견장에서 "히틀러를 이해한다"고 말함으로써 영화제를 발칵 뒤집어놓았다(언론에 알려진 그의 발언은 이렇다. "오랫동안 내가 유대계인 줄 알았는데 실은 순수 나치계더라. 히틀러도 약간 이해된다. 마지막 순간 벙커에 앉아 있던 그를 그려보면 일말의 동정심을 느낀다.") 나는 "히틀러를 이해한다"는 그의 말을 이해한다. 히틀러야말로 파괴와 전쟁의 미학자이기 때문이다. 파시즘은 '예술지상주의의 마지막 완성'이다. 발터 벤야민의 유명한 말을 인용하는 것으로 충분하리라. "인류의 자기 소외는 인류 스스로의 파괴를 최고의 미적 쾌락으로 체험하도록 하는 단계에까지 이르렀다. 이것이 파시즘이 행하는 정치의 심미화의 상황이다."(발터 벤야민, 『기술복제시대의 예술작품/사진의 작

은 역사 외』, 최성만 옮김, 길, 2007)

　〈멜랑콜리아〉의 급진적 부정성과 파멸의 탐미적 비전이 파시스트의 도덕적 근본주의와 거기에서 비롯된 심미주의와 내통한다고 해도, 이 영화를 폄하하거나 혐오할 이유가 되진 않는다. 〈멜랑콜리아〉는 파괴한 게 아니라, 파괴를 재현한 것이다. 이 영화가 질문이 될 수 있다면 그것은 이 영화에 우리가 매혹된다는 점에서 비롯된다. 우리 속에 파시스트적 비전이 없다면 왜 매혹될 것인가. 우리가 숨기거나 잠재의식 속으로 밀어 넣은 욕망과 충동을 다시 질문의 검증대 위에 올려놓으려는 영화를 거부해선 안 된다. 나는 칸영화제에서의 그의 충격적인 발언이 실언이 아니라고 믿는다. 그것은 〈멜랑콜리아〉를 히틀러의 관점으로 다시 보기를 요청하는 의도된 발언이 아니었을까(물론 실언이라고 해도 프로이트적 관점에서는 사정이 달라지지 않는다).

　우회가 길었다. 〈멜랑콜리아〉를 말한 것은 실은 우리의 논의에서 중요한 한 장면 때문이다. 그것은 프롤로그의 마지막 숏이다. 둔중하게 다가오던 행성이 마침내 지구와 충돌한다. 행성과 지구의 접점 표면에선 격렬한 파열이 시작된다. 이 장면은 기묘하게도 정자가 난자에 진입하는 순간의 형상과 유사하며, 저스틴이 멜랑콜리아의 빛을 받아들이며 나체로 누워 있는 장면과 조응한다. 사악한 지구가 사라졌으므로 이것은 은하계의 자기 정화─재탄생이라는 뜻일까. 그런데 놓치면 안될 이 숏의 요점은 접점의 파열 단계에서 이 숏이 중단되고 프롤로그가 끝난다는 것이다. 그리고 영화의 마지막 장면에서도 '이후'가 등장하지 않는다. 우리는 지구의 소멸을 사실상 볼 수 없다.

라스 폰 트리에는 왜 지구가 완전히 파열해 우주의 먼지로 흩어지는 과정까지 담지 않았을까. 미세한 차이처럼 보이지만, 완전한 파열 직전에 멈춘 그의 선택이 〈멜랑콜리아〉를 영화에서의 죽음이라는 문제를 논의하는 우리를 숙고하게 한다. 그의 선택은 나의 감각에 미세한 불만족을 남겨둔다. 나의 시각적 욕구는 완전한 소멸의 목격을 향하고 있기 때문이다. 그러나 곰곰이 생각하면 그의 선택이 논리적으로 옳다는 것을 알게 된다.

프롤로그의 마지막 장면은 이 영화의 마지막 장면과 시간적으로 일치한다. 대충돌의 순간, 이제 모든 생명은 사라져 우주 속의 무기물로 흩어질 것이다. 당연한 일이지만, 이제 시선은 더 이상 존재하지 않는다. 시선 역시 생명에 속하므로 생명이 소멸하는 순간, 본다는 행위도 사라지고 지구도 우주도 더 이상 시각화될 수 없다.

라스 폰 트리에의 선택은 신(神)의 부인과 연관시킬 수 있을 것이다. 영화에선 신과 종교에 관한 어떤 언급도 없었지만, 이 장면을 무신론자라기보다 반(反)신론자에 가까운 라스 폰 트리에의 사적 진술로 읽을 수도 있다. 그가 우주의 시선으로 본 행성과 지구의 충돌을 충돌의 순간에서 마감할 때, 이 우주의 시선이 신의 시선이 아니라는 점을 납득시키려는 것 같다. 우주의 시선은 인간의 상상의 시선이거나 우주선이라는 기계장치의 시선일 뿐이다. 어느 쪽이든 인간과 문명이 소멸하는 순간 사라진다.

내가 느낀 시각적 불만족을 설명할 차례가 되었다. 나의 불만족은 실은 공포감에 가까운 것 같다. 그 공포는 이런 것이다. '이제 우리가 사라져요. 그런데 그것을 아무도 보지 못해요.' 인간의 시선도, 기계 장치의 시선도, 그리고 초월자의 시선도 남지 않는다는 것. 내 생각에 〈멜랑콜리아〉의 가장 뛰어난 점은 서사나 캐릭터 혹은 시각적 수사학에 있지 않고, 시각매체인 영화에서, 시각의 종말의 공포를 마지막 순간의 미세한 선택('이후'를 보여주지 않는다는 점에서 그것을 비선택이라고 해야 할지도 모르겠다)을 통해 즉 비시각화를 통해 제시한다는 점에 있다.

〈멜랑콜리아〉를 보고 나면 우리는 〈녹색방〉의 다벤의 모순된 욕망을 더 잘 이해하게 된다. 그가 두려워한 건 죽음이 아니라 죽은 자신을 아무도 보지 않는 것이었다. 다벤이 자신의 대체물에 집착한 것은 바로 타인의 시선에 대한 욕망 때문이었다. 다벤의 욕망은 실은 보편적이다. 우리 대부분은 자신의 시신이 독방에 혼자 버려져 썩어가거나 고양이에 의해 파먹히지 않을까, 혹은 자신의 장례식에 아무도 오지 않지는 않을까, 하는 터무니없는 두려움을 갖고 있다.

다만 다벤은 특별한 시선을 원하고 있을 뿐이다. 다벤은 죽은 아내의 전신 석고상을 주문했다가 완성품을 보고 격노하며 바로 부숴버린다. 그 석고상은 아내의 외양과 흡사했지만 흐름과 유동이 없기 때문이다. 그는 촛불에서 무언가를 찾았다. 바슐라르의 표현을 빌리면 "(촛불의) 불꽃 속에서 공간은 움직이며, 시간은 출렁거린다."(가스통 바슐라르, 『촛불의 미학』, 김웅권 옮김, 동문선, 2008) 어쩌면 다벤이야말로 죽음을 가장 두려워한 사람이다. 그는 '나의 시간, 나의 공간'의 영구적 중단을 두려워했고, 자신이 죽은 자를 보는 미학적 방식으로,

죽음 이후의 자신이 공간의 움직임과 시간의 출렁거림 속에서 타인에게 보이기를 원했다. 똑같이 산 자의 세상을 경멸했다 해도, 다벤은 아마도 저스틴과는 달리 〈멜랑콜리아〉의 종말을 견딜 수 없을 것이다. 〈멜랑콜리아〉의 파국적 종말이 정말 무섭다면 그건 우리가 인류와 문화 혹은 생명과 자연을 사랑해서가 아니라, 타인의 시선과 기억의 완전한 무화가 진정한 공포이기 때문일 것이다.

6

한국 영화들 가운데 '파국의 죽음' 유형에 속하는 영화는 발견하기 힘들나. 아바노 〈시구늘 시켜라〉(상순환, 2003)는 희귀한, 어쩌면 거의 유일한 파국의 영화일 것이다. 개봉 당시에도 국내 평자들의 절찬을 받은 편이지만, 이 전무후무한 B급 SF-호러-코미디-멜로-스릴러는 21세기 한국 영화의 걸작 목록 상위에 올라야 할 괴력의 혼성장르 영화이며 창의성과 상상력의 절창이다.

〈지구를 지켜라〉는 서사의 얼개에서 〈멜랑콜리아〉와 유사하다. 임박한 지구의 종말, 그리고 그 사실을 알고 있는 유일한 존재인 우울증 환자의 이야기. 주인공 병구는 저스틴처럼 중증 우울증 환자이며 환각 증세까지 있다. 다른 점은 저스틴이 종말을 기다리는(혹은 유혹하는) 반면, 병구는 종말을 막으려 한다는 점이다. 불행하게도 병구는 그럴 능력이 없어 보인다. 탄광에서 사고사한 광부의 아들인 그는 고졸의 노동자이고, 왕따이자 꼴통이다. 폐광 지역의 옛 목욕탕을 개조해 만든 그의 외딴집이 지구를 구할 본부라지만 도무지 믿음이 가지 않는다.

이 영화의 서사는 거의 마지막 순간까지 지구의 종말이 병구의 망상이라고 믿도록 설계되어 있다. 그가 지구 절멸의 임무를 맡아 파견된 외계인이라고 믿고 납치한 강만식도 악덕 기업주에 불과해 보인다. 병구는 공장 노동자인 그의 여자 친구를 죽게 만들고 엄마를 혼수상태에 빠트린 악랄한 자본가에 대한 개인적인 복수를 정당화하기 위해 황당무계한 핑계를 만들고 있는 것처럼 보인다. 하지만 결국 병구가 옳았다. 병구가 경찰의 총에 죽고, 풀려난 강만식은 우주선을 지휘해 지구를 폭파한다.

〈지구를 지켜라〉는 납치극의 범죄스릴러가 서사의 줄기지만, 세 가지 배경 서사가 겹쳐 있다. 하나는 한국 사회의 최하층민 병구 가족의 계급 서사, 다른 하나는 파괴와 학살과 전쟁을 수시로 자행해온 인류 서사, 마지막은 외계인에 의해 지휘된 창세와 종말에 이르는 우주 서사. 영화 속에서 설명되는 세 서사의 관계는 이렇다. 외계인은 인류를 만들었다. 그러나 인류는 '가속성 공격 유전자'를 발명하고 스스로에게 주입하면서 사악해졌다. 외계인은 악한 인류를 처리하기 위해 계급 차별을 만들었다. 외계인 강만수가 악덕 기업주가 된 것은 고통받는 인간을 만들어내기 위해서이다. 외계인이 은밀히 진행 중인 인류 개조를 위한 유전자 실험은 고통받는 자를 대상으로 할 때 훨씬 성공 가능성이 높기 때문이다. 계급 차별은 이 고통받는 자의 생산을 위한 도구였다는 것이다.

황당무계한 논리이지만 장르적 상상력의 난장인 이 영화의 내적인 설명으로는 아무런 문제가 없다. 자기모순적인 건 병구의 선택이다. 계급 서사와 우주 서사만 존재한다면 그의 선택은 결과적으로 정당하다. 악덕 자본가=악한 외계인이므로 사적 복수가 바로 지구의 구원이 된다. 문제는 인류 서사다. 지구를 구하면 사악한 인류 서사는 지속된다. 하지만 사악한 인류를 처리하는 데 동의하는 순간 병구 자신도 사라지고 사적 복수는 불가능해진다.

병구의 딜레마는 영화를 보는 우리의 딜레마이다. 병구의 승리를 지지할 것인가. 외계인의 선택을 지지할 것인가. 영화는 외계인의 승리로 끝맺고 지구는 소멸한다. 이 영화의 제목은 이렇게 바뀐다. '지구를 지킬 가치가 있는가.' 〈멜랑콜리아〉가 선언적으로 판정한 지구의 사악함을 이 영화는 서사의 딜레마로 제시한다.

우리의 논의에서 더 중요한 점은 이 영화의 마지막 장면과 연관이 있다. 〈멜랑콜리아〉에서와는 달리 지구가 폭발해 우주에서 먼지 조각으로 흩어진 뒤 지구로부터 텔레비전 수상기 한 대가 우주로 튀어나온다. 그 수상기에서는 병구 가족의 애틋한 일상을 담은 흑백 영상들이 애상조의 음악과 함께 상영된다. 〈지구를 지켜라〉는 파국의 영화이지만, 병구를 애도한다. 그런데 파국 이후에 누가 애도할 수 있는가. 물론 영화 속에선 외계인밖에 없다.

나는 장준환 감독이 이 마지막 장면을 먼저 떠올리고 서사를 만들었을 것이라고 추측한다. 이 결말은 이렇게 말한다. '이제 우리가 사라져요. 하지만 누군가는 그걸 지켜보고 슬퍼하겠죠.' UFO와 외계인에 대한 믿음은 내가, 혹은 인류가 아무런 가치가 없다 해도, 우리의 죽음과

'이후'를 지켜볼 시선을 필요로 하는 데서 비롯될 것이다. 물론 〈멜랑콜리아〉는 '이후'를 찍지 않음으로써 잔인하게도 '그런 시선은 없어'라고 이죽거리는 편을 택했지만.

'파국의 죽음' 유형의 영화들은 우회적으로나마 '나의 죽음'의 문제를 다루고 있어, 죽음에 관한 직접적 논의를 어느 정도 피할 수 없게 만든다. 우리는 타인의 시선 없이 나의 죽음을 떠올릴 수 없다. 하지만 내가 타인의 시선으로 나의 죽음을 보려는 순간 나는 그 시선의 2인칭이 된다. 어떻게 해도 '나의 죽음'은 시각화될 수 없다. 하지만 나에게 필연적으로 일어날 사건 중에서 내가 알 수 있는 유일한 것은 나의 죽음이다.

나에게 논리적이고 필연적인 단 하나의 사건이 시각화될 수 없다는 사실에 대한 불안을 '파국의 유형'에 속하는 이 세 편의 영화는 각기 다른 방식으로 다루고 있다. 촛불이라는 특별한 사물의 초월적 시선, 혹은 윤리적 심판자인 외계인의 시선의 창안을 통해, 혹은 나의 소멸 이후의 시선의 불가능성을 적시함으로써 즉 불안의 비웃음을 통해 그렇게 한다(신의 시선의 창안은 가장 오래되고 보편적인 방식이므로 따로 언급할 필요가 없을 것이다).

하지만 다른 방식은 없을까. 나는 죽음, 혹은 나의 죽음의 앎(혹은 봄)에 관한 한, 그것이 근본적으로 불가능하다 해도, 영화만큼 그것에 가까이 갈 수 있는 매체는 없다고 여전히 믿고 싶다. 무의식에 대한 들뢰즈의 견해가 힌트가 될 수 있을지도 모른다. 그의 요약에 따르면 프로이트는 무의식이 세 가지 커다란 무지에 휩싸여 있다고 보았다. 아니요, 죽음, 그리고 시간에 대한 무지이다. 들뢰즈의 생각은 다르다. "무의식이 죽음을 알지 못한다면 이는 죽음에 대한 모든 표상이 정확성을 결여한 측면과 관계하는 반면, 무의식은 죽음의 이면, 죽음의 다른 얼굴을 포착하기 때문이다."(질 들뢰즈, 『차이와 반복』, 김상환 옮김, 민음사, 2004)

이것이 영화에서 죽음의 시학이 가능한 근거가 될지도 모른다. 그 가능성을 다음 장에서 버거운 철학적 논의에서가 아니라 또 다른 영화들을 통해 찾아보려 한다.

(『문예중앙』, 2012년 가을호)

죽음의 시학,
삶의 시학

1

전후(戰後)의 오즈 야스지로(1903~1963)는 겨울에 영화를 찍지 않았
다. 전전(戰前)에도 오즈의 겨울은 극히 드물었다. 추위, 눈, 긴 밤은
마치 자신의 영화를 훼손하기라도 한다는 듯이. 제목에 계절을 적시하
는 〈조춘(早春)〉〈만춘(晚春)〉〈맥추(麥秋)〉〈가을 햇살(秋日和)〉 외에
도 그의 영화에 등장하는 계절은 대개 이른봄에서 가을에 걸쳐 있다.

　오즈 영화의 영원한 아버지 류 치슈에게서 우리가 가장 많이 들었던
대사는 "아, 날씨가 좋네"였다. 혼잣말인 듯 나지막한 톤으로 반복되
는 이 대사는 지평선 조금 위의 하늘을 향한 시선, 감은 듯 살짝 뜬 눈,

인중을 부드럽게 덮은 콧수염, 검소하고 소박한 인품을 암시하는 광대뼈 등의 정물적 형상과 함께, 서사의 맥락과 무관하게 영화를 보는 우리에게 오즈의 세계에 안전하게 도착했음을 상기시키는 신호 같은 것이었다. 이 대사를 들려줄 수 없는 겨울은 오즈의 세상에선 상상하기 힘든 것이었다.

〈동경의 황혼〉(1957)은 유일한 예외이다. 눈이 내리고, 겨울밤의 어둠이 많은 신(scene)들을 에워싸고 있으며, 류 치슈는 하늘을 보지 않는다. 이 계절의 변화가 모든 것을 바꿔놓는다. 류 치슈는 종종 화를 내고, 퇴근길에 사케집에서 만났던 친구들은 어디론가 사라진다. 반항적이며 웃지 않는 딸은 임신한 몸으로 필름누아르의 공간과도 같은 음습한 술집에서 불안한 기다림의 시간을 보내고, 형사는 그녀를 매춘부로 오인한다. 무엇보다, 철길에 뛰어들어 기차에 친 딸은 잠시 앓는 듯하다 죽어버린다.

오즈의 영화에서 이 죽음은 이례적이다. 주요 인물에 한정할 때, 노인의 자연사가 아닌 젊은이의 사고사는 〈동경의 황혼〉에만 유일하게 등장하기 때문이다. 오즈 연구가들을 난감하게 만들 만한 이 돌연한 예외성은 그러나 오히려 오즈적 세계의 본질 가운데 하나를 되짚어 알려준다. 오즈의 이야기는 계절 내부에 있다. 계절이 서사의 모티프가 된다는 뜻은 아니다. 실은 반대에 가깝다. 계절은 제목이 그것이 명시되는 경우에도 오즈의 영화에서 주요 소재가 아니며 풍경을 직접적으로 구성하지도 않는다. 차라리 그것은 공기와도 같은 것이다.

오즈에게 계절은 어떤 서사도 그것을 초과할 수 없는 큰 형식이다.

계절의 물질성 안에서 그리고 자연적 시간의 흐름 안에서 서사를 진행시킬 것. 연작이나 다름없는 그의 모든 영화들은, 겨울에는 겨울잠을 자야 한다, 고 말하는 것처럼 보인다. 이 자기 명령을 위반할 때, 혹은 겨울에 인간의 서사가 군이 작동하려 할 때, 오즈의 세계는 불편해지고 어두워지며 사악해진다. 위반의 가장 가혹한 대가가 딸의 느닷없는 죽음이다. 그 죽음은 딸의 문란함에 대한 서사적 응징이 아니라, 겨울이라는 예외적 계절의 징후이다.

왜 오즈에게 겨울은 예외적이고 불길한 계절이 되었을까. 오즈가 추위에 약해 겨울 촬영을 싫어했다든가 하는 실질적 이유도 있을 수 있겠지만, 여기선 우리의 논의를 진행시키기 위해 하나의 가설을 세워볼 수 있다. 겨울은 문명의 외투가 두꺼워지는 계절이다. 문명은 겨울과 밤에 맞선 싸움으로부터 형성되었다. 근대 문명은 계절의 순환이라는 시간의 징후가 빚어내는 물질적 차이를 무화하려 하며, 개별적 인간의 생로병사라는 또 다른 순환을 진화와 발전이라는 가상의 선형적 시간에 종속시킨다. 겨울의 대도시는 오즈에게 자신이 거리를 두려 한 문명의 표상과 같은 공간이었다.

물론 가설이지만, 오즈의 영화에는 문명의 시간에 대한 은밀한 그러나 완강한 거부의 관점이 있다(이것은 문명 비판이나 자연 찬미와는 무관하다). 여기 두 가지 죽음이 있다. 〈동경 이야기〉(1953)에서 할머니의 죽음은 노화로 인한 자연사이다. 〈동경의 황혼〉에서 딸의 죽음은 자살로 의심되는 교통사고 때문이다. 전자는 애도의 의례로 수용되지만, 후자는 마치 악몽과도 같이 습격했다 불현듯 증발한다. 딸이 죽은 다음 날 류 치슈는 똑같은 차림으로 다시 출근길에 나선다. 미묘한 앙각으로 촬영된 마지막 장면에서 그의 뒷모습이 보이고 후경의 주택가 골목은 고요하며 그 너머 하늘은 개어 있는 것 같다. 이제 곧 봄이 올 것이다. 그리고 그는 다시 날씨가 좋다고 말할 수 있을 것이다. 빈 풍경, 혹은 고요한 정물들만이 그것의 무심한 지속을 통해 순수 시간의 흐름을 결정화한다.

오즈는 죽음을 주요 소재로 다룬 적이 많지 않지만, 이 두 편에서 죽음에 대한 그의 태도를 명료하게 드러낸다. 문명의 시간 안에서 죽음은 죽임(기차에 의한)으로 나타나지만, 자연의 시간에서 죽음은 사라짐이다, 따라서 오즈 영화에서 죽음은 죽음을 직접 다룬 소수의 영화에서가 아니라 그의 모든 영화에 잠재한 일관된 의제이다. 삶의 대립항이 아니라, 무언가 사라져 가는 과정으로서의 죽음. 상황과 충돌했던 개별자들의 특별한 사건들도 시간의 흐름 속에서 지워져간다.

오즈의 방식은 영화가 죽음을 다루는 방식이 시간의 관념과 연관되어 있다는 사실을 알려준다. 자연적 시간 안에서 죽음은 삶과 대립하지 않고 삶에 내재되어 있다. 더 정확히는 죽음이라는 사건으로 오인되는 사라짐의 과정에 개별자의 삶이라는 사건이 발생한다. 죽음은 자연적 시간의 흐름과 등가적이며 개별적 삶은 이 거대한 흐름 안에서 찰나적 변용을 일으키는 작은 사건일 뿐이다. 개별자의 생이라는 사건은 자신이 왔던 곳으로 돌아간다. 하지만 여기서 오즈의 생사관을 말하려 하는 것은 아니다. 문제는 시간과 죽음을 표상하는 그만의 영화적 방식이다. 이 점은 뒤에 다시 말하려 한다.

(오즈에 관한 전기적 사실 가운데 가장 흥미로운 것은 그가 60번째 생일인 1963년 12월 12일에 죽었다는 것이다. 자신이 태어난 해의 갑자(甲子)가 돌아온 해(回甲)의 생일이 기일이라는 이 믿기 힘든 일치는 그의 영화에 담긴 계절의 순환성을 마치 그의 육체가 실현한 것처럼 보인다.)

2

문명은 추위와 어둠과 죽음의 공포를 극복하려는 인간의 노력에서 비롯되었다. 북반구에서 문명의 진화가 빨랐던 것은 당연한 일이다. 추위와 어둠은 차례대로 극복되었다. 전기의 발명은 어둠과의 기나긴 싸움의 거의 종착역이었을 것이다. 이제 밤은 사라졌다(不夜城). 현대 도시는 근대 이전의 "절대적 암영(暗影)이나 절대적 침묵"(호이징하, 『중세의 가을』, 최홍숙 옮김, 문학과지성사, 1997)을 알지 못한다.

　어둠 혹은 비가시성에 대한 정복은 전기와 광학기술의 결합으로 완성되었다. 자연의 시간이 부과한 어둠에 이어 공간적 제약이 사라지면서 모든 것은 가시화된다. 언제 어디서나 이제 보이지 않는 것은 없다. 현대 문명은 우리 개개인을 "세계를 시각적으로 소유할 수 있고, 이미지를 수집할 수 있는 육체"(프레드릭 제임슨, 『보이는 것의 날인』, 남인영 옮김, 한나래, 2003)로서 제공한다. 디지털 이미지는 지구뿐만 아니라 우주의 모든 시대의 모든 곳에 관한 버추얼 이미지를 만들어냄으로써, 시공간적 제약마저 완전히 삭제한 것처럼 보인다.

추위가 육체에만 관계하는 반면, 어둠은 육체와 정신 모두에 관계한다. 시각은 앎의 원천이 되었고, 시선의 지배는 욕망과 권력의 목표가 되었으며, 시각 장치는 최우선의 '전쟁 기계'(폴 비릴리오, 『전쟁과 영화』, 권혜원 옮김, 한나래, 2004)가 되었다. 전기와 광학기술이 결합한 영화가 현대 대중문화의 총아가 된 것은 자연스러운 일이다.

여전히 극복되지 못한 것은, 당연하게도 죽음의 공포다. 예술과 종교가 여전히 유효하다면, 현대 문명이 다스리지 못한 죽음이라는 의제가 그들의 몫으로 남아 있기 때문일 것이며, 앞으로도 그러할 것이다. 물론 문명도 죽음을 다루며 앞으로 더 많이 다룰 것이다. 그런 점에서 죽음이라는 무대는, 현대 사회에서 과학, 예술, 종교가 경합하는 장이다.

문명이 죽음을 다루는 방식은, 짐작과는 다소 다르다. 현대 문명은 의학과 유전공학을 앞세워 생명을 연장하는 방식, 즉 죽음의 공포를 경감하는 방식으로만 죽음을 다룬다고 생각하기 쉽다. 그런데 실제로 벌어지는 일은 반대에 가깝다. 질병 치유 능력과 생명 연장 기술은 상품화되어야 하고, 이 상품 판매를 위해선 죽음의 공포는 더욱 강화되어야 한다. 이것은 문명과 자본주의의 결합이 낳은 가장 사악하고 역설적인 결과 중의 하나다.

현대 문명은 죽음에 관한 서로 연관된 두 가지 테제를 갖고 있는 것 같다. 하나는 죽음＝살해라는 등식이다. 사고와 재난과 전쟁과 같은 신체 외부의 객관적 사건뿐만 아니라 바이러스, 세균, 혹은 암세포 등 신체 내부의 악한 존재가 살해 주체로 등장한다. 오랫동안 과학이 관여

할 수 없는 것처럼 보였던 자연사에서조차 노화 작용을 불러오는 활성산소가 살해범으로 지목된다. 다른 하나는 죽음을 볼 수 있다는 것이다. 시공간적 한계를 끝없이 확장해온 전기-광학기술은 모든 살해 주체를 가시화한다. 두 가지 테제는 죽음을 가시적인 악의 작용으로 인한 사태로 다룬다. 죽음은 신비에서 벗어나 예방되거나 저지될 수 있는 사태의 하나로 취급되고 있다.

이제 죽음은 비용의 문제가 되었다. 비용의 관점에서 문명이 마련해둔 해결책도 있다. 우리가 잘 알고 있듯이 그것은 보험이다. 보험은 죽음을 죽음이 초래할 부정적 상황을 타개할 비용의 문제로 다룬다. 여기서 죽음은 정확히 돈의 액수와 등가적이다. 생명보험의 광고는 가장이 죽고 나서 가족에게 필요한 돈이 얼마인지를 꼼꼼히 계산해준 뒤, 자신의 상품이 가장의 부재로 인한 모든 문제를 해결할 수 있을 것이라고 주장한다.

문명이 가정하는 유토피아는 살해가 없는 세상이다. 할 수만 있다면 활성산소를 완벽하게 제거할 수 있는 방법을 발견해 자연사마저 극복하고 싶어한다. 이 가정된 꿈이 결코 현실화될 수 없다고 반박하는 것은 무의미할 것이다. 문명이 자본주의와 결합하는 순간부터 이 꿈은 삭제 불가능해졌다. 이 꿈은 이상이 아니라, 자본주의가 생존하기 위해 육성하는 결핍과 위험의 등가물이 되었다.

자본주의 문명은 이렇게 말한다. 당신은 항상 죽음의 위험에 처해 있으며, 당신에게는 늘 무언가 부족하다. 비용만 치르면 당신은 위험과 결핍으로부터 벗어나 사적인 유토피아에 들어설 수 있다…… 숨겨진 위험의 발견, 그리고 부재한 결핍의 발명은 자본가의 계율이 되었고 과학은 이 계율의 무기가 되었다. 위험과 결핍의 목록은 무서운 속도로 증가한다. 우리의 비용 지불능력의 향상 속도는 이 속도를 끝내 따라잡지 못한다. 그 결과 더 많이 방비하고 채울수록 우리는 점점 더 부족해지고, 더 빈번히 죽음의 위험에 노출되는 것으로 느낀다.

죽음의 공포로부터의 방어가 완수되었다고 우리가 느끼는 순간, 즉 더 크고 근본적인 위험의 발견과 발명이 멈추는 순간, 자본주의 문명은 종말을 맞을지도 모른다. 집단적 공포와 불안은 이 문명의 존속을 위해 내부에서 끝없이 보존되고 증식되어야 할 사태다. 현대의 종교 번성은 그 결과 중의 하나일 것이다. 자본주의와 제도로서의 종교는 무한 증식되는 죽음의 공포라는 동일한 사태로부터 동력원을 공급받는다. 이것이 자본주의 문명이 죽음을 다루는 사악한 방식이다.

3

영화의 운명은 분열적이다. 어둠과 비가시성을 정복한 문명의 승리를 영화보다 더 잘 전시할 수 있는 매체는 없다. 영화가 탐욕스런 자본의 강요에 의해 어쩔 수 없이 문명에 봉사해온 건 아니다. 영화의 능력은 정확히 문명의 능력이며, 시선의 탐욕성을 완성한 매체다. 죽음의 가시화, 죽음과 살해의 등식화라는 문명의 테제를 영화보다 더 잘 구현할 수는 없다. 앞의 장에서 말한 '도구화된 죽음' 유형의 영화들은 자신의 모태인 문명이 자신에게 부과한 운명에 적절히 순응한다.

영화가 문명의 봉사자가 아니라, 죽음을 사유하는 예술로서의 능력을 발휘하는 건 일종의 반역이다. "영화가 자신의 예속됨을 저지하려면 먼저 자신의 훌륭한 기량을 거역해야" 하기 때문이다.(자크 랑시에르, 『영화 우화』, 유재홍 옮김, 인간사랑, 2012) 반복건대 영화의 시신 이미지는 죽음을 보여줄 수 없으며 오히려 죽음을 위장한다. 외설성은 보존되지만 불안의 심연은 거세된 허구의 시신 이미지들은 기껏해야 고통과 불행의 흔적만 연상시킬 뿐이기 때문이다. 영화가 죽음을 사유하려 할 때, 문명의 두 가지 테제에 맞서야 한다. 죽음의 가시화, 죽음과 살해의 등식화를 질문에 부쳐야 한다.

하지만 어떻게 그 거역을 실행할 것인가. 그 대답이 일반 명제로 제시될 수는 없을 것이다. 다만 우회적인 대답은 가능할 것이다. 라캉주의 정신분석가인 다리안 리더는 미술사를, 우리의 상식과는 반대로, "부재를 환기시키는 새로운 방식을 찾는 역사"(다리안 리더, 『모나리자 훔치기』, 박소현 옮김, 새물결, 2010)라고 정의했다. "우리가 시각장 안에서 항상 무언가를 잃어버리고 있으며, 거기에는 우리가 볼 수 없는 무언가가 존재한다. 이것은 우리가 보는 것을 금지당해서가 아니라, 시각 이미지가 결여되어 있어 불가능한 무언가가 존재하기 때문이다. 그것은 오직 저 너머에 있는 것으로 환기될 뿐이다." 그러므로 이미지 예술은 "무엇을 보여줄 것인가의 문제가 아니라, 어떻게 환기할 것인가의 문제"가 된다.

이미지 너머에 있는 공백, 이미지를 성립시키는 텅 빈 장소, 무언가 그것을 가리는 베일로밖에는 지시되지 않는 대상. 우리는 물자체, 실재, 무의식, 시간 혹은 신(神)이 거론될 때도 비슷한 방식의 수수께끼 같은 설명을 들은 바 있다. 그런데 이 설명은 죽음에도 적용될 수 있는 것 같다. 공백이며 텅 빈 장소이고 이름 붙여질 수 없는 것으로서의 죽음 말이다. 영화에 관해 말하고 있는 우리는, 잠정적으로 죽음이 실재나 시간과 같은 층위에 있는 것으로 가정해두고자 한다.

죽음에 관한 철학적, 정신분석학적 논의에 빠져드는 것을 피해왔지만 여기선 라캉의 응시(gaze) 개념에 기댈 수밖에 없을 것 같다. 시선은 주체에 귀속되지만 응시는 타자에 귀속된다. '부재의 환기'라는 매력적인 표현을 알려준 다리안 리더는 응시를 "누군가 다른 사람이나 다른 어떤 것의 시선으로, 누군가를 불안이나 공포에 빠뜨리는 시선"으로 정의한다. 정신분석학자들이 애호하는 히치콕의 〈사이코〉의 한 장면은 응시를 예시하는 데 가장 빈번히 언급되는 사례다.

회사 돈을 횡령한 매리언이 언덕 위의 오래된 검은 집으로 다가간다. 어둠이 에워싼 그 집은 그녀의 시선 앞에 불길하게 등장한다. 이 시퀀스를 그토록 불편하게 만드는 것은 그녀가 집을 보고 있지만, 왠지 집이 그녀(혹은 화면을 바라보고 있는 관객)를 보고 있다는 느낌 때문이다. 이것이 응시라 불리는 것이다. 리더는 응시를 "태어나면서부터 직면하게 되는 타자의 낯설고 수수께끼 같은 욕망"과 연관시킨다. 불안은 '그녀가 집에게 무엇인지'를 알 수 없다는 데서 비롯된다는 것이다.

또 다른 사례는 라캉의 인용으로 더욱 유명해진 한스 홀바인의 회화 〈대사들〉이다. 평범한 초상화처럼 보이는 이 그림의 밑부분에 일그러진 해골이 일명 '왜상화법'으로 그려져 있다. '삐딱하게 보기'에 의해

서만 해골로 인지되는 이 괴이한 형체는 원근법의 방식으로 볼 때는 "뭔지 알 수 없는 불길한 얼룩"으로만 드러난다.(슬라보예 지젝, 『삐딱하게 보기』, 김소연 옮김, 시각과언어, 1995) "그것은 우리를 사로잡는 덫이고 그것의 텅 빈 눈구멍은 우리의 공허함을 우리에게 반사한다." 게다가 그림의 주문자들인 대사들의 좌우명은 '메멘토 모리'(죽음을 기억하라)였다고 한다. 해골이라는 죽음의 표상은 대사들의 모습이 거의 사라질 만큼 그림의 표면과 우리의 시선이 거의 일치하도록 이동할 때만 비로소 드러난다. 불길한 얼룩, 눈동자 없는 눈의 구멍, 정면의 인물이 사라질 때만 비로소 등장하는 해골이라는 아이디어는 우리가 죽음을 보는 것이 아니라 죽음이 우리를 본다는 명제를 훌륭하게 시각화하고 있는 것 같다.

하지만 이 두 가지 사례는 우리의 논의에 정확히 부합하진 않는다. 〈사이코〉의 경우, 매리언이 언덕 위의 검은 집 앞에 도착했을 때, 그녀는 이미 횡령이라는 죄를 짓고 쫓기는 자의 처지에 있다. 쫓는 자의 시선은 이미 법 혹은 경찰이라는 서사 내적 존재에 속해 있는 것이다. 검은 집을 바라보는 그녀의 불안도 횡령이라는 범법으로 인한 죄의식과 구분하기 힘들다. 물론 검은 집은 법의 응시, 범법의 죄의식이라는 범죄스릴러의 관습적 요소에 온전히 포섭되지 않는 과잉 이미지다. 그 과잉이 라캉적 의미의 응시로 해석될 수 있을 것이다. 디테일의 과잉이 서사 내적 기능을 초과하며 빚어내는 불안의 심연에 히치콕의 위대성이 있는 건 사실이다. 하지만, 이 과잉을 서사의 맥락과 분리하는 것도 힘들다.

〈대사들〉의 경우, 왜상으로나마 죽음의 표상이 회화 내부에 독립적 디테일로 새겨져 있다는 사실에 유의해야 한다. 초상화의 전체 구도와는 무관하게 덧붙여져 강조되는 이 형상은 결국 우리의 시선에 포획된다. 이것은 위에서 말한 응시보다는 풀리기를 기다리는 수수께끼, 혹은 해석을 요청하는 상징에 가깝다. 이 회화는 응시를 육화했다기보다는 원근법적 시선을 유희하며 응시의 작동 방식을 알레고리화했다고 보는 게 맞을 것이다.

죽음은 사건들과 죄의식 혹은 원죄의식과는 직접 연관되지 않으며 그들과 다른 차원에 있다. 그리고 삐딱하게 본다 해도 죽음이 보이진 않는다. 하지만 응시의 개념을 통해 우리가 죽음을 볼 수 없지만, 죽음은 우리를 본다는 가설을 세울 수 있을 것이다. 죽음은 수수께끼지만 우리가 해명할 수 있는 수수께끼가 아니다. 시각 예술, 그리고 영화가 하는 일은 "수수께끼를 푸는 것이 아니라 수수께끼를 보는 것"(마르틴 하이데거, 『예술작품의 근원』, 오병남 옮김, 예전사, 1996)이다. 나아가 그 수수께끼가 우리를 보고 있음을 긍정하는 것이다.

4

죽음과 영화에 관한 글을 쓰기 시작할 때 본론이자 마지막 주제로 삼았던 홍상수의 영화를 이제 말할 차례다. 나도 의식하지 못했지만, 이 주제를 계속 미루고 싶었던 것 같다. 그의 영화들은 아직도 내게 거대한 수수께끼다. 이 세상에 많은 위대한 감독들이 있지만 내게 가장 중요한 감독은 홍상수다. 가까운 일부 동료 평론가들에게도 그러하다. 그 이유는 그의 영화라는 수수께끼를 결국 풀지 못할 것이라는 예감 때문이다. 이 수수께끼를 그는 우리의 일상에서 직접 끄집어낸다. 일상에서 직접 추출된 질료들의 질료성이 어떤 영화들보다 존중되는데도 그 질료들이 조합되고 배열된 형상의 불길하고 불안한 혹은 쾌활하고도 신비한 아름다움 앞에 나는 종종 넋을 잃는다.

나는 그 불길함과 불안에 죽음의 문제가 연관되어 있다고 추측하지만, 그것을 그의 영화에서 특정한 형상으로 추출해낼 수는 없다. 한 편의 영화라는 구조 전체가, 말해질 수 없는 그러나 긍정할 수밖에 없는 모종의 진실에 근접해간다는 느낌만 있다. 모던 시네마의 많은 맹장들이 죽음을 사유했지만, 아직은 홍상수 그리고 앞서 말한 오즈 야스지로에게서보다 더 무거운 느낌을 받지 못했다. 그 느낌의 윤곽이나마 설명해보려 한다.

앞선 두 장에서 우리는 영화가 죽음을 다루는 방식을 '죽음의 도구화' '죽음의 애도' '파국의 죽음'으로 구분했다. 홍상수의 영화는 파국의 죽음에서 시작했다고 말할 수 있을 것이다. 그의 데뷔작 〈돼지가 우물에 빠진 날〉(1996)은 주요 인물들의 끔찍한 피살 장면으로 마무리된다. 이 죽음은 '파국의 죽음' 유형의 특징인 애도가 없는 죽음, 서사의 진전이 불가능한 죽음이다.

그런데 그의 이후 영화들을 보고 나면 〈돼지가 우물에 빠진 날〉은 그의 영화의 주조음과 형식적 독창성을 드러내는 원형이면서 동시에 무언가 중대한 전환의 매듭 혹은 결절점으로 느껴진다. 이것은 이상한 느낌이다. 데뷔작이 매듭이라면 매듭 이전에 무엇이 있었다는 말인가.

홍상수는 데뷔작 이후로 한 번도 살인이라는 사건을 다루지 않았다 (두번째 작품인 〈강원도의 힘〉에서는 살인으로 추정되는 사건이 대사로만 간단히 언급되고 지나간다). 그리고 나는 그의 영화가 앞으로도 결코 살인 혹은 죽음을 사건화하지 않으리라 확신한다. 이 확신을 논리적으로 설명할 길은 없다. 비유하자면, 〈동경의 황혼〉을 아직 보지 않은 1956년의 관객이 오즈 영화에서 겨울은 오지 않을 것이라고 확신하는 것과 비슷할 것이다. 따라서 앞으로 홍상수 영화에서 살인과 죽음이 사건화한다 해도, 그것은 예외이면서 동시에 그것을 예외로 남게 하는 홍상수 영화 세계의 본질을 거꾸로 입증할 것이라고 예감한다.

그렇다면 적어도 지금까진 데뷔작이 그의 가장 예외적인 작품이다. 예외가 한 감독의 영화 이력의 첫 장에 놓여 있다는 것은 의미심장하다. 이렇게 짐작할 수 있을 것이다. 그는 영화 세상에 진입하기 위해 무언가를 죽여야 했다. 혹은 무언가를 죽이는 것으로 영화 만들기를 시작했다. 그런데 죽은 것은 무엇일까. 〈돼지가 우물에 빠진 날〉에서 살해당하는 주인공 효섭의 직업이 소설가라는 것은 우연일까(홍상수의 이후 영화에서 주인공의 직업은 대부분 영화감독이거나 배우였다).

한 행인이 음식점 앞에서 담배를 피우고 있는 효섭에게 다가와 "『난장이가 쏘아 올린 작은 별』을 쓰신 이문열 선생 아니십니까?" "죄사함과 거듭남의 비밀을 아십니까?"라고 묻는다. 이 황당무계한 대사는 그의 영화에 종종 등장해 서사의 인과적 연쇄에 불길한 공백을 빚어내는 허언(虛言)의 하나에 그치진 않는 것 같다. 엉뚱하게 조합된 소설 제목, 제목과 잘못 연결된 소설가, 극 중의 한 소설가(효섭)와 다른 소설가들(조세희, 이문열)의 혼동이 한 문장 안에 담겨 있고, 이 오인과 뒤섞인 기억의 발화에 속죄와 부활의 비밀이라는 선교적(혹은 교도적) 발화가 연쇄되어 있다.

홍상수는 상징의 수사학을 거의 사용하지 않고 더구나 하나의 영화적 기표가 한 가지 의미를 지시하는 단순한 상징화를 극도로 꺼리는 시네아스트이지만 이 대사는 예외적인 것 같다. 여기엔 소설과의 결별 의지가 은밀하게 알레고리화되어 있다. 그것은 개별 소설이나 개별 소설가들 혹은 소설이라는 양식 자체에 대한 비난이라기보다(홍상수는 김승옥 소설의 예찬자이다), 속죄와 부활의 비밀로 환유되는 교도적(教導的) 혹은 진리언표적 서사에 대한 냉소에 가깝다.

극 중에 등장하지 않는 또 다른 소설가도 있는데, 그는 이 영화의 원작자로 표기된 구효서이다. 〈돼지가 우물에 빠진 날〉은 홍상수의 영화 중에서 원작 소설(『낯선 여름』)이 있는 유일한 작품이라는 점에서도 예외적이다. 하지만 이 원작 소설도 비슷한 운명이다. 계절적 배경과 분위기 말고는 영화와 원작 소설은 거의 무관하다. 원작 소설도 영화로 옮겨지면서 사실상 지워진 셈이다.

〈돼지가 우물에 빠진 날〉에서 죽었고, 죽어야 한 것은 소설가였고 소설이었다. 극 중의 소설가가 죽었고, 속죄와 부활의 진리언표적 서사도 죽어야 했다. 그리고 이 영화가 처음 바탕했던 원작 소설도 상징적인 죽음을 맞았다. 그런데 이 알레고리의 언명은 이 영화의 자질과 무관하며 이 언명 자체도 새로운 것이 아니다. 죽은 것은 더 있다. 〈돼지가 우물에 빠진 날〉에는 또 다른 죽음이 있다. 이것을 말하기 위해선 이 영화의 마지막 장면들을 상기할 필요가 있다.

보경은 내연남인 효섭의 옥탑방 내부를 창문을 통해 들여다보려고 애쓰고 있다. 방은 잠겨 있고 커튼이 쳐져 있고 어두워서 방에 사람이 있는지는 아무래도 알 수 없다. 남자는 약속도 어기고 어디로 간 걸까. 보경은 남편이 있는 집으로 돌아간다. 방의 내부는 그녀가 돌아간 다음에 카메라의 특권적 시선이 보여준다. 소설가 효섭, 그리고 그를 쫓아다니던 어린 여인이 피투성이가 된 채 죽어 있고, 그들을 죽였을 젊은 남자가 얼이 빠진 듯한 얼굴로 허공을 응시하고 있다.

이 영화의 가장 섬뜩한 장면은 그다음의 라스트신이다. 다음 날 아침, 보경은 신문을 펼쳐 든다. 짧게 신문을 훑어본 다음, 장판을 깔듯 신문지를 거실 바닥에 펼치고 베란다로 나간다. 이것이 영화의 끝이다. 여자는 신문에서 무엇을 본 걸까. 신문지를 바닥에 깐 이유는 무엇이었을까. 베란다에는 왜 나간 걸까. 그냥 바깥 공기를 쐬기 위해서일까. 혹시 남자의 피살을 인지하고 그것에 어떤 반응을 보이기 위해서일까.

우리는 여러 경우의 수를 추론해 서사를 보충할 수 있을 것이다. 그런데 문제는 어떤 경우에도 변하는 것은 없다는 사실이다. 이를 열린 결말로 보는 것은 완전한 오해다. 열린 결말은 주체의 다양한 선택 가능성을 존중한다. 〈돼지가 우물에 빠진 날〉은 정반대다. 어떤 선택도 의미 있는 차이를 만들어내지 못한다. 행동의 서사, 사건의 서사는 완전한 불능에 빠진다.

여기에 또 다른 층위의 죽음이 있다. 효섭의 죽음은 표상된 죽음이다. 나의 눈은 그 표상을 보고 나의 의식은 그것을 죽음으로 인지한다. 여기엔 최소한의 인과적 연쇄도 있고, 재현된 시신도 있다. 그런데 표상되지 않은 죽음이 있다. 그것은 비유컨대 죽음이라는 사건이 죽었을 때 일어났다. 보경이 창문으로 다가갔을 때 거기엔 우리가 삶이라고 여겨온 것이 아무것도 남아 있지 않다. 표상된 죽음이 죽었을 때 비로소 드러난, 살인이라는 행위의 활동성마저 압류해버리는 거대한 공기가 버티고 있었다. 나의 눈은 아무것도 볼 수 없었지만, 나의 육체는 무언가 말할 수 없는 육중한 사태에 직면했다. 행위도 시선도 모두 빨아들이는 블랙홀의 어둠과도 같은 것.

내 의식이 아니라 무의식이 그것에 직면한 것일까. 그때 내가 직면한 것이 들뢰즈가 말한 대로 무의식이 포착한 죽음의 이면, 죽음의 다른 얼굴일까. 나중에 다시 언급하겠지만, 그 직면은 내 시선이 무언가를 본 것이 아니라 거꾸로 무언가 나를 보고 있다는 두려움, 그리고 그것으로부터 결코 탈출할 수 없다는 예감과 연관된다. 나는 그것이 홍상수 영화가 죽음을 드러내는 방식이며, 거기에 죽음의 표상을 넘어선 죽음의 시학이 있다고 말하고 싶다.

5

소설가가(혹은 소설이) 죽었고 사건으로서의 죽음도 죽었다. 〈동경의 황혼〉에서도 비슷한 일이 일어났지만, 출근길에 나서는 류 치슈는 이제 곧 "날씨가 참 좋아졌네"라고 말할 수 있을 것이다. 하지만 〈돼지가 우물에 빠진 날〉의 보경에게는 무엇이 남아 있을까. 오즈의 영화에서 류 치슈는 주변에서 사라지는 것들과 함께 얼마간 흐르다 그 스스로도 사라져 갈 것이다. 홍상수의 영화에서 주정과 허언과 추태와 치정, 그리고 마침내 살인이 지워졌고 보경도 이미 지워져 있다. 오즈의 세계와 홍상수의 세계는 무엇이 다를까.

오즈의 영화에는 오즈의 스타일이라 불리는 반복적 양식이 있다. 여기엔 180도 규칙의 위반, 다다미 숏으로 대변되는 같은 높이의 숏, 시선의 불일치, 대칭을 중시하는 정적인 구도 등의 카메라워크에 관계된 양식이 있고, 보다 큰 형식에 해당되는 계절의 순환이 있다. 구성의 면에선 에피소드 중심형이라는 점과 정물과 빈 풍경의 반복적 등장 그리고 선형적인 편집이, 이야기 안에서는 날씨 그리고 가족이라는 형식에 대한 지속적 존중이 있다. 한 감독의 작품에서 이처럼 여러 층위에서 많은 특징적 양식들이 강박적으로 반복되는 경우는 영화사를 통틀어도 찾기 힘들다.

이 때문에 오즈는 종종 엄격한 형식주의자로 불린다. 서구 영화학자들(폴 슈레이더, 도날드 리치)은 오즈 영화의 양식성을 표현 수단을 최소화하는 미니멀리즘과 연관시켰고, 거기서 동양적 유현의 미를 발견하려 했다. 반대로 일본의 영화평론가 하스미 시게히코는 오즈적 양식이라는 개념 자체를 폐기하고 오즈의 영화를 이질적인 것들의 끊임없는 공존과 병치라는 모험이 감행되는 현대적 영화로 재해석한다.(하스미 시게히코, 『감독 오즈 야스지로』, 윤용순 옮김, 한나래, 2001)

여전히 남는 궁금증은 이것이다. 왜 오즈는 그토록 양식들에 집착했을까. 달리 묻자면 왜 오즈는 많은 자기 규칙들을 만들고 그것을 그토록 엄격하게 준수했을까. 이 규칙들을 어떤 내용에 상응하는 형식이라는 관념으로 해석하는 것은 불가능하다. 시선의 불일치라는 규칙이 어떤 내용을 담기 위한 형식이라는 말인가.

오즈적 양식의 과도한 인위성은 그 인위성 자체에 주목하지 않을 수 없도록 한다. 우리의 가설은 오즈의 반복되는 양식들이 규칙을 위한 규칙이며, 형식을 위한 형식이라는 것이다. 그러니까 그 양식들의 개별적 기능이 아니라, 그것이 인위적 규칙이라는 사실 자체가 중요하다. 오즈의 양식들은 이야기나 주제의 그릇이 아니라 그 자체에 무언가 새겨진 독립적 형상이다. 여기엔 두 가지 차원이 있다.

먼저 그것들은 무언가를 담기 위해서가 아니라 무언가로부터의 방어를 위한 일종의 주술적 형상에 가깝다. 그런데 무엇으로부터의 방어인가. 오즈 영화의 이야기는 그 외양과는 달리 잔혹하거나 외설적이거나 음울하다. 전쟁은 이미 벌어져 가난과 결핍을 오즈의 인물들에게 남겨두었고, 가족들은 불화하거나 근친상간의 유혹에 이끌린다. 젊은 이들은 방종하며 자기 파괴의 나락으로 떨어지고, 나이 든 남자는 친구의 딸을 추근대며 추해져간다. 이것은 1940년대 이후의 오즈 영화에 흔히 등장하는 소재들이다.

이 가운데서도 특히 오즈의 외설성을 믿기 힘들지도 모르겠다. 이 점에 대해선 〈만춘〉(1949)에 관한 하스미 시게히코의 유명한 독법이 있다. 폴 슈레이더가 '만물의 일체성을 표현하는 것이 가능한 형식'이라고 읽은 〈만춘〉의 항아리 숏에서 하스미는 옆에서 잠든 아버지에 대한 딸의 억압된 성적 욕망을 읽어낸다. 우리가 발견할 수 있는 또 다른 사례는 〈도다가의 형제자매들〉(1941)의 한 장면에도 있다. 반쯤 열린 방문이 전경과 후경의 중간에 있고, 오빠가 옷을 갈아입으러 문 뒤의 보이지 않는 후경 공간으로 이동하자, 여동생도 따라 들어간다. 그 뒤에서 벌어지는 일은 영화에서 보여지지 않지만, 그 생략이 오히려 외설적이다. 아버지가 돌아가시자 우는 여동생에게 오빠가 모자를 씌워주는 기묘한 숏은 너무나 에로틱해 둘 사이 근친상간적 욕망을 부인하기 힘들 정도다.

살인 사건을 제외한다면 오즈의 영화에는 한 인간이 겪을 수 있는 모든 종류의 사건과 감성이 농축되어 있다. 온유, 조화, 극복이라는 오즈 영화의 인상은 전적인 오해에서 비롯된 것이다. 하지만 이것은 얼마간 오즈가 유도한 오해이다. 오즈의 강박적 양식이 이 오해에 개입되어 있다. 잔혹함, 외설성, 음울함의 이미지들은 표면화하지 않고 이 양식들 아래 꿈틀거리며 잠복해 있다. 오즈의 양식들은 〈만춘〉의 항아리가 그러하듯 리비도를 제거하는 것이 아니라, 그것의 거친 표면을 다듬어 폭발을 억제한다. 오즈의 양식은 사건들과 감정들의 잔혹함과 외설성과 음울함으로부터의 방어이다.

오즈의 이야기가 가족이라는 형식에 집착한다는 사실도 이와 연관이 있다. 하스미의 재치 있는 표현에 따르면 오즈의 영화는 일견 가족 의례의 범례집처럼 보인다. 흥미로운 사실은 오즈가 평생 결혼하지 않고 독신으로 살았다는 것이다. 그럼에도 그의 영화가 오직 가족의 문제에만 몰두한 것은 가족 자체에 가치를 두었다기보다는 가족이라는 형식이 필요했기 때문이다. 정확히 말하면 가족이라는 상투형이 필요했다. 그에게 상투형은 그 자체가 진실이라서가 아니라 실제 사건이 지닌 과도한 리비도를 정돈하기 위한 도구에 가까웠다. 상투형의 승리로 끝맺을 경우에도 오즈의 영화는 그 승리에도 불구하고 정돈되어 수면 아래 잠복한 리비도를 제거하지 않는다. 그 역시 시간의 흐름 속에서 사라져 갈 뿐이다.

달리 말하면 오즈의 인위적 양식들은 피카소의 가면과 비슷한 것이다. 피카소는 아프리카 부족들의 가면에 매혹되었고, 가면과 유사한 형상들 그리고 가면과 동질적인 의상을 입은 어릿광대, 투우사, 기사를 반복적으로 그렸다. 피카소는 가면과 그가 그린 유사한 형상들이 사악한 타자를 물리치기 위한 것이라고 고백했다. 다리안 리더는 "가면은 아무것도 표현하지 않으며 사악한 힘을 퇴치할 따름"이라고 말했는데, 나는 이 문장에서 '퇴치'를 '방어'라고 고쳐 쓰고 싶다.

오즈적 양식들의 더 중요한 면은 오즈 영화의 정물 이미지들과 마찬가지로 양식 자체에 시간의 흐름이 결정화된다는 것이다. 오즈 영화의 시간은 한 편의 오즈 영화 안에서만 흐르는 게 아니라 오즈 영화들 사이에서도 흐른다는 것을 상기할 필요가 있다. 오즈의 영화들을 한꺼번에 보고 나면 개별 영화를 구분해 기억하기가 거의 불가능하다는 것을 알게 된다. 개별 영화가 남긴 기억은 서로 겹쳐질 뿐 아니라 전후의 영화 전부가 한 편의 영화처럼 느껴진다. 류 치슈의 주름은 조금씩 늘어가고 아버지를 걱정시키던 노처녀 하라 세츠코는 이제 딸의 결혼을 준비하는 어머니가 되었으며 사케 집에서 술잔을 나누던 오랜 친구는 어디론가 사라졌다.

　오즈 영화들의 유사성이야말로 오즈의 양식이 시간과 맺는 관계를 이해하는 열쇠다. 죽음과 마찬가지로 시간은 특정 이미지로 직접 표상되지 않는다. 동일성 혹은 유사성의 이미지들 안에서 차이의 이미지가 드러날 때, 시간은 간접 표상된다. 차이가 유사성을 압도하면 시간이 아니라 사건이 튀어나온다. 이것은 우리가 경험적으로 알고 있는 사실이다. 옛 동산은 그대로인데 나의 기억이 새겨진 소나무 한 그루가 사라지는 경우 시간이 간접 표상된다. 옛 동산 자체가 사라지면 그 동산을 제거한 사건이 문제가 된다.

　이야기와 서사적 기능에 흡수되지 않는 고도로 인위적인 오즈의 양식들은 그 자체로 오즈의 서명이며, 디제시스의 가장자리에 새겨진, 그러나 압도적인 유사성의 이미지들이다. 한 편의 영화에서 일어나는 작은 변화들에서 사건성이 아니라 시간성이 떠오르게 하는 건 이 유사성의 이미지들, 즉 오즈의 양식들 자체이다. 변화하는 사물이 아니라 그 곁에 말없이 놓인 변화하지 않는 사물에, 즉 시간의 지속 안에서 자기동일성을 묵묵히 유지하는 사물에 시간이 새겨지는 것. 이것이 시간과 영화 이미지의 역설적 관계다. 회화의 정물 이미지와 영화의 정물 이미지의 근본적 차이도 여기에 있다(지아장커가 〈스틸 라이프〉에서 담배, 술, 사탕, 차라는 정물에서 발견한 것도 그 시간성이었다). 오즈의 고요한 정물들이 깊은 비애감을 자아내는 것은 이 때문이며, 그런 감동은 종종 고도로 인위적인 오즈의 양식 자체에서도 주어진다.

요컨대 오즈 영화에서의 죽음은 드물게 등장하는 죽음이라는 사건이 아니라, 오즈가 결정화한 시간성에 내재해 있다. 죽음이 전혀 등장하지 않아도 오즈의 영화는 죽음과 대면하고 있다. 이것이 오즈가 시각화할 수 없는 죽음, 부재로서의 죽음을 환기하는 방식이다.

6

오즈에 빗대어 말하자면 홍상수는 양식 없이 길을 나섰다. 오즈에겐 양식이 있고, 홍상수에겐 양식이 없다는 것은 한편으로 두 창작자의 창작 조건과 연관되어 있다. 오즈가 일본 스튜디오 시스템 아래에서 영화를 만들었다는 사실을 기억할 필요가 있다. 그의 영화는 서민극, 인정희극이라는 일본 영화산업의 장르에 속한다. 서민극은 가족의 애환을 중심으로 세태를 밝은 터치로 그려낸 드라마이다. 스튜디오 시스템에서 장르는 감독이 발명하거나 선택하는 것이 아니라 주어진다. 오즈는 서민극을 자신의 장르로 받아들이면서, 요구되는 장르적 규칙들을 최소화함으로써 자신의 작가성을 실현한 게 아니다. 오히려 그 반대의 길을 택했다. 그는 관습을 준수하며 인위적 자기 규칙들을 스스로에게 더 많이 부과함으로써 자신의 소우주를 창안했다.

홍상수가 데뷔한 1990년대 중반의 한국에는 스튜디오 시스템이 없었고, 시장에서 검증된 장르도 없었다. 장르는 미개척의 영토였고 젊은 한국 감독들은 외국의 장르를 수입하거나 혼합했다. 스스로 양식을 만들어간 것이다. 홍상수는 반대 방향으로 갔다. 그는 모든 종류의 양식을 거부했다. 〈돼지가 우물에 빠진 날〉이라는 데뷔작의 또 다른 의미는 장르적 양식은 말할 것도 없고, 고전적 서사영화의 공통적이고 근본적인 관습인 이야기 중심의 영화도 거부한다는 선언에 있다. 물론 이것이 그만의 선택은 아니다. 같은 해에 데뷔한 김기덕 역시 그랬으며, 이는 1950년대부터 사조화된 모던 시네마 감독들의 공통된 출발점이기도 했다. 대타자를 거부하고, 주체의 위치를 지정하는 상징적 질서를 회의하는 모던 시네마는 공히 주체의 부재라는 질문을 떠안는다는 점에서 죽음이라는 의제와 어떤 식으로든 연관되어 있다고 봐야 할 것이다.

다만 홍상수처럼 양식적인 것과의 완전한 결별을 철저한 자기 원칙으로 삼은 감독은 드물다는 사실은 지적되어야 한다. 예컨대 당대의 영화광들인 프랑스 누벨바그 감독들은 종종 장르적 양식을 전용하면서 영화적 유희와 실험을 감행했다. 홍상수에게 원칙이 있다면, 그가 존경을 바친 로베르 브레송의 『시네마토그래프에 대한 단상』에 나오는 첫 경구, "내 안에 쌓여 있는 실수와 거짓을 철저히 도려내자. 나 자신만의 방법을 알아채고 확신을 품자" 외엔 없다.

이것이 우리가 그의 영화를 설명하는 데 어려움을 겪는 이유 중의 하나이다. 홍상수 영화의 레퍼런스는 그 자신과 그의 영화밖에 없다. 하스미 시게히코는 "아무리 노력해도 화면으로밖에 이르지 못하는 영화를 보는 것보다 어려운 일은 없다"고 오즈 영화 보기의 어려움을 요약했는데 이것은 홍상수에게도 그대로 적용하고 싶은 표현이다. 양식들이 과다해서 그들이 완전히 다르게 자기를 드러내는 오즈의 영화와 양식이 과소하거나 전무해서 화면 외부에서 어떤 설명을 끌어오는 것도 부적합한 홍상수의 영화가 보는 이에게 같은 어려움을 초래한다는 건 흥미로운 일이다.

설명을 더 어렵게 만드는 것은 홍상수가 시나리오를 사실상 폐기하고 프리 프로덕션이라 불리는 영화 작업의 필수 공정을 영화적 질료들(특히 장소와 배우)과의 교감으로 대체해버렸다는 점이다. 촬영 첫날 그에게 주어진 건 장소와 배우들, 그리고 몇 가지 모티브밖에 없다. 그는 지금 자신이 찍으려는 영화가 무엇인지 알고 있지 못하다. 요점은 간단하다. 홍상수의 영화는 더도 덜도 아닌 모험이다. 출발점은 있지만, 목적지는 정해져 있지 않은 무모한 모험이다. 우리가 지금 말할 수 있는 것은 이 모험의 윤곽과 어렴풋하게 느껴지는 방향 정도이다.

홍상수에게도 양식이 없지만, 그의 인물에게도 양식이 없다. 〈돼지가 우물에 빠진 날〉의 효섭은 가족도 직장도 없다. 이 점은 이후 홍상수 영화의 대부분의 주인공에게 공통적이다. 가족이나 직장이 좀처럼 등장하지 않거나 등장하는 경우에도 종종 목소리로만 존재한다. 이것이 똑같은 '죽음의 죽음'을 오즈와 홍상수의 영화에서 다르게 드러나도록 만든다. 〈동경의 황혼〉에선 가족과 직장이라는 인물이 기댈 수 있는 형식이 있다. 〈돼지가 우물에 빠진 날〉에는 그런 형식이 없다. 류치슈가 딸이 죽은 다음 날 아무렇지도 않은 척 출근길에 나선 것은 오즈가 더 낙관적이어서가 아니라 그가 자신의 인물들에게 내면을 감추고 스스로를 귀속시킬 수 일상의 의례와 형식을 마련해두었기 때문이다. 삶을 지속시킬 수 있는 형식이 없는 홍상수의 인물들에게, 죽음은 시간에 내재해 있는 게 아니라, 삶과 다르지 않은 것이다. 어떤 점에선 그들은 이미 죽은 것과 마찬가지다. 그러므로 홍상수 영화의 모험은 자신이 죽어 있지 않음을 확인하려는 그들의 안간힘과도 같은 것이다.

대부분의 홍상수 영화가 짧은 여행기의 성격을 가진다는 점은 양식에 대한 총체적 거부의 선택과 상응한다. 이 여행은 의례와 규칙이 작동하지 않는 낯선 장소에 홀로 도착해 자신의 일상에 없던 타자를 만나는 모험의 과정인 것이다.

홍상수의 여행기에는 반복적인 특징이 있다. 여행자는 종종 잠에서 막 깬 듯한 표정을 짓고 있으며(그는 비유컨대 죽다 살아나 아직 정신이 다소 몽롱한 효섭과 같다), 낯선 장소에서 자신을 임시로 의탁할 과거의 지인을 만나려 하는데(그와 만나야 자신의 존재를 확인받을 수 있을 것 같다), 그와의 만남은 늘 순조롭지 못하다(그는 연락이 안 되거나 자리에 없거나 뒤늦게 나타난다). 이 사태들의 불길한 예감대로 여행자는 대개 목적지에 이르지 못하거나(생활의 발견)) 돌아오지 못한다((〈여자는 남자의 미래다〉〈북촌방향〉〈다른 나라에서〉)). 혹은 돌아왔는데도 돌아왔다는 사실이 불투명해진다.(〈밤과 낮〉〈하하하〉)

여행이 실패했다는 사실보다 더 중요한 것은 그 실패의 방식들이다. 이 방식을 두 가지로 나누어볼 수 있다. 먼저 다른 시간대들 사이의 시간적 거리와 다른 장소들 사이의 물리적 거리가 교란된다는 것이다. 물론 이것은 반복의 효과다. 〈생활의 발견〉은 이 방식이 가장 분명한 사례다. 경수는 춘천과 경주에서 각각 다른 여인과 동침했고, 두 장소에서 모두 오리배를 보았다. 그리고 마지막 장면에선 춘천의 선배가 들려준, 공주를 기다리는 뱀의 처지가 되어 여인의 집 대문 앞에서 기다리고 있다. 〈북촌방향〉의 성준은 같은 술집을 다른 시간대에 반복해서 찾아간다. 이런 사례는 홍상수 영화에 종종 등장한다. 반복적인 행위와 반복 등장하는 사물들이, 오즈의 영화에서 고요하지만 완강하게 흐르는 시간의 흐름을 간접 표상했다면, 홍상수의 영화에선 시간과 공간이 원환을 그리며 닫혀 있는 것처럼 느껴지게 한다.

홍상수 영화의 폐소공포증이 가장 직접적으로 드러난 것은 〈북촌방향〉에서다. 괴이한 꿈처럼 같은 술집에 계속해서 불려 나갔던 성준이 드디어 북촌을 떠나려는 날 한 여인의 카메라에 찍히면서 얼어붙는다. 카메라 쪽을 향한 그의 시선은 지금 무언가를 보고 두려운 표정을 짓고 있고, 그가 보고 있는 것을 우리가 볼 수는 없다. 이 장면은 홍상수의 영화에서는 극히 드문 메타 장면으로 해석하고픈 유혹을 불러일으킨다. 그는 지금 여인의 카메라로 육화된 응시를 알아차렸다. 그는 이 응시를 벗어날 수 없고, 북촌을 떠날 수 없으며 같은 술집에 또다시 불려 나갈 것이다.

또 다른 방식은 회상 주체의 은유적 죽음이라고 부를 만한 것이다. 이 방식은 〈하하하〉에서 나타난다. 선후배 사이의 두 남자가 각자 통영에 다녀온 뒤 서울에서 만나 그 사실을 알게 되면서 통영에서의 에피소드를 번갈아가며 회상한다. 이 영화의 이상한 점은 회상하는 두 남자가 흑백사진과 목소리로만 등장한다는 것이다. 그들은 이미 죽었고 지금 회상하는 주체는 유령이라고 말하는 건 과잉 해석일 것이다. 하지만 사진이 '말을 한다'는 괴이한 사태는 우리를 불안에 빠뜨린다. 회상 주체의 현재적 음성은 그들의 과거 이미지인 사진과 물리적으로 결합할 수 없다. 이 이질적인 것의 병치가 음성으로 하여금 음성만 단독으로 존재할 때와는 다른 주술적 효과를 발휘하게 한다. 거처가 불투명한 이 불길한 음성이 홍상수의 필모그래피에선 드물게 화사하고 경쾌한 이 영화를 주재하고 있는 것이다. 〈하하하〉의 회고하는 음성은 〈북촌방향〉에서 성준을 포획한 카메라와 동질적이다. 통영의 인물들은 이 음성을 듣지 못하며 통영의 시공간은 이 음성에 갇혀 있다.

데뷔작 이후로 홍상수의 영화에서 죽음의 직접적 표상은 다시 등장하지 않았다. 하지만 〈북촌방향〉의 포획하는 카메라, 〈하하하〉의 회고하는 음성을 통해, 홍상수는 독창적인 방식으로 부재하지만 작동하는 응시를 환기시킨다. 우리는 그것을 볼 수 없지만 그것은 우리를 보거나 수재하며, 우리는 그것으로부터 벗어날 수 없다. 홍상수의 모험은 결국 이 응시와의 대면이며 같은 의미에서 죽음과의 대면이라고 말해도 좋을 것이다.

한 가지 사실을 덧붙여야겠다. 홍상수의 영화에서 여자는 남자와 달리 좀처럼 반복의 시공간에 갇히지 않는다. 영실은 영화에서 본 행동을 반복하고 있는 동수를 혼내며 집으로 돌려보내고(〈극장전〉), 문숙은 "난 반복 같은 거 안해요"라고 선언하며(〈해변의 여인〉), 옥희는 차이와 반복의 문제를 자문하며 자신의 시간 위를 걸어간다.(〈옥희의 영화〉) 남자들의 맴도는 시간, 여자들의 흐르는 시간은 갈수록 뚜렷해지는 홍상수 영화의 또 다른 대구이다.

홍상수 영화를 어떤 패턴으로 읽어내고 그 패턴을 특권화는 것은 홍상수 영화로부터 가장 멀어지는 길이다. 하지만 그의 영화에서 죽음의 문제를 말하는 것으로 이 글을 맺기 위해 어느 정도 패턴화의 위험을 감수했다. 근본적으로 그는 어떤 패턴도 양식화하지 않는 무모한 미학적 모험가다. 그 모험의 요체는 형식의 모험이다. 한 편의 영화라는 여행의 끝에, 때로는 여행 도중에, 홍상수의 인물들 그리고 관객인 우리는 모든 활동을 압류하거나 초월하는 무언가에 직면한다. 그 무언가는 특정한 사물, 혹은 불길한 목소리, 혹은 사라진 대상으로 환유되기도 하지만 결국 형식의 효과이다.

우리의 시선, 지각, 활동이 포획할 수 없는 것이 어떻게 드러날 수 있는가. 달리 말하면, 부재가 어떻게 환기될 수 있는가. 시선, 지각, 활동의 형식을 일그러뜨리는 수밖에 없다. 일그러뜨림은 해체가 아니다. 해체는 종종 이 세계를 잊고 자기 지시적 모더니즘, 자족적 형식주의에 몰두한다. 홍상수는 일그러뜨려서 이 세계를 다시 본다. 다음에는 다른 방향으로 일그러뜨려서 다르게 다시 본다. 그 일그러뜨림들을 통해 매번 보이지 않는 무언가가, 종종 죽음의 응시라고 부를 만한 것이 환기된다. 홍상수는 일그러뜨림의 시도를 멈추지 않는다. 비유컨대, 최초의 죽음에서 가까스로 살아나, 내가 정말 살아 있을까, 라고 자문하는 효섭은 매번 다른 곳으로의 여행을 시도한다. 여정의 끝에 죽음과 같은 것이 환기된다 해도, 그는 여행을 멈추지 않을 것이다. 그 집요한 시도는 어떻게 말해도 세계를 '다시 한번' 긍정하려는 몸짓이다. 그의 영화를 죽음의 시학이라 부를 수 있다면 그것은 동시에 삶의 시학이기도 하다.

(『문예중앙』, 2012년 겨울호)

2부

보이는 것과
보이지 않는 것

레미제라블(2012, 톰 후퍼),
라이프 오브 파이(2012, 리안)

이야기를
넘어

1

혁명가가 울려 퍼지고 붉은 깃발이 나부낀다. 광장 중앙의 거대한 바리케이드를 사이에 두고 시민군과 경찰이 대치하고 있다. 바리케이드의 정상에는 우리의 주인공들이 모두 돌아와 있다. 경찰에 사살된 젊은 혁명가들, 슬픈 사랑을 품고 눈을 감은 여인, 외롭고 고단한 생과 마침내 작별한 장발장, 그리고 혁명의 새벽을 지켜주지 못한 시민들까지. (그들이 부르지 않는) 장엄한 노래가 광장을 가득 채운다. '들리는가, 민중의 소리가……' 그들은 모두 듣고 있다는 듯 감격의 눈물을 흘리고 있다.

〈레미제라블〉의 마지막 장면은 감동적이고도 당혹스럽다. 이 장면은 분명히 판타지다. 죽은 자와 부재자의 귀환이라는 점에서 그러하고, 이 영화의 역사적 배경인 1832년의 프랑스 급진공화파의 봉기가 파리 시민의 이탈로 실패한 혁명이었다는 점에서도 그러하다. 서사의 내적 논리로 굳이 설명하려 든다면 이 장면은 이 시점으로부터 40여 년 후에 일어날 파리 코뮌을 예기(豫期)하는 희망의 송가다. 오늘은 패했지만, 내일은 승리하리라, 라고 그들은 노래하는 것 같다(물론 세계 최초의 시민-노동자 정부인 파리 코뮌도 3개월 만에 막을 내리긴 했지만).

이 장면의 파토스는 거부하기 힘들 만큼 강렬하다. 그런데 그 파토스의 정체는 좀 수상쩍다. 먼저 이 장면이 놓인 위치가 좀 이상하다. 우리는 이미 젊은 혁명가들의 몰살, 그리고 유일한 생존자인 귀족 청년 마리우스와 아름다운 은둔자 코제트의 행복한 결합을 차례로 목격했다. 한 사람의 관객으로서 나는 혁명의 실패를 슬퍼하고 두 남녀의 행복한 결합에 안도했다. 이 영화의 서사에 이끌리는 나의 소망은 실은 뻔뻔스럽다. 그 소망은 민중 승리의 서사와 신데렐라 스토리(부유한 귀족의 아들 마리우스와 천민 출신 코제트의 결합)가 동시에 성립하는 것이다.

두 가지 서사를 혁명과 사랑이라는 추상명사로 요약하는 것은 온당치 않다. 한 편의 서사를 말하는 평자가 다루는 것은 혁명과 사랑이 아니라, 그러한 이름으로 불리는 개별적 사건들의 표상일 뿐이다. 〈레미제라블〉은 각성과 보살핌이 주된 모티브인 장발장의 개인사가 중심 서사로, 급진공화파의 실패한 혁명과 계급이 다른 두 남녀의 로맨스라는 두 가지 서사가 하위 서사로 배치되어 있다. 중심 서사와 하위 서사의 결합 방식은 유기적이라기보다 기계적이어서, 몇 가지 독립적인 이야기가 이어 붙여져 있다는 인상마저 든다. 어느 정도 원작의 성격에서 유래하는 이 서술 방식 자체를 중대한 결함이라고 보기는 힘들다.

문제는 두 하위 서사의 배열에 있다. 영화 〈레미제라블〉에서 신데렐라 스토리는 민중혁명의 실패라는 조건 위에서만 성립한다. 혁명 성공으로 귀족 계급이 폐지된다면 신데렐라 스토리는 성공할 수 없기 때문이다. 실패한 혁명, 그리고 몰살당한 혁명가들에 대한 이 영화의 애도 그리고 그것에 공명하는 우리의 애도는 가증스러운 것이다. 재벌 해체를 주장하면서 재벌기업 취직을 축하할 수 없는 것처럼, 귀족 타도를 외치면서 귀족의 은총에 기뻐할 수는 없는 일이다. 이것을 혁명 전야에 사랑에 빠져버린 열혈 청년 마리우스의 딜레마와 혼동해선 안 된다. 문제는 사랑의 열병이 아니라 신데렐라 스토리이며, 감정의 파토스가 아니라 서사의 에토스다.

마지막 장면으로 돌아가 보자. 혁명의 꿈도 사랑의 열망도 모두 성취된 듯 이 불멸의 광장엔 감격과 희열의 빛으로 가득하다. 이 장면이 40여 년 뒤의 파리 코뮌을 예기한다는 앞선 가설은 실은 무의미하다. 영화를 본 사람이라면 〈레미제라블〉을 관람하는 데 19세기 프랑스 역사에 대한 최소한의 지식조차 필요하지 않다는 사실에 동의할 수 있을 것이다. 마지막 장면은 이 영화의 전체 서사의 내적 요구가 불러온 판타지다. 그 요구는 두 하위 서사가 지닌 에토스의 분열을 봉합하는 것이다. 달리 말하면 귀족 청년으로 돌아간 마리우스와 도피자의 신분에서 벗어난 코제트의 행복한 결혼이라는 극 중 결말의 죄의식을 판타지로 위장하는 것이다.

봉합하거나 위장한다고 해서 분열이 해소되지는 않는다. 그럼에도 이 영화가 대중적으로 널리 받아들여졌다면, 그것은 상반되는 에토스를 분열이 아니라 공존으로 받아들인다는 뜻일까. 그럴지도 모른다. 월가(Wall Street)에 집결해 '99퍼센트의 분노'를 표출한 사람들 중 다수의 롤모델은 스티브 잡스일 수 있다. 어쩌면 비정치인 시절의 안철수에 대한 놀라운 지지에도 이중적 에토스가 반영되었을 수도 있다. 혹은 전혀 다른 방식이지만, 18세기 말과 19세기 초에 프랑스 공화파와 연대했던 자유주의 귀족의 태도를 이중적 에토스와 연관시킬 수 있을지도 모르겠다. 하지만 이 문제를 본격적으로 다루는 것은 능력 밖이며 이 지면의 목적과도 무관하다.

우리를 당혹스럽게 하는 것은 이 장면이 그리고 이 영화가 일반 관객들뿐만 아니라 몇몇 지적으로 예민한 사람들도 사로잡았다는 점이다. 그들의 견해를 거칠게 요약하면 "서사가 아닌 사랑의 파토스와 마주하라"는 것이다. 나는 그들의 견해를 반박하고 싶은 의욕이 별로 생기지 않는다. 나도 이 영화에 사로잡혔기 때문이다. 에토스의 분열을 중대한 결함이라고 생각하면서도 두번째 볼 때조차 이 영화에 저항하지 못했다. 이런 일이 벌어질 때, 평자들은 종종 해당 영화를 '길티 플레저(guilty pleasure)' 명단에 올리곤 한다. 하지만 〈레미제라블〉을 그 명단에 올리는 것은 망설여졌다. 무언가 다른 게 있을지 모른다는 느낌 때문이었다. 그 느낌을 조금 구체적으로 생각해보려 한다.

2

무엇이 에토스의 분열을 사소한 것으로 만들었을까. 대답이 한 가지는 아니겠지만 모든 대화와 독백을 대체한 노래가 그 실마리일 것 같다. 만일 노래가 리얼리즘적 대사로 되돌려진다면 이 영화는 견딜 수 없이 엉성하고 가증스러운 영화가 되었을 것이다. 물론 이건 너무 단순한 대답이다. 하지만 적어도 이 영화에서라면 이 단순한 대답에서 시작하는 것이 맞다고 생각한다.

사소한 대사마저 노래로 이루어지는 첫 10여 분간 이 영화는 대단히 어색해 보였다. 특히 경찰 자베르 역을 맡은 러셀 크로의 둔하고 밋밋한 노래는 듣기 괴로울 지경이었다. 하지만 장발장이 교회의 은촛대를 들고 참회의 노래를 부르기 시작했을 때, 혹은 판틴이 머리를 자른 채 애절한 목소리로 '나는 꿈을 꾸었네'를 부르기 시작했을 때, 이 영화를 거부하기란 불가능해 보였다.

이 영화에 대한 호불호는 이 영화의 노래에 대한 호불호와 직결되어 있는 것 같다(뛰어난 영화적 안목을 지닌 두 지인은 〈레미제라블〉에 별다른 감흥을 느끼지 못했는데, 그들은 이 영화의 노래가 좋지 않다고 말했다. 그들의 공통점은 매우 세련된 음악 취향을 갖고 있다는 것이다). 하지만 노래의 마법을 어떻게 설명할 수 있으랴. 우리는 하나의 노래를 듣고 그 노래의 감흥과 겨룰 수 있는 영화가 많지 않다는 것을 종종 느낀다.

이런 일은 무대극을 볼 때도 일어나는 것 같다. 개인적으로 뮤지컬

〈모차르트 락 오페라〉의 공연 영상 관람은 좀 특별한 경험이었다. 무대 뮤지컬에 관심도 지식도 별로 없었지만, 다른 일로 이 영상물을 상영하는 극장에 들어갔다가 첫 노래에 넋을 잃어 선 채로 2시간 10분 동안 관람했다. 영화 〈아마데우스〉(1984)의 이야기에서 몇 장면만 발췌해 거칠게 이어붙인 듯 앙상한 서사의 이 뮤지컬 영상물에서 노래보다 더 강렬한 것은 없었다(이 영상물의 또 다른 매력은 무대 뮤지컬에는 없는 클로즈업에 있다. 이것은 뒤에 다시 말하려 한다). 반면 예수와 유다의 삶을 인간적이고 진보적으로 재해석한 뮤지컬 〈지저스 크라이스트 슈퍼스타〉(내가 본 것은 무대를 현대 빈민가로 옮기고 후면 스크린을 활용한 40주년 기념공연이며 역시 실황 영상으로 관람했다)의 서사는 상대적으로 더 흥미로웠지만, 귀를 사로잡는 노래가 별로 없었고 감흥이 작았다.

〈레미제라블〉의 파토스는 그것의 혁명 서사 혹은 멜로드라마, 혹은 영화적 장치가 아니라 노래 그 자체에 연관되어 있다. 내가 그 노래들에서 느낀 매혹과 다른 사람들이 느낀 불만을 분석하고 판별할 수 없는 한, 영화 평자로서의 무력함을 인정하는 편이 나을 것이다. 설사 분석 판별될 수 있다 해도 그것은 음악의 일이 될 것이다. '영화' 〈레미제라블〉은 여러 가지 면에서 〈사랑은 비를 타고〉(1952)나 〈밴드 웨건〉(1953)보다 〈모차르트 락 오페라〉의 공연 영상물에 가깝다. 혹은 그 사이 어디엔가 있다.

우리가 할 수 있는 것은 아마도, '이것이 영화로부터 무엇을 전용했는가'이거나 혹은 '이것을 우리가 영화로 불러야 한다면 영화라는 것의 범주가 어떻게 수정되어야 하는가'라는 질문을 제기하는 일일 것이다.

3

〈레미제라블〉이 과연 뮤지컬영화인가라는 질문이 앞서야 할 것 같다. 정한석이 이미 지적했듯이 고전적 뮤지컬영화는 노래의 영화라기보다 춤의 영화다(「군중의 기억 속으로 따고 들어가다」, 『씨네21』 891호). 프레드 아스테어, 진 켈리, 진저 로저스 등 고전기 뮤지컬 스타들은 춤의 귀재들이었다. 그들의 노래는 대개 춤과 함께 시작되고 일상의 장소는 연행 무대로 이웃과 행인들은 군무자들로 변하며, 사건은 진행을 멈추고 삶의 현장은 축제의 난상이 된다. 안바낭 십난 가무가 필서진 뒤 노래는 춤과 함께 끝난다.

이런 영화들에서 노래는 대사로 대체 불가능하다. 〈레미제라블〉에서는 그 대체를 상상할 수 있지만 〈파리의 아메리카인〉(1951)에서는 상상조차 불가능하다. 후자에서 노래의 가장 중요한 기능 가운데 하나가 춤을 동반해 공간의 성격을 변화시키는 것이기 때문이다. 우리의 주인공들이 노래하고 춤추기 시작하자 (스크린 속) 세상이 바뀌는 것이다. 노래는 의미 전달이 아니라 이 변화를 개시하는, 춤의 보조적 표현인 경우가 더 많았다.

고전 뮤지컬영화의 위대성 가운데 하나는, 장소가 무대로 행인이 연행자로 생활이 축제로 변하는 순간의 놀라운 연속성에 있다. 서사적 연속성이든 논리적 연속성이든 정서적 연속성이든 양자의 이음매는 사라지고 한 편의 영화에서 완전히 새로운 소우주가 태어난다. 약호화된 세트에서 펼쳐지는 무대 뮤지컬은 장소의 물질성을 표현할 수 없으므로 이 이행은 뮤지컬영화의 고유한 자질 가운데 하나다. 〈춤추는 대뉴욕〉(1949)에서 휴가 나온 세 해군이 뉴욕 전역이라는 실제 공간과 세 시간 반이라는 극 중 시간을 3분여간 펼쳐지는 단 하나의 노래와 춤으로 돌파하는 도입부의 역동성과 충만함을 무대 뮤지컬에서 기대하긴 힘들다. 〈밴드 웨건〉에서 프레드 아스테어가 부르는 피날레 송 '세상은 무대(The world is the stage)'는 이 장르의 이념이기도 하다.

고전기 뮤지컬영화의 대가들은 '세상'과 '무대'의 서사적 간극을 없애는 데 필사적이었다. 공연을 앞둔 공연자들의 갈등을 다룬 백스테이지 뮤지컬이 이 장르에 많았던 것도, '통합의 피날레'를 성공적인 공연으로 마무리할 수 있다는 이점과 함께, 생활과 공연의 연속성을 비교적 손쉽게 만들어낼 수 있기 때문이었을 것이다. 하지만 보다 근본적인 해결책은 '생활을 공연처럼, 공연을 생활처럼'이라는 표어로 요약될 수 있다. 고전기 뮤지컬 스타들은 노래하듯 말하고 말하듯 노래하며, 춤추듯 걷고 걷듯 춤춘다. 그들은 마치 육체에 악기에 내장된 듯 사소한 움직임과 지나가는 말 한마디로도 놀라운 리듬을 빚어낸다.

이 천재들은 이미 자신의 육체에 세상과 무대의 연속성을 새겨놓고 있으며, 거의 마술사인 그들에게 생활에서 연행으로의 이행은 한 걸음 발을 옮기는 것만으로 충분하다. 진 켈리가 리드미컬한 최소의 동작만으로 작은 방을 침실에서 거실로 순식간에 바꿔놓는 〈파리의 아메리카인〉의 도입부는 뮤지컬 장르의 알레고리이면서 움직임의 마술적 음악성을 심드렁하게 보여주는 찬탄할 만한 사례다. 이 천재들의 육체가 약동하는 한 편의 고전기 뮤지컬 영화는 그 전체가 하나의 음악이며, 그 연속성의 핵심은 서사적이거나 정서적이라기보다 음악적 리듬에 있다. 뮤지컬 영화 스타들은 무성영화 시대의 위대한 유산 일부를 자신의 신체에 내재화한, 대체 불가능한 음악적 육체의 소유자들이다.

4

영화 〈레미제라블〉에는 고전 뮤지컬영화가 우리를 사로잡았던, 이행과 비약의 즐거움도 육체의 음악도 약동하는 리듬도 없다. 〈레미제라블〉의 인물들은 춤추지 않고 노래한다. 고전 뮤지컬에서라면 일상적 대사가 어울릴 장면에서도 그들은 어색함을 무릅쓰고 노래한다. 공간 미장센은 사실주의적으로 균질화되어 있으며, 인물들은 노래라는 표현 양식에 고착되어 있다. 이 영화는 뮤지컬 영화의 전통과 거의 무관해 보인다. 밥 포스의 후기 뮤지컬(〈카바레〉)처럼 고전기 뮤지컬에 대한 자의식적 비평을 담고 있는 것도 아니다. 가장 부정적인 인물로 묘사되는 파렴치한 여관 주인 부부가 여관 홀에서 벌이는 현란한 사기의 퍼포먼스가 이 영화에서 가장(어쩌면 유일한) 뮤지컬적 장면이라는 것은 아이러니다.

이런 점에서 〈레미제라블〉을 뮤지컬영화가 아니라 차라리 노래영화라고 부르고 싶어진다. 하지만 최종적 범주화는 영화사가들이나 영화학자들의 몫일 것이다. 우리는 여기서 인물들이 오직 노래에 몰두함으로써 무엇이 일어나고 있는지 살펴볼 수 있을 따름이다. 〈레미제라블〉에는 고전 뮤지컬영화의 춤이 없고, 무대 뮤지컬의 표현주의적 무대 미술도 없다. 하지만 양자에는 없는 게 하나 있는데 그것은 클로즈업이다. 정한석을 비롯한 몇몇 평자들이 이미 이 영화의 클로즈업에 대해 세밀한 분석을 했으므로, 이 글에선 오직 노래와 연관시키려 한다.

관객과 무대의 거리가 고정된 무대 뮤지컬에는 클로즈업이 있을 수 없지만, 고전 뮤지컬영화들도 클로즈업을 잘 사용하지 않았다. 아마도 당시의 뮤지컬 스타들에겐 표정보다 동작이 더욱 중요하기 때문이었을 것이다. 프레드 아스테어가 자신이 춤추고 노래하는 장면을 항상 컷 없는 풀 숏으로 촬영하기를 요구했다는 사실은 유명하다. 그들에게 연기는 내면의 섬세한 표현이 아니라, 아름다운 동선과 동작의 리듬을 창출하는 것이었다.

〈레미제라블〉에서는 클로즈업이 특별히 많이 사용되었다기보다, 인상적으로 사용되었다. 무대 뮤지컬에서도 고전기 뮤지컬영화에서도 배우의 머릿결과 입술의 떨림까지를 이런 근접 거리에서 만나는 일은 거의 없었기 때문이다. 이 클로즈업이 노래의 방식을 바꾼다. 우리를 감동시킨 판틴 역의 앤 해서웨이는 사라 브라이트만이 아니지만, 그녀는 가창력의 노래가 아닌 '표정의 노래'를 부른다. 그 표정의 노래를 메소드 창법이라 부를 수도 있을 것이다.

잔털과 땀구멍까지 포착하는 클로즈업은 잔인한 카메라워크다. 노래라는 양식적 표현을 메소드 연기와 결합하는 것이 한 배우에게 어떤 어려움을 초래하는지 관람자로선 알기 힘들다. 그럼에도 〈레미제라블〉은 스크린 스타들에게(물론 러셀 크로는 제외하고) 메소드 창법이 가능하다는 것을 보여준 사례다. 공연 실황 영상이 하나의 장르로 되어가면서, 무대 뮤지컬 배우들에게도 메소드 창법이 더욱 강하게 요구될지도 모른다. 앞서 언급한 〈모차르트 락 오페라〉와 〈지저스 크라이스트 슈퍼스타〉 공연 영상에서 내가 느낀 감흥의 차이는 노래의 매력뿐만 아니라 후자의 배우들이 클로즈업을 버텨내지 못했다는 데서도 기인하는 것 같다.

클로즈업과 연관된 또 다른 문제는 좀더 미묘하다. 영화는 3인칭 매체다. 하지만 인물의 클로즈업은 2인칭 효과를 빚어낸다. 스크린 속의 그와 관객인 내가 직접 대면하면서 그는 '당신'이 된다. 이 효과는 잠정적이어서 서사가 완결되면 영화는 다시 3인칭으로 돌아간다. 2인칭 효과는 카메라와 피사체의 거리에만 달려 있는 건 아니다. 한 편의 영화가 끝났을 때, 대부분의 관객은 서사를 경유해 그 영화를 기억한다. 거의 클로즈업만으로 이루어진 영화가 있다 해도 이것이 결국 2인칭 영화가 되지 않는 것은 매 장면들이 결국 서사라는 하나의 질서로 정리되기 때문이다. 말하자면, 너의 (이해할 수 없는) 표정들이 그의 (이해할 수 있는) 이야기로 정돈되는 것이다.

　노래는 그렇게 정돈되지 않는다. 대개 영화를 보고 나서 우리는 목소리를 잊는다. 말과 음성을 혼동하기 때문이다.(미셸 시옹, 『영화의 목소리』, 박선주 옮김, 동문선, 2005) 수많은 대사를 듣지만, 배우의 음성은 잊히거나 기억의 바닥으로 가라앉고 말의 내용만으로 되살려진다. 말하자면 '당신의 음성'이 '그의 말'로 기억되는 것이다. 〈레미제라블〉은 노래가 대사를 대체했다. 이 노래들은 대사로 환원 불가능하다. 이 영화를 본 어느 누구도 판틴의 애절한 노래를 가사의 내용으로만 기억하지 않는다. 혹은 슬픔을 표현하는 행위로 정리하지도 않는다. 노래는 "내용이 온통 그 주소 안에 담겨 있는 텅 빈 메시지의 소중한 대체물"이며 "내가 노래를 부르면서 당신에게 주는 것은 내 몸"이기 때문이다.(롤랑 바르트,『사랑의 단상』, 김희영 옮김, 동문선, 2004)

여기서 클로즈업과 노래의 결합이 빚어낸 비상한 효과를 말할 수 있다. 노래는 그녀의 음성에 실려 우리 귓가에 맴돌고 그 노래는 언제나 어둡고 더럽고 추운 곳에서 울먹이던 판틴의 슬픔에 찬 표정과 함께 시작된다. 그녀의 노래는 서사에 포섭되지 않으며 언제나 나를 향해 들려온다. 노래는 클로즈업의 순간을 2인칭의 자리에 봉인한다. 혹자는 훌륭한 가수가 노래하는 장면을 텔레비전으로 본 다음에도 똑같은 일이 일어나지 않느냐고 반문할 수도 있다. 하지만 가수에게 노래는 대체 가능하다. 슬픈 노래를 불렀던 그녀가 다음에는 발랄한 노래를 부를 수 있다는 사실을 우리는 알고 있다. 다만 그가 일찍 죽어 생전에 불렀던 노래들이 하나의 얼굴 혹은 하나의 캐릭터에 녹아들었을 때, 우리는 그를 이런 방식으로 기억한다.

음성과 음향은 나를 겨냥하지 않을 수 있지만, 노래는 늘 나를 향해 들려온다는 점에서 근본적으로 2인칭적이다. 노래의 2인칭성은 〈레미제라블〉에서의 혁명의 파토스와도 내면적 연관이 있다. 혁명의 파토스와 혁명이라는 사건 사이에는 모종의 불연속성이 있다. 종종 결혼이 사랑을 배반하듯 혁명은 혁명의 파토스를 배반한다. 혁명의 파토스는 그것을 정리하려는 어떤 질서와도 불화하기 때문이다. 정신분석학의 표현을 빌리자면 나와 엄마의 2인칭적 관계를 억압한 제3자(아버지의 이름)를 영원히 추방하는 것, 더 이상 '그'가 존재하지 않는 상상계의 복원이라는 불가능을 향한 열망이 혁명의 파토스에 있다. 서사에 포섭되지 않는 노래와, 혁명이 초래한 새로운 질서에 포섭되지 않는 혁명의 파토스에는 동류의 피가 흐른다. 결말이 어떻게 수습되어도 노래와 파토스는 남는다.

논의의 마무리 단계에 이른 것 같다. 〈레미제라블〉은 한 편의 서사라기보다 슬픔과 사랑과 혁명을 노래하는 몸들, 캐릭터들의 연쇄다. 서사가 캐릭터를 조직하는 게 아니라, 노래하는 몸들의 배열에 서사가 징검다리 역할을 하고 있는 것이다. 고전기 이후 많은 영화사가들과 평자들은 서사의 부실화를 지적해왔다. 〈레미제라블〉에서 일어난 일은 서사의 부실화가 아닌 부차화라고 해야 할 것 같다. 이 영화는 오늘의 대중 서사의 중심이 사건과 서사가 아니라 캐릭터라는 사실의 공식 선언처럼 보인다. 물론 고전적 서사에서도 캐릭터 스터디는 있었지만, 캐릭터 스터디는 한 캐릭터의 심층으로의 여정을 서사화한 것이었다. 하지만, 〈레미제라블〉의 서사 방식은 유형화된 캐릭터들의 경연에 서사가 선택적으로 기능한다는 점에서 캐릭터 스터디가 아니라 캐릭터 플레이라고 부르고 싶다.

우리가 이것을 자연스럽게 받아들인다면 텔레비전 관람 체험, 예컨대 예능과 시트콤 시리즈의 서사 방식인 캐릭터 경연이 우리의 서사 체험의 중심이 되었다는 사실과 연관이 있을 것이다. 〈무한도전〉에서처럼 시리즈화된 텔레비전의 캐릭터 경연에서는 매회 다른 유형과 성격의 서사가 선택된다. 이 개별 서사는 새롭게 고안되기보다는 기존 서사의 패러디가 대부분이다. 텔레비전 예능과 시트콤은 레프 마노비치와 같은 미디어학자들이 제기한 데이터베이스 서사의 가장 적극적인 구현자인 셈이다.

우리는 이 과정에서 캐릭터의 심층으로 내려가는 것이 아니라 캐릭터의 진화 혹은 수평적 다변화의 과정에 동행한다. 개별 서사는 임의적이어서 별다른 실험적 장치 없이도 서사 안팎의 경계가 희미해지고, 개별 서사의 결말은 한 소우주의 질서를 매듭짓는 윤리적 미학적 결단이 아니라 캐릭터 경연들 사이에 놓인 쉼표라는 하나의 구두점으로 전락한다. 이 현상은 김혜리가 「네버 엔딩 스토리의 위험」(『씨네21』, 2012. 8. 12)에서 비판적으로 지적한 "기약 없는 속편의 벨트로 이어지는 (할리우드) 영화 문화"와도 연관되어 있을 것이다.

오늘의 대중 서사의 많은 분야에서 서사와 캐릭터의 지위는 완전히 역전된 것처럼 보인다. 일본의 문화비평가 아즈마 히로키는 일본 라이트노벨(만화적인 혹은 애니메이션적인 일러스트가 더해진, 중고생을 주요 독자층으로 하는 엔터테인먼트 소설)의 성격을 '캐릭터의 자율화'라고 요약했다.(아즈마 히로키, 『게임적 리얼리즘의 탄생』, 장이지 옮김, 현실문화연구, 2012) 캐릭터가 중심적 지위를 얻고 "이야기는 성립하지 않거나 너무나 간단하게 성립해버린다"는 것이다. 우리는 서사의 부차화, 캐릭터의 중심화라는 현상이 라이트노벨뿐만 아니라, 이제는 속편이 거의 규범화된 할리우드 영화, 그리고 한국의 대중영화, 텔레비전과 게임 등을 관류하고 있다는 사실을 어렵지 않게 수긍할 수 있다.

이 글의 첫머리에 제기한 에토스의 분열과 위장된 봉합에 내가, 그리고 많은 관객이 무감한 이유에 대한 잠정적인 대답은 이것이다. 〈레미제라블〉 자체가 전형적인 캐릭터 플레이는 아니지만, 오늘의 일반적인 서사 체험이 혁명 서사와 노래극의 결합이라는 특별한 양식의 이 영화를 더 이상 서사 중심적 관점으로 보지 않도록 했을 것이다. 다만, 이를 서사의 퇴조라는 부정적 사태로 보는 시각을 유지할 것인지, 아니면 캐릭터 플레이라는 다른 방식의 서사의 정착으로 볼 것인지, 그리고 노래가 이 과정에서 영화 문법의 근본적 변화를 초래할 새로운 요소가 될지 혹은 노래영화라는 뮤지컬의 하위 장르가 탄생할지의 문제는 좀더 숙고해야 할 것 같다.

5

짧게나마 〈라이브 오브 파이〉에 대한 단상을 덧붙이려 한다. 일반 극장에서 이 영화를 처음 보았을 때 대형 스크린 3D였는데도 별다른 감흥을 느끼지 못했다. 지인의 권유로 아이맥스 스크린 3D로 다시 보았을 때, 뭔가 다른 세상을 만났다는 느낌에 사로잡혔다. 이전까지 본

3D 영화에서 내 감각을 자극한 이미지들은 주로 나를 향해 쇄도하는 돌출 이미지였다. 〈라이브 오브 파이〉에서 내 눈을 사로잡은 3D 이미지들은 나로부터 멀어지는 후방 확장 혹은 심화 이미지였다.

3년 전에 개봉한 〈토이 스토리 3〉에서 본편만큼 흥미로웠던 것은 본편 전에 상영된 단편 3D애니메이션 〈밤과 낮〉이었다. 캐릭터의 몸을 투명화해 그 뒤로 3D 이미지들이 펼쳐지는 광경은 3D를 심도의 공간 창출에 활용할 때 특별한 효과가 생길 수 있음을 예감케 했다. 〈라이프 오브 파이〉는 그 예감을 상상하기 힘들 만큼 과격하게 실현한 영화다.

효과적인 3D 돌출 이미지에 움찔해지는 이유는, 그 이미지가 스크린을 벗어나 내 신체에 닿을 수 있는 입체라고 우리가 순간적으로 착각하기 때문이다. 그 이미지는 비유적인 의미에서 촉각적인 게 아니라, 내 피부를 거의 건드리는 촉각 이미지다. 반면 심화 이미지는 그것이 나로부터 물리적으로 멀어짐으로써 오히려 내 시선의 권능을 은연중에 약화시킨다. 그 이미지는 내 시야에 더해지는 게 아니라 내 시선으로부터 빠져나가려 하며, 그것을 보고 있는 우리에게 모종의 상실감 혹은 불가지의 느낌을 갖게 한다.

〈라이프 오브 파이〉가 비상하게 느껴진 첫 장면은 파이의 어머니가 어린 파이에게 힌두교의 신 크리슈나 이야기를 들려주는 대목이다. 어린 크리슈나의 입속을 들여다보니 입속에 우주가 있었다는 내레이션이 흘러나온 다음 그 이야기가 담긴 만화책이 펼쳐진다. 한 컷에 그려진 크리슈나의 입에는 정말 우주가 담겨 있는데, 처음에 2D였던 그 장면은 곧 3D로 바뀌고 클로즈업된 입안의 우주는 한없이 뒤로 물러나면서 스크린 전체로 확장된다.

이 장면의 아득한 느낌을 어떻게 말해야 할지 모르겠다. 아주 작은 존재 안에도 우리가 결코 닿을 수 없는 우주가 있다는 딱딱한 진실을 이 3D 이미지보다 더 아름답고 신비롭게 시각화할 수 있는 방법을 떠올리긴 힘들다.

망망대해 위의 구명선에 파이와 호랑이(리처드 파커)만 남겨진 조난 장면에서부터 〈라이프 오브 파이〉의 3D 이미지는 본격적인 위력을 발휘한다. 아이맥스 스크린으로 이 장면을 보면 바다가 시야의 상하좌우를 완전히 채우고 있어 내가 거의 물 위에 떠 있는 듯한 느낌을 갖게 된다. 이것을 3D에 의해 강화된 현실감이라고 말하는 것은 정확하지 않다. 빛이 있는 대상을 볼 때 실체 눈이 지닌 원근법 시야는 스크린의 2D 이미지에 가깝다는 사실을 이 장면을 보고 알게 되었다.

우리는 영화를 보는 어떤 순간에도 스크린을 대하고 있다는 의식을 완전히 잊어버리는 일이 없다. 스크린과 나 사이의 물리적 거리는 내 시선 어디엔가 새겨져 있다. 〈라이브 오브 파이〉의 조난 장면에서 우리가 보는 것은 스크린 위가 아니라 스크린 뒤에 끝도 없이 펼쳐진 바다. 스크린과 나의 거리와는 비교가 안 될 만큼 먼 거리와 광활한 공간이 스크린 뒤에 나타난다. 그 뒤의 세상은 내가 보고 있지만, 결코 나의 시선이 장악할 수 없다. 바다 가운데 고립되어 있다는 허구의 설정이 빚어내는 두려움보다는 이 시선의 무력함 때문에 이 장면들은 종종 체념과 경외의 마음을 오가게 한다.

주인공 이름이 유래한 작은 인위적 공간이지만 물속에서 보면 우주와 같은 느낌으로 확장되는 풀장, 풀장 이름에서 유래했으나 끝없는 무리수를 지칭하는 파이라는 수학적 이름으로 고쳐 불리게 된 주인공, 누워 있는 나신의 여인 형상으로 바다를 떠돌아다니며 상륙하는 인간을 잡아먹는 식인 식물의 섬, 실수로 사람 이름보다 더 사람 같은 느낌의 이름을 갖게 되었으나 결코 길들여지지 않은 채 생명의 은인을 뒤돌아보지 않고 정글로 사라진 호랑이. 〈라이프 오브 파이〉에는 아무리 잡아도 어느새 손을 빠져나가는 끝없는 유동의 의미들, 이미지들, 존재들이 꼬리에 꼬리를 물고 이어진다. 이 과정은 파이가 거의 죽음의 순간에 직면했을 때 떠오른, 바닷속의 한 점에서 무수한 동물들이 끝없이 분할되어나가는 우주적 환상으로 집약된다.

〈라이프 오브 파이〉를 하나의 이미지로 대변한다면, 단순성과 투명함과 유동성과 무한함을 동시에 지닌 물이다. 물의 심오한 물질성을 3D의 공간 감각으로 재창조했다는 것만으로도 이 영화는 경탄의 대상이 될 자격이 있다. 요컨대 〈라이프 오브 파이〉는 타자의 타자성을 3D의 공간 감각으로 표현한 최초의 영화다. 3D를 통한 새로운 미학의 개시 가능성을 더 이상 의심할 수 없게 되었다. 이 영화를 보고 〈수색자〉(1956)의 마지막 장면, 존 웨인이 황야 저편의 아득한 모뉴먼트 밸리를 향해 되돌아가는 그 전설의 장면을 3D로 찍는다면 어떨까, 하는 상상이 떠올랐다.

(『씨네21』 892호, 2013. 2. 19~2. 26)

링컨(2012, 스티븐 스필버그)

숭고하고
더러운 손

우리에게 각자의 이순신이 있듯이, 미국인들에겐 각자의 링컨이 있을 것이다. 아니, 어쩌면 이 비유는 적절하지 않을지도 모른다. 미국인들에게 링컨은 미국 그 자체의 동의어에 가깝다. 그가 노예제를 영구적으로 폐지한 13조 수정법안을 통과시키지 못했다면, 혹은 남북전쟁을 승리로 이끌지 못했다면, 미국은 지금 북부 중심의 합중국(Union)과 남부연합(Confederate)이라는 각각의 뿌리를 지닌 두 국가로 나뉘어 있을지도 모른다.

링컨이 중대한 소명을 완성한 직후 피살당했다는 사실이 그의 국부(國父)적 지위에 순교자적 이미지를 더했을 것이다. 실존한 한 개인의 삶 자체가 건국신화가 된 드문 경우이며, 오늘의 세계에서 한 국가의 국민에게 그만한 압도적 무게를 지닌 인물은, 중국의 마오쩌둥과 쿠바의 카스트로를 제외한다면 거의 없을 것이다. 노골적인 인종주의적 편견으로 가득한 D. W. 그리피스의 〈국가의 탄생〉(1914)에서조차, 링컨 피살 소식을 들은 남부인들이 그를 "우리의 유일한 북부 친구"라고 부른다.

2000년대 중반 스티븐 스필버그가 링컨에 관한 영화를 준비한다는 소식이 우리에게 전해졌을 때, 나는 약간 소름이 돋았고 호기심에 몸이 달았다. 늦게 잡아도 〈A. I.〉(2001)를 기점으로 그의 인물들은 쾌활한 모험가에서 과묵한 순례자의 모습으로 변해갔고, 화면에는 전에 없던 어둠과 악몽이 종종 깃들었으며, 시적 간결함과 유장한 페이스가 영화의 리듬을 장악해왔다. 그리고 〈우주전쟁〉(2005)이 우리의 말문을 막았다. 스필버그에게 무슨 일이 일어난 걸까. 고전기도 아닌 21세기에, 할리우드의 심장부에서 위대한 영화예술이 태어나는 광경은 경이로운 미스터리였다.

우리가 스필버그의 링컨이 궁금했던 이유는 미국인과 다를 것이다. 그가 링컨이라는 인물을 어떻게 새롭게 해석하느냐는 우리의 관심사가 아니며 새로움의 타당성을 판단할 지식도 우리에게 없다. 그 궁금증은 스필버그가 링컨을 다룬다면 어쩔 수 없이 미국 영화의 근본적 의제에 이를 것이라는 짐작 때문이었다. 말하자면, 서부극이 발견한 미국이라는 영화적 장소(스필버그는 종종 장소를 무대화함으로써 장소의 지역성과 물질성을 지웠다. 이 점에서도 〈우주전쟁〉은 다소 예외적이다)의 기원, 그리고 개인과 소공동체와 스테이트(state)와 유니언(union)이 교차하는 미국인의 복합적 정체성의 근원과 만날 것이라는 예감, 결국 스필버그가 존 포드와 마주할 수밖에 없을 것이라는 예감 같은 것이었다. 우연의 일치이겠지만, 링컨 역이 존 포드와 같은 아일랜드 출신 다니엘 데이 루이스(영국 태생이면서도 30대 중반에 아일랜드 시민권을 얻었다)한테 맡겨졌다는 사실도 그 예감을 든든하게 했다.

마침내 우리 앞에 도착한 스티븐 스필버그의 〈링컨〉은 감동적이지만 얼떨떨할 만큼 당혹스럽다. 스필버그가 전혀 예상치 못한 선택을 했기 때문이다. 〈링컨〉은 링컨이 재선에 성공한 직후이며 남북전쟁이 4년째 계속되고 있던 1865년 초, 수정법안 13조를 통과시키는 과정에 집중한다. 이 영화는 거의 실내극으로 보일 만큼 백악관 관저와 의회 의사당이 무대의 나누를 자시한다. 종선 협상을 위해 남부연합 대표는 다가오고 있고, 노예제 폐지 법안은 의회에서 통과될 가능성이 희박하다. 법안 통과가 시급한가, 종전이 시급한가. 종전 협정을 맺고 나면 노예제 폐지 법안은 끝없이 연기될 것이며, 노예제 폐지 법안을 통과시키려면 종전 협상을 미뤄야 하고 살육전은 계속될 것이다. 링컨은 야당뿐만 아니라 동지들도 반대하는 후자를 선택한다.

야당 의원을 매수(정확히 말하면 매직(賣職))하고, 남부연합 대표의 워싱턴 입성을 지체시키는 동안 전장은 더 많은 피로 물들어간다. 오직 링컨만이 그의 더러운 정치가 최선이라는 사실을 확신한다. 그리고 표결과 전쟁 모두에서 승리한다. 놀랍게도 스필버그는 링컨의 이 더러운 정치에 이 영화의 모든 것을 건다. 〈링컨〉은 고결한 이상의 영혼이 아니라 그것에 봉사하는 추악한 손의 이야기다. 스필버그와 시나리오

작가 토니 커쉬너의 걸출한 장인적 능력은 그 더러운 손이야말로 숭고하다고 결국 설득해낸다. 내가 아는 한 더러운 정치를 선한 소명의 도구로 이토록 찬미하는 미국 영화는 이제껏 없었다. 예상을 뒤엎고 스필버그는 링컨을 주인공 삼아 생애 최초로 정치적 영화가 아닌 정치 영화, 정확히 말하면 현실 정치 친화적인 영화를 만들었다.

당혹스럽기는 미국 비평가들도 마찬가지였던 것 같다. 그 견해를 늘 경청할 만한 비평가들인 켄트 존스와 조너선 로젠봄은 스필버그의 〈링컨〉을 두고 극단적으로 상반되는 비평을 썼다. 켄트 존스는 "할리우드에서 만들어진 가장 아름다운 역사 영화 가운데 하나"라고 상찬했고 (*Film Comment*, 2013. 1∼2), 조너선 로젠봄은 "과도한 수사학과 빈곤한 역사의식의 졸작"(*Forward*, 2012. 11. 16)이라고 혹평했다.

흥미로운 건 두 비평가의 태도가 현 미국 대통령 오바마에 대한 정치적 태도와 연관되어 있다는 것이다. 그들은 각각 한때 이상주의자로 비쳤던 오바마의 현실주의적 선택에 대한 옹호와 실망을, 말하자면 현실 정치에 대한 직접적인 찬반 논평을 비평문에 고스란히 그리고 이례적으로 거칠게 드러내고 있다. 켄트 존스는 "그들이 뽑은 대통령이 그들이 생각했던 인물과 '정확히' 일치하지 않는다고 즉시 오바마에게 등을 돌리는 사람들"을 겨냥해 "아프리칸-아메리칸 대통령의 탄생은 노예제 폐지론자가 제기하고 링컨이 출범시킨 기나긴 항해의 최종적인, 그러나 아직도 위험한 국면에의 도착"임을 이 영화가 암시한다고 말했다. 조너선 로젠봄은 "오바마가 인종 간, 국가 간 화합의 화신이 되리라는 믿음은 신화에 불과했다"고 단정하고, 이 영화가 "링컨이라는

렌즈로 오바마 시대를 바라보도록 유도한다"는 또 다른 평자의 비판
("Easy Chair", 토마스 프랭크, *HARPER'S*, 2013. 2)에 열렬히 동조했다.

이 논평들의 대립은 노무현 시대에 진보파 내부에서 벌어진 논쟁과
비슷한 양상이라는 점에서 더욱 흥미롭다. 멀리 떨어진 우리는, 아마
도 다행스럽게, 링컨에 대한 엄청난 전기적 사실들(그리고 소문들)과
미국 정치의 시급한 의제로부터 벗어나 스필버그의 〈링컨〉을 볼 수 있
을 것이다. 스필버그의 당혹스런 선택을 말하기 위해 이 영화를 보면
자연스럽게 떠올려지는 두 편의 영화를 경유하려 한다.

하나는 존 포드가 1939년에 만든 〈젊은 날의 링컨(Young Mr. Lincoln)〉
이다. 이 영화에는 이상한 장면 하나가 있다. 1837년, 젊고 양심적인
변호사로 스프링필드 주민의 호감을 얻고 있던 링컨은 독립기념일 축
제 행사의 하나인 주민 줄다리기에 참여한다. 밧줄 끝을 잡고 있던 링
컨은 자기 팀이 패할 위기에 놓이자 밧줄을 마차에 묶어 승리를 이끈
다. 살인 혐의를 뒤집어쓴 가난한 형제를 위한 링컨의 변호가 제재인
이 영화에서 왜 존 포드는 사건의 진행과는 아무런 연관이 없는 이 작
은 에피소드를 슬쩍 집어넣었을까.

이 영화를 이야기로 정리한다면 이 사소한 장면이 거론될 가능성은
거의 없다. 영화를 보는 사람들도 무심하게 지나칠 만한 장면이다. 그
런 점에서 이 장면을 은밀한 오점이라고 불러도 좋을 것이다. 여기서
오점은 중의적이다. 하나는 그 장면의 행위가 미국인뿐만 아니라 우리
에게도 익숙한 링컨의 도덕적 이미지에 어울리지 않는, 말 그대로 '더

러운' 반칙이라는 점에서 그러하며, 다른 하나는 그 장면이 서사에 통합되지 않는 하나의 얼룩으로 남아 있다는 점에서 그러하다.

일반적으로 위인의 전기 장르에서 가장 미묘한 문제 가운데 하나는 인물의 결함이 다루어지는 방식이다. 보편적인 기법은 결함과 실수를 부차적인 것으로 미덕과 업적을 중심적인 것으로 다루거나, 그 결함들을 위대함에 내재된 속성으로 편입시키는 방식일 것이다. 존 포드는 그렇게 하지 않았다. 〈젊은 날의 링컨〉은 링컨이라는 인물에 대한 캐릭터 스터디가 아니다. 이 영화에서 무심하게 드러나는 그의 서투름, 야심, 교활함과 용기, 정의감, 지혜로움은 하나의 캐릭터로 집약되지 않는다.

이 영화의 관심사는 다른 데 있다. 여기엔 운명적 멜랑콜리아라고 부를 만한 우울한 무드가 감싸고 있다. 그 무드는 링컨이라는 인물에 귀속된다기보다, 영화 속 링컨이 종종 매혹되는 강물의 흐름처럼, 혹은 무지한 그에게 법학 책을 건네주고 죽은 어린 옛 연인의 묘비처럼, 이 영화의 장소와 속도, 사물과 시선과 기억이 어울려 빚어내는 압도적 정조이며 〈젊은 날의 링컨〉이라는 영화적 소우주의 거스를 수 없는 공기와도 같은 것이다.

링컨이라는 인물에만 한정한다 해도 이 영화는 캐릭터와 사건과 행위의 영화가 아니라 음성과 동작의 영화에 가깝다. 링컨 역의 헨리 폰다는 고전기 영화의 양식적 연기와는 완전히 다른 경지의 연기를 펼친다. 주변의 모든 소란을 잠재울 듯 고요하게 잠겨드는 그의 목소리, 망설이듯 느린 움직임과 걸음걸이, 갖가지 '이야기'로 주변 사람들을 늘

웃게 만들지만 정작 자신에게는 위안이 되지 않는다는 듯 거의 변함없이 우울한 표정…… 우리가 만나는 것은 고난에 맞서 피투성이 싸움을 벌이는 초인의 강인함이 아니라 자신의 의지와 무관하게 순교자로 간택된 범인(凡人)의 불안과 외로움이다. 〈젊은 날의 링컨〉이 그런 범인이 위인의 길을 걷는 영화라면, 존 포드가 7년 뒤에 만든 〈도망자(The Fugitive)〉(1946)는 반대로 그런 범인(이 영화에선 도피 중인 성직자이며 역시 헨리 폰다가 연기했다)이 변방에서 이름 없이 죽어가는 영화다.

존 포드가 고전적 서부극의 전범이라는 일컬어지는 〈역마차〉와 같은 해에 〈젊은 날의 링컨〉을 만들었다는 점이 우리를 난감하게 만든다. 〈젊은 날의 링컨〉은 통상적 전기 영화도 아닐뿐더러 고전 영화의 규범을 거의 지키지 않기 때문이다. 〈젊은 날의 링컨〉은 잉여의 숏들, 사건화되지 않는 정지의 순간들과 시적인 대사들, 영적인 사물들의 표정으로 가득하다. 앞서 말한 은밀한 오점에 관한 진술은 수정되어야 할 것이다. 이 장면은 서사에 포섭되지 않는다는 점에서 예외적인 게 아니라, 오히려 이 '더러운' 행위가 공동선의 수행이라는 신(혹은 운명)의 명령에 대한 은밀한 저항 혹은 소극적 훼손으로 보인다는 점에서 예외적이다. 결국 〈젊은 날의 링컨〉은 범속한 성인(聖人)의 이야기다.

간단히 언급하고 싶은 또 다른 영화 한 편은 〈젊은 날의 링컨〉과 같은 해에 만들어진 프랭크 카프라의 〈스미스 씨, 워싱턴에 가다(Mr. Smith Goes to Washington)〉이다. 순박한 이상주의자인 보이스카우트 리더 제퍼슨 스미스(제임스 스튜어트)가 갑자기 사망한 상원의원의 의원직 승계자로 뽑힌다. 시골뜨기인 신참 의원을 마음대로 조종할 수 있을 것이라는 부패한 거물 정치인의 예상을 뒤엎고, 스미스는 23시간의 필리버스터(의사 진행 방해)와 멋진 연설로 워싱턴 정가를 뒤흔들고 청중의 마음을 사로잡는다.

'미국보다 더 미국적인'(존 카사베티스) 프랭크 카프라의 많은 영화들 중에서도 이 영화만큼 미국적 이상, 그 낙천적인 인민주의를 정교하고도 감동적으로 그려낸 영화는 없을 것이다. 할리우드가 창조한 가장 이상적인 미국 정치인이라 불러도 좋을 제퍼슨 스미스에게서, 미국인들이 미국 그 자체와 동일시하는 실존 인물 링컨이 겹쳐 보이는 것은 어쩔 수 없는 일이다. 〈스미스 씨, 워싱턴 가다〉는 쾌활하고 명민하고 용감하며 소박한, 고결한 속인(俗人)의 이야기다.

내가 본 인터뷰에서 스티븐 스필버그가 이 영화들을 직접 언급한 적은 없다. 다만 그가 오래전에 "나는 존 포드가 아니라 P. T. 바넘(19세기 미국의 전설적인 쇼 비즈니스맨)에 가깝다고 느꼈고 그게 부끄럽지 않았다. (……) 객석을 가득 채우는 것이 언제나 최고의 목표였다. 하지만 이젠 나 자신을 즐겁게 해야 한다는 생각이 든다"(1994)라고 말했을 때, 그리고 "나는 아직 나의 〈멋진 인생(It's A Wonderful Life)〉(프랭크 카프라의 1946년 작)을 만들지 않았다. 하지만 언젠가 만들고 싶다"(1978)라고 말했을 때, 포드와 카프라가 이 당대 최고의 흥행 감독에게 궁극적 모델이었음을 짐작할 수는 있다.

스티븐 스필버그는 적어도 1990년대 말까지는 존 포드보다는 2차대전 이전의 프랭크 카프라에 가까웠다. 그의 인물들은 선의로 가득했고,

선의가 세상을 바꿀 수 있다고 믿었다. 때로 〈태양의 제국〉(1987)이나 〈쉰들러 리스트〉(1993)처럼 세상이 추악해도 자신은 거기에 속하지 않는다고 믿는 나르시시스트로 등장하기도 했다. 어느 경우에도 인물의 고결함은 훼손되지 않는 속성이었다. 앞서 말한 것처럼 〈A. I.〉(혹은 〈라이언 일병 구하기〉)의 인물들에게 지울 수 없는 그늘이 드리워졌을 때부터 스필버그는 그 너머 어디론가 나아가기 시작했다. 고결함은 포기되었고, 의지와 결단을 제압하는 운명적 기운이 그의 영화를 감쌌다. 〈마이너리티 리포트〉(2002), 〈우주전쟁〉(2005), 〈뮌헨〉(2005)과 같은 어둡고 무거운 정조의 작품은 물론이고, 〈캐치 미 이프 유 캔〉(2002) 같은 가벼운 장르영화조차 예외는 아니어서 영화의 우아한 페이스와 적막한 무드는 매혹적이었다. 물론 〈터미널〉(2004)과 같은 가장 카프라적인 영화를 만들기도 했고, 〈틴틴: 유니콘 호의 비밀〉(2011)과 같은 천진한 오락물에 손을 대기도 했지만, 스필버그의 행로 자체가 바뀐 것 같지는 않다.

부당하게 저평가된 〈워호스〉(2011)의 아름다움은 전쟁 비판의 고결한 수사와 장식적 풍경에 있는 게 아니라, 말(馬)의 귀가라는 한없이 단순하고 투명한 행위에 이 영화가 완전히 몰두한다는 점에 있다. 말은 돌아와야 했으므로 돌아왔다. 이 퉁명스런 동어반복을 벗어난 어떤 인과론, 어떤 수사도 즉시 쓸모없어지고 오직 돌아오는 행위, 그 단조롭고 힘겨운 동작의 긴 여정만 남겨진다. 이 영화는 어딘지 모르게 존 포드의 서부극을 닮아 있다.

우리의 가설은 스필버그의 링컨이 스미스 씨에서 젊은 링컨으로의 이행을, 다시 말하면 프랭크 카프라에서 존 포드로의 이행을 보여주리라는 것이었다. 과도한 도식화가 허락된다면 이 이행은 고결한 속인에서 범속한 성인으로, 의지와 결단의 인간학에서 운명과 두려움의 신학으로, 또한 연방(Union)과 문명의 정치학에서 황야와 강의 지리학으로의 이행으로 부를 수도 있을 것이다. 결론부터 말하면 〈링컨〉은 그 중간 어디쯤에서 서성이며 양쪽을 번갈아 바라보는 것처럼 보인다.

인물에 한정할 때, 스필버그의 링컨은 여전히 스미스 씨 쪽에 더 가깝다. 그의 더러운 정치는 노예제 폐지라는 논박 불가능한 절대선에 봉사한다. 목적이 너무나 숭고한 것이어서 처음에 우리를 당혹스럽게 했던 이 더러움은 불가피한 것이 되고, 그 불가피의 고통을 감내하는 링컨의 고결함은 훼손되기는커녕 더욱 고양된다. 카프라의 스미스 씨는 정직성과 용기만으로 워싱턴 정가를 흔들었지만, 스필버그의 링컨은 거기에 탁월한 정치 기술까지 겸비해 국가를 정화시킨다. 허구와 실화의 차이를 무시한다면, 스필버그의 링컨은 스미스 씨의 업그레이드된 리얼리즘 버전이다. 〈젊은 날의 링컨〉은 그 반대편에 있다. 존 포드의 링컨이 보여준 오점은 고결한 소명에 대한 은밀하지만 필사적인 저항이며 그의 범속성의 표지다.

물론 스필버그의 링컨은 스미스 씨와는 달리 우울하고 종종 악몽에 시달린다. 그 우울은 아들 윌리의 죽음, 아내의 정신병 징후라는 원인의 결과로 명시된다. 게다가 그는 전쟁과 수정법안이라는 고통스러운 국가적 윤리적 난제까지 떠안고 있다. 스미스 씨라도 그런 상황이라면 거의 미칠 지경이 되었을 것이다. 링컨은 아내와 격렬한 언쟁을 벌이며 "(윌리를 묻을 때) 나도 관과 함께 땅속으로 들어가고 싶었어. 지금도 매일 그래"라며 무서운 표정으로 소리친다. 링컨의 캐릭터가 의외로 단조로운 것은 그의 고결함과 유능함은 천부적인 것으로 고정되어 있고, 내면의 어둠조차 명백한 사건의 결과로 설명되어 있기 때문이다.

스미스 씨와의 가까운 거리에도 불구하고 스필버그의 링컨은 포드의 젊은 링컨을 종종 쳐다본다는 느낌을 준다. 초반부에 링컨은 아내에게 지난밤의 꿈 이야기를 들려주고 우리는 이 영화에서 시각적으로 가장 뛰어난 꿈 장면을 만나게 된다. 묵화가 번지는 듯한 터치의 어둡고 흐린 화면에 링컨을 실은 작은 배가 아찔한 속도로 달려가고 있다. 링컨이 "내가 어디로 그렇게 급하게 가고 있었을까"라고 묻자 아내는 "삼시 생사하나가 그선 (임박한 웰빙턴 항 폭격이 아니라) 수정법안이야"라고 대답한다. 링컨이 중얼거린다. "이상한 건 그 속도야. 내가 익숙한 건 느린 속도거든."

이 속도라는 말이 이상하게 깊은 울림을 준다. 물론 이것조차 서사 내에서 충분히 설명된다. 반대파 의원들은 수정법안을 두고 "매사 질질 끌던 그 게으름뱅이가 왜 이렇게 서두르는 거야"라고 빈정거린다. 이상한 점은 이것이다. 그가 서둘러야 하는 이유는 링컨 스스로 넘칠 만큼 충분히 설명하고 있으므로 이 꿈 에피소드는 완전히 불필요한 잉여다. 사건의 연쇄에서 벗어나 있는 잉여이며 그것이 꿈이라는 점에서 나는 이 대목을 스필버그가 잠시 멈춰 서서 이 영화를 만드는 자신에게 던지는 질문으로 해석하고픈 유혹에 이끌린다.

링컨 혹은 스필버그가 궁금해한 건 속도다. 우리는 스필버그의 21

세기 영화가 갑자기 느려졌다는 사실을 알고 있다. 느려지면서 사건은 뒤로 물러나고 그의 영화에는 사건이 담지 못한 풍부한 표정들이 새겨지기 시작했다. 스필버그는 이렇게 자문하는 것 같다. 나는 왜 갑자기 이렇게 빠른 사건들의 이미지로 다시 돌아와 있는 걸까. 혹은, 나는 왜 〈젊은 날의 링컨〉의 속도를 선택하지 않았을까.

물론 이건 과잉 해석일 것이다. 꿈 에피소드가 결국 만나는 것은 이 영화의 마지막 대목들이다. 13조 수정법안이 통과되고 종전 협정이 이루어진 지 며칠 뒤, 링컨은 백악관을 나서고 카메라는 그의 뒷모습을 오랫동안 지켜본다. 기다란 팔다리를 힘겹게 움직이며 느리게 걸어가던 사내는 계단 아래의 어둠 속으로 사라지고, 유리창 뒤엔 묘지의 형상과도 같은 어두운 정원이 비친다. 우리는 그가 얼마 뒤 피살된다는 사실을 알고 있다(피살 장면은 생략되어 있다). 그는 지금 죽음을 향해 내려가고 있다. 꿈 에피소드에서 그가 한 질문, "내가 어디로 그렇게 급하게 가고 있었을까"에 대한 대답은 이 장면이다. 그는 행선지도 배의 속도도 알지 못했지만, 결국 죽음이라는 목적지로 이송된다.

스필버그는 언급하지 않았지만, 이 장면을 〈젊은 날의 링컨〉에 대한 오마주로 보지 않기란 힘들다. 포드의 젊은 링컨은 법정에서 완벽하게 승리한 뒤, 언덕을 오른다. 먹구름이 몰려들고 비바람이 불기 시작한다. 여전히 어두운 표정의 사내는 언덕에 서서 무언가를 바라본다. 그리고 영화는 끝난다. 영화 내적 시간으로는 28년 뒤에 죽을 것이지만, 이 신비롭고도 암울한 라스트 신에서 링컨은 이미 자기의 속도와 의지를 벗어난 죽음행 배에 올라타 있다. 스필버그도 자신의 링컨을 그 배에 태운다.

〈링컨〉에서 스필버그는 아직 카프라의 세계와 가까운 곳에 서서 포드의 세계를 바라보는 것 같다. 그도 아마 자신을 실은 배의 속도를 알지 못할 것이다. 〈링컨〉은 이젠 할리우드에서도 소수가 되어버린 유능한 스토리텔러의 장인적 능력이 집약된, 모든 요소들이 완벽하게 조율된 뛰어난 서사의 영화다. 하지만 이 영화가 우리를 오랫동안 생각하게 만든다면 포드적 세계를 향한 스필버그의 거두어지지 않는 시선, 삶과 이미지의 속도에 대한 여전한 자의식 때문일 것이다. 그는 종종 우회하고 샛길을 두리번거리지만 조금씩 더 나아갈 것이다. 〈링컨〉은 결작은 아니지만, 스필버그의 영화를 계속 기다려도 좋다고 말해주는 영화다.

(『씨네21』 895호, 2013. 3. 12~3. 19)

홀리 모터스(2012, 레오스 카락스)

한 발은 땅 위에 한 발은 허공 속에
의기양양한 시인이 이렇게 절룩거린다.
그를 비틀어버리는 낯선 곳에서
완전하게 패배하여 자신의
상상의 형상이 사라져버리는 세계 속으로 되돌아온다.
—장 콕토 「몽유병자」 중에서

진실은
막간에 있다

레오스 카락스의 짧은 필모그래피에서도 〈폴라 엑스〉(1999)는 이례적인 영화였다. 대부분의 장면들이 낮에 찍혔고, 그의 페르소나인 드니 라방이 등장하지 않는다. 어떤 감독의 영화에선, 오즈 야스지로나 에릭 로메르의 영화들이 그랬던 것처럼, 이야기나 소재보다 계절이나 밤낮이라는 배경이 더 근원적이다. 레오스 카락스의 영화도 그런 것 같다.

카락스가 스물넷에 만든 데뷔작 〈소년, 소녀를 만나다〉(1984)는 거의 모든 장면들이 밤이며, 뒤를 이은 〈나쁜 피〉(1986)와 〈퐁네프의 연인들〉(1991)도 3분의 2 안팎이 밤 장면으로 채워져 있다. 미완성의 조상(彫像)과도 같은 특이한 외모의 드니 라방은 몽유병자의 무표정으로 어둠이 깃든 파리의 뒷골목을 배회하며, 낡은 건물의 황량한 형상들과 그에 대비되는 도발적인 색채와 음영의 미장센은, 한때 얼마간 비아냥

조로 '시네마 뒤 룩(cinema du look)'이라 불렸던 매력적인 이미지들로 되살아난다. 첫 세 편의 영화에서 카락스는 밤의 화가라고 부르고 싶을 만큼, 밤 풍경의 우울과 매혹에 탐닉해 있는 것처럼 보였다. 〈퐁네프의 연인들〉에서 시력을 잃어가는 줄리엣 비노쉬는 "난 암흑 속에서 살 준비가 되어 있어"라고 담담하게 말하는데 이 말은 "난 어둠이 더 편안해"로 들린다.

카락스의 영화 가운데 가장 산문적인 〈폴라 엑스〉의 실패는 카락스가 낮의 세계를 잘 다루지 못했다는 점과 연관이 있는 것 같다. 이 영화엔 밤에 유혹된 낮이라는 모티브가 근친상간의 모티브 아래 잠복해 있다. 부유하고 젊고 재능 있고 잘생긴 소설가 피에르는 낮의 남자이며, 그가 누이라고 믿는 집시 여인 이사벨은 남루하고 어둡고 우울한 밤의 여자다. 피에르는 꿈에서 만난 이사벨의 존재에 사로잡히며, 밤의 숲에서 조우한 뒤 그녀와 살기로 결심한다. 빈민가에 정착한 피에르는 지금까지 자신의 삶이 허위였고 이제 진실을 깨달았다고 믿으며 그 진실을 소설로 쓴다. 하지만, 그의 새 소설은 출판이 거부된다.

"말이 시들고 사물이 살아나는 밤"(생텍쥐페리)은 소설의 언어로 표현될 수 없기 때문일까? 관객인 우리는 피에르가 발견했다고 주장하는 진실도 새 소설의 내용도 알 수 없지만, 그는 어쨌든 실패하고 자멸한다. 그의 귀족적이고 관능적인 어머니도 자살에 가까운 사고사로 죽음을 맞고, 헌신적인 전 약혼녀는 그와 함께 살겠다며 폐건물의 숙소에 들어와 병들어간다. 밤의 매혹에 사로잡힌 낮의 인간들은 그렇게 몰락해간다. 이 영화가 실패작이라면, 밤의 유혹이라는 모티브의 뼈대만 있고 유혹당하는 자의 피와 살이 없기 때문이다. 피에르는 파탄이 예정된 자동인형처럼 묘사되며, 피에르를 연기한 기욤 드파르디외의 수많은 격정의 표정과 몸짓은 드니 라방의 어둡고 굳은 표정 하나를 당하지 못한다.

〈홀리 모터스〉에서 카락스는 드니 라방과 함께 밤으로 돌아왔다. 극영화에선 20여 년 만의 재회다. 누구의 말도 듣지 않을 듯 반항적이고 고집스런 눈매의 라방도 이제 머리가 벗겨지고 깊은 주름이 팬 장년이 되었다. 동년배인 그를 다시 맞은 카락스의 영화 세상에서 어둠은 더 깊은 층위로 이동했다. 밤 장면이 많다기보다 이것은 고스란히 밤의 몽상과도 같은 영화이기 때문이다. "밤은 천 개의 눈을 가졌지만 낮은 오직 하나뿐"이라는 옛 시인의 말이 맞다면 〈홀리 모터스〉는 밤의 외양(look)이 아니라 밤의 영혼을 담으려는 영화다.

〈홀리 모터스〉에는 아홉 가지 에피소드가 이어 붙여져 있고, 라방은 아홉 가지 캐릭터를 연기한다. 그를 태운 리무진은 분장실을 갖추고 있어, 리무진이 설 때마다 그는 다른 인물이 되어 차에서 내린다. 에피소드들 사이의 연관성은 전혀 없다. 다만 그는 스케줄에 있는 대로 그 역할을 할 뿐이다. 개연성이라는 외재적 규율이 자기만의 내재적 규칙으로 완전히 대체되어 있다는 점에서 〈홀리 모터스〉는 카락스의 초기 3부작과 같은 시적 영화가 아니라, 시의 영화다. 시적 이미지나 시적 리듬이 채용된 것이 아니라, 시의 방식으로 만들어진 것이다. 이 영화에 와서야 카락스는 그가 오랫동안 존경을 표해온 장 콕토의 세계와 비로소 만난 셈이다.

20세기 초반의 상징주의 시와 영화가 그러했듯 이질적인 것들의 난폭하고 대담한 병치와 절충의 연속이라고 해서 〈홀리 모터스〉가 모종의 일관성도 아무런 의미도 지니지 않는다는 말은 아니다. 이 점을 말하기 위해선 얼마간의 우회가 불가피할 것 같다. 우회의 과정에서 카락스의 전기적 사실로부터 어떤 장면을 설명하는 일은 피하려 한다. 그것이 무의미해서가 아니라, 오히려 영화 외적 정보에 대해 무지한 관객으로서 영화의 내적 흐름에만 집중하는 것이 더 중요하다고 믿기 때문이다.

프롤로그에 해당되는 오프닝 시퀀스는 상세하게 언급할 필요가 있다. 남자의 벌거벗은 상체의 움직임을 담은 오래된 흑백 활동사진에 이어 객석을 채운 관객이 모습이 등장하는데 그들은 모두 잠들어 있다. 다음 장면에서 레오스 카락스 자신이 침대에서 일어난다. 아마 잠자는 관객 장면은 그가 꾼 꿈이었을 것이다. 개가 곁에서 잠들어 있고, 트윈 침대의 다른 한쪽은 비어 있는데, 누군가 떠난 빈자리일 것이다. 일어난 카락스는 느린 움직임으로 거울, 유리창, 벽을 차례대로 지나친다(벽은 벽화의 틀이기도 하며 나중엔 문으로 변한다. 우리는 거울과 창과 틀과 문이 모두 스크린의 은유라는 것을 알고 있다. 게다가 그는 종종 영화와 유비되는 꿈을 좀 전에 꾸었고, 이젠 꿈에서 깬 꿈을 꾸고 있다. 말하자면 그는 지금 스크린 속에서 스크린들에 둘러싸여 있다).

카락스는 거울과 창문을 무심하게 지나치는데, 창문 밖에는 도시의 야경이 비친다. 공항이 주변에 있는 듯 비행 물체들이 이착륙하는 모

습이 어렴풋이 보이는데 비행기라기보다 우주선의 형상에 가깝다(이
곳은 미래 사회일까). 카락스는 나무들이 실물처럼 그려진 벽, 그러니
까 벽화 앞에 멈추어 선다. 벽 한가운데 구멍이 있고, 구멍을 만지던
그의 손가락이 열쇠로 변해 구멍에 꽂히자 벽이 열린다. 틀이 문으로
변하자 다른 세계의 입구가 된다. 그런데 문 뒤에는 또 다른 문이 있
고, 그 문을 열자 첫 장면에 등장했던 극장의 2층 객석 뒤편에 이른다.
사내는 여전히 꿈속이다. 스크린은 보이지 않으며 관객은 여전히 잠들
어 있고, 1층의 객석 사이로 벌거벗은 아기가 스크린을 향해 아장아장
걸어간다. 카메라는 스크린을 등지고 다시 1층 객석을 비추는데, 어둠
속에서 늙은 개가 스크린을 향해 조금씩 다가온다. 프롤로그의 마지막
은 뱃고동 소리와 함께 한 여자아이가 배의 유리창 안에 앉아서 유리
창 밖의 카메라를 혹은 관객인 우리를 바라보고 있는 장면이다. 미묘
한 점프컷으로 촬영된 이 장면에서 아이는 지금 배를 타고 떠나가려는
것 같다.

　모호하고도 신비한 이 프롤로그의 세부들을 일일이 해석하는 것은
불가능하겠지만 우리는 이 사내가 놓인 상황을 짐작할 수는 있다. 그
는 지금 중첩된 문들과 스크린들에 갇혀 있고, 이 상황은 이 장면이 사
내가 꾸는 꿈속의 꿈이라는 사실과 겹쳐 있다. 그는 어떤 관객도 스크
린을 바라보지 않는 혹은 모든 관객이 죽어버린 극장에서 늙은 개가
되어 어슬렁거리고 있다. 그리고 그의 곁을 누군가 떠나갔으며, 떠난
이가 여인인지 아이인지 알 수 없다. 사내는 꿈에서 깨어날 수 없고,
스크린을 벗어날 수 없다. 떠난 이를 떠올리며 그는 이렇게 죽은 관객

의 극장에서 끝없이 긴 밤을 살아왔고 살아야 될 것이다. 우리는 지금 한 외로운 감독의 중첩된 악몽과 마주하고 있으며, 이것이 〈홀리 모터스〉라는 영화의 입구이다. 본편은 악몽의 연장일까, 아니면 현실의 세상일까. 아직은 알 수 없다.

매혹적인 프롤로그가 끝나면 아침이 밝아오고, 드니 라방이 세련된 사업가 오스카의 모습으로 등장해 60대 여인 셀린느가 운전하는 리무진에 올라타는 본편이 시작된다. 셀린느는 오스카에게 오늘 아홉 개의 스케줄이 있다고 말한다. 오스카의 아홉 가지 역할은 차례대로 이렇게 등장한다. 1. 걸인 노파 2. 모션 캡처 스턴트맨 3. 지하의 마귀인간, 4. 가정적인 택시 기사 5. 중국인 킬러 6. 우발적 살인자 7. 죽어가는 노부호 8. 옛 연인과 만나는 중년 남자 배우 9. 가정으로 돌아가는 중산층 남자.

프롤로그가 감독 카락스의 악몽 그대로라면, 본편은 드니 라방이라는 배우의 삶을 악몽의 문체로 번안한 것처럼 보인다. 감독 카락스가 중첩된 문과 스크린 그리고 관객이 죽은 극장에 갇혀 있다면, 배우 드니 라방은 중첩된 배역, 혹은 가면에 갇혀 있다. 개인적으로는 본편이 프롤로그보다 매력적이지 않다고 느꼈다. 프롤로그는 풍성하고 강렬한 이미지들이 서로 충돌하면서도 한 몸이 되어 부드럽게 흐르지만, 본편은 보는 동안 계산된 트릭들이 계속 머리를 맴돌았기 때문이다.

본편의 에피소드들은 이질적인 것이 불규칙하게 병치되어 있는 것처럼 보이지만, 우리가 이 역할 게임의 내적 규칙이라고 믿게 만든 항

목들을 하나씩 위반하며 진행된다. 오스카가 집에서 나올 때 그의 저택을 경비병들이 무장한 채 지키고 있으며, 그의 리무진 뒤에는 경호차가 따라온다. 에피소드 1의 역할을 수행할 때도 경호원들이 그의 주위를 지키고 있다. 그런데 2의 역할을 맡을 때는 경호원이 사라진다(우리는 그가 부호 오스카가 아닐지도 모른다고 짐작하게 된다). 3의 역할에 이르면 그의 배역은 타인의 삶에 난폭하게 개입한다. 사진작가 에이전트의 손을 물어뜯고 모델을 납치하는 것이다(우리는 이 영화가 사실적인 역할 수행에 기반한 이야기가 아니라 일종의 환상담 혹은 악몽의 연장이라고 짐작하게 된다). 4의 역할에는 그와 공연하는 타인(딸)이 등장한다(임시적인 역할 놀이와 지속되는 실제 생활 사이의 구분이 모호해진다).

에피소드 5에선 킬러가 된 오스카가 자신과 똑같이 생긴 타깃을 죽이려다 자신도 칼에 찔리는데, 리무진으로 돌아온 사람이 누구인지 밝혀지지 않는다(우리는 그가 더 이상 오스카임을 믿지 않거나, 영화에 등장하는 사람은 누구나 오스카일 수 있다고 짐작하게 된다). 6의 우발적 살인은 스케줄에 없는 것처럼 진행되지만, 사실은 이것도 포함되어 있다(스케줄의 계획과 우연의 구분이 모호해진다). 7에 이르면 오스카의 조카로 나오는 여인이 관능적인 자세로 옷을 갈아입는 단독 장면이 등장하며, 그 여인은 스스로 연기자임을 밝힌다(연기자를 연기하는 연기자의 연기…… 연기는 중첩되고 연기와 연기 이후의 구분이 모호해진다). 에피소드 8에는 동료 연기자이자 옛 연인을 우연히 만난 뒤 그녀가 투신자살하는 연기를 목격하는데, 오스카는 비명을 지르고 눈물을 흘린다(연기가 실재의 수준으로 승격한다). 9에선 오랑우탄이 기다리고 있는 중산층 가정으로 돌아간다. 리무진 운전수는 실은 운전수가 아니라 그의 고용인이며 그에게 일당을 지급한다. 일을 마치고 돌아간 곳이 실제 생활이 아니라 또 다른 연기가 되는 것이다(그는 부호 오스카가 아니며 연기 아닌 삶은 존재하지 않는다).

보는 사람에 따라선 부호 오스카 또한 배역이므로 8이 연기가 아니라고 볼 수도 있고, "자정 직전에 웃어야 한다"는 셀린느의 주문 또한 연기에 관한 것이므로 우연처럼 보이는 6과 8이 모두 연기가 아니라고 말할 수도 있을 것이다. 그런데 셀린느는 에피소드 7이 끝나고 이제 "스케줄이 하나만 남았다"고 말한다. 이 혼란스런 트릭들은 우리의 머리를 얼마간 어지럽히지만 고민할 필요가 없는 퍼즐이다. 오스카는 더 이상 존재하지 않기 때문이다. 본편의 에피소드들은 연기와 생활, 연기 이전과 이후를 점점 모호하게 만들어 연기 이외의 모든 것을 지워버린다. 출발한 곳과 돌아간 곳도 연기라면 그는 자신의 배역들에 영원히 갇혀 있다.

당신의 진짜 얼굴을 보여달라, 라고 요구한다면 그는 가면을 내놓을 것이다. 그는 가면들로 진짜 얼굴을 가리고 있는 것이 아니라 가면(들)이야말로 그의 얼굴(들)이다. 에필로그에서 셀린느가 퇴근을 하면서 가면을 쓰는 장면은 본편의 역설적 요약이며, 유머러스한 알레고리다. 드니 라방이 가면들에 갇혀 있다는 진술은 수정되어야 할 것 같다. 그는 가면들에 갇혀 있지만, 가면들을 통해서만 세상과 만날 수 있다는 점에서 또한 열려 있다. 가면은 비유컨대 틀이기도 하고 창이기도 한,

투명과 불투명과 반투명이 경합하는 장이다.

이 진술을 예시하기 위해 긴 본편이 있는 걸까. 그렇지는 않을 것이다. 이 영화가 우리의 머리를 혼란스럽게 하다가 점차 마음을 울리게 된다면, 그것은 드니 라방이라는 배우가 그 모든 배역에 경이로운 육체성을 불어넣기 때문이다. 이것은 그의 연기력이 아니라(라방은 표정 연기를 거의 하지 않는다) 총체적인 신체적 능력에서 비롯되는 것 같다. 누군가 아홉 개의 캐릭터를 그만큼 능숙하게 연기할 수는 있겠지만, 분장과 휴식의 막간을 보여주면서도 아홉 가지 얼굴이 모두 허위가 아니라고 설득할 수 있는 육체의 소유자는 라방 외에는 상상하기 힘들다.
  그렇다면 진실은 가면들 사이에 있다. 〈홀리 모터스〉가 우리를 완전히 사로잡는 것은 '중간 휴식'이다. 낡고 어두운 성당과 같은 공간에서 드니 라방이 아코디언을 연주하며 걸어온다. 기둥들의 뒤편에서 또 다른 아코디언 연주자들과 세션맨들이 하나씩 합류하면서 연주 퍼레이드가 벌어진다. 소리는 점점 커지고, 아쉽게 끝날 듯한 순간에 라방이 하나 둘 셋을 외치면 터져 나오듯 모든 악기가 목청껏 노래한다. 확신컨대 여기엔 가면이 없다.
  정한석은 이 장면의 "음악과 리듬과 운동감이 황홀하다"고 표현했다. 완전히 동의한다. 이 장면에 넋을 잃게 되는 이유는 연주와 음악 자체에 있지 않고, 그것의 위치에 있다. 비루하고 잔혹하며 고단한 가면 놀이의 틈에서 우리를 향해 이처럼 벼락같이 쏟아지지 않았다면, 우리가 이 음악을 그토록 사랑할 수 있었을까. 이 음악과 그것의 방식과 위치를 기적처럼 찾아냈다는 점만으로도 〈홀리 모터스〉는 걸작의 반열에 오를 자격이 있다. 이 섬광과도 같은 전율의 순간을 위해 그토록 혼란 스런 가면극이 있었다고 믿는다. 진실은 막간에 있다. 결국 시인은 패배하여 가면의 세계로 되돌아올 운명이므로.

(『씨네21』902호, 2013. 4. 30~5. 7)

코스모폴리스(2012, 데이비드 크로넨버그)

미학적인
자본가

영화의 한 장면. 주인공이 탄 리무진 창밖으로 보이는 뉴욕 중심가가 느린 속도로 전시된다. 도시는 시위자들에게 점거되었다. 희뿌연 연기로 뒤덮인 거리를 소요 군중들이 어지럽게 오가고 있다. 널뛰는 주가와 환율이 점멸하던 거리의 전광판에는 이런 문구가 떠오른다.

하나의 유령이 세계를 배회하고 있다
자본주의라는 유령이

이상한 문구다. 1848년 마르크스는 「공산당 선언」의 첫머리에 "공산주의라는 유령이 유럽을 배회하고 있다"고 썼다(감독 데이비드 크로넨버그는 〈코스모폴리스〉가 첫 소개된 지난해 칸영화제 기자회견에서 마르크스의 이 문장을 인용하고, 이것이 자신의 영화와 관련이 있다고 말했다). 공산주의라는 유령. 마르크스와 마르크스주의자들에게 그것은 "현 상태를 지양(止揚)해나가는 현실의 운동"(칼 마르크스, 『독일 이데올로기』, 청년사, 김대웅 옮김, 2007), 혹은 현재적인 자본주의 내부에서 엄청난 속도로 에너지를 비축 중인 파괴-창조적 잠재력, 혹은 자본주의의 바깥이며 피안이었다. 그러니까 유령은 지양의 운동이거나 잠재력이거나 피안의 표상이었다.

그런데 21세기 코스모폴리스의 저항자들에게는 왜 자본주의가 유령일까? 지금 이곳에서 자본주의는 현 상태를 지속시키는 전능한 기성 질서이며 가장 강력한 실재가 아닌가. 그들은 유령이라는 단어를, 수방해야 마땅한 악귀와 같은, 단순히 부정적인 의미로 사용하고 있는 것일까. 그렇다면 굳이 마르크스의 수사학을 빌려온 이유는 무엇일까. 그들은 무언가 다른 것을 말하려는 것일까, 아니면 무언가를 말하는 데 실패하고 있는 것일까. 어느 쪽도 아니라면 이 전자 신호는 혹시 저항자들의 구호가 아니라 극 중의 누구에게도 속하지 않는 일종의 메타진술일까.

이것은 〈코스모폴리스〉의 그로테스크하고 모호한 이미지들과 진술들 중의 하나다. 물론 이 이미지들이 전부 해독을 기다리는 난수표와 같은 것은 아닐 것이다. 다만 전광판의 숫자가 사라진 자리에 등장하는 '자본주의라는 유령'이라는 전자 기호는 그 말의 역사적 맥락과는 무관하게, 영화의 무대인 뉴욕 혹은 〈코스모폴리스〉라는 영화 전체를 장악하고 있는 귀기 혹은 모종의 무의식과 내통하는 것처럼 느껴진다.

당겨 말하면 '유령'은 두 가지 층위에 걸쳐 있는 것 같다. 하나는 이 영화의 공간, 나아가 오늘의 세계를 지배하는 자본주의의 초월적 권능을 지칭하는 것이다. 자본주의를 지탱하는 화폐와 신용의 세계는 "경제적이라기보다 종교적이고 환상적인 세계"이며 따라서 자본주의는 "선택과 폐기 혹은 합리적 제어의 대상이 아니"라는 통찰을 여기서 떠올릴 수 있을 것이다.(가라타니 고진, 『트랜스크리틱』, 이신철 옮김, 도서출판 b, 2013)

다른 하나는 저항자들의 불능과 연관되어 있다. 여기엔 정치적 불능, 행동의 불능, 성적 불능이 모두 포함된다. 자본주의의 유령성에 관해서라면 인문학자들이 더욱 잘 말할 것이다. 우리의 관심사는 후자이며, 이것은 나중에 다시 언급하려 한다. 어느 쪽이든, 〈코스모폴리스〉에 들어선 관객으로서의 우리는 지금 유령의 도시에 초대되었다.

억만장자 에릭 패커는 초대형 리무진을 타고 시간이 갈수록 혼란에 빠져드는 뉴욕의 중심가를 횡단한다. 그의 말에 따르면, 목적지는 이발소다. 믿을 수 없는 말이다. 지금 거리는 같은 시간에 시내를 통과하고 있는 미국 대통령, 그리고 에릭 패커 자신에 대한 암살 위협, 거기다 소요 사태까지 겹쳐 극도의 혼란에 빠져 있다. 그는 경호원의 만류와 본부(영화에선 'complex'라고 표현된다)의 경고에도 불구하고 오래된 단골 이발소에 가겠다는 고집을 꺾지 않는다. 느리게 이동하면서 패커가 고용한 각 분야(컴퓨터, 금융, 미술, 재정, 의사, 인문학, 심지어 랩)의 전문가들이 그의 리무진에 올라타 대화를 나누고, 차 안팎에서 아내와 몇몇 섹스 파트너를 접촉한다. 거리에선 소요가 벌어지고, 패커는 환율 예측 실패로 알거지가 되어간다. 이런저런 경유지를 거쳐 그는 결국 이발소에 도착한다. 하지만 이곳이 최종 목적지는 아니다.

이 설정은 돈 드릴로(Don DeLillo)가 2003년에 출간한 동명의 원작 소설에서 고스란히 옮겨온 것이다. 하지만 영화는 소설보다 더 모호하고 괴기스럽다. 드릴로의 소설에는 하드보일드 계열의 소설이 장기로 삼는 차가운 이미지 묘사들, 장광설에 가까운 혼란스럽고 뜨거운 상념들, 주인공과 전문가들이 나누는 건조한 대화가 불규칙하게 뒤섞여 있다.

크로넨버그는 상념들을 폐기하고, 이미지들은 차차 밖으로 밀어내 평면화하며, 대화는 고스란히 살려놓았다. 소설을 영화화하는 감독의 선택으로는 거의 미친 짓이다. 소설에서와는 달리 주인공의 상념을 들을 수 없는 우리는 영화를 보면서 패커라는 인물의 내면을 결코 이해할 수 없다. 소설의 상념들을 주석 삼아 그의 동기를 이해하려는 것은 크로넨버그의 영화로부터 가장 멀어지는 길이다. 크로넨버그는 심지어 그의 종잡을 수 없는 동기에 힌트가 되는 소설 속 에피소드 하나를 아예 삭제해버렸다.

그 에피소드는 이렇다. 엔화(영화에선 위안화) 환율 예측 실패로 수억 달러를 날린 패커에게 시인이자 갑부의 딸인 아내는 "내 돈을 줄 테니 재기하라"고 말하는데 리무진으로 돌아온 그는 해킹으로 아내의 재산 7억 3천5백만 달러를 이체한 뒤 고의적으로 날려버린다. "그렇게 한 것은 그녀로부터 금전적 지원을 받을 수 없도록 확실히 해두기

위해서였다." 그리고 "그는 어느 때보다 더 큰 자유를 느낀다." 소설
의 주인공은 지금 자기 파괴의 쾌락에 사로잡혀 모든 것을 불태워버리
려 한다. 그의 최종 목적지는 죽음, 더 정확히는 피살일 것이다. 영화
에서도 패커는 같은 행위를 하지만 동기를 말하지 않는다.

　영화 〈코스모폴리스〉는 소설의 캐릭터 스터디와는 무관한 징후의
영화다. 그렇다면 우리로선 영화사의 알려진 작품들을 참조 대상으로
삼는 것이 차라리 유용할 것 같다. 첫번째 참조 대상은 〈시민 케인〉(오
슨 웰즈, 1941)이다. 패커가 죽음에 이르기 전에 가려는 곳은 낡은 이
발소이다. 케인은 '로즈버드'라는 수수께끼 같은 마지막 말(어릴 때 탔
던 썰매의 이름이라는 사실이 나중에 밝혀진다)을 남기고 죽는다. 이
발소와 로즈버드는 동질적이다. 시스템을 장악한 두 거물에게 유년기
의 기억에 속한 대상이고, 시스템 밖의 존재라는 점에서 그러하다. 공
통점은 거기까지다. 〈시민 케인〉은 로즈버드로 환유되는 유년기의 낙
원을 은밀하게 낭만화한다. 〈코스모폴리스〉에서 이발소는 하나의 평
계로만 존재한다. 그곳은 영혼의 안식처가 아니며, 지독한 노동과 고
문의 기억 외엔 없다. 패커는 머리를 반만 깎고 뛰쳐나온다. 크로넨버
그는 유년기의 기억을 등장시킨 뒤 은밀하게 훼손한다. 아니, 처음부
터 훼손되어 있음을 확인한다. 그런 점에서 〈코스모폴리스〉는 로즈버
드 없는 〈시민 케인〉이라고 부를 수도 있을 것이다.

　〈코스모폴리스〉가 제목 때문에라도 즉각 상기시키는 또 다른 영화
는 〈메트로폴리스〉(프리츠 랑, 1927)이다. 하지만 '거대도시'와 그것
의 확장판인 '국제도시'는 작동 원리가 다르다. 이후 SF의 원형적 모티

브가 된 〈메트로폴리스〉의, 인간이 만들어낸 시스템이 인간을 초월할 때의 매혹과 공포라는 아이디어는 〈코스모폴리스〉의 패커에겐 진부한 과장이며 엄살이다. 디지털이 지배하는 코스모폴리스의 시스템은 기계문명이 지배하는 메트로폴리스의 사이보그 여인과 같은 매혹적인 이미지를 더 이상 갖지 않는다. 또한 그는 시스템의 강력한 조종자다. 문제는 더 이상 시스템의 매혹과 공포가 아니다. 시스템 조종자의 문제는 지루함이며 그 밖의 인물들의 문제는 시기심이다. 그런 점에서 〈코스모폴리스〉는 매혹도 공포도 없는 〈메트로폴리스〉라고 부를 수도 있을 것이다.

마지막 참조 대상은 〈이탈리아 여행〉(로베르토 로셀리니, 1953)이다. 늙은 부부가 만남과 헤어짐을 반복하고 주인공이 차를 타고 돌아다니는 것을 빼면 두 영화의 공통점은 없다. 하지만 몇 가지 점에서 양자는 의미 있는 대립항을 보여준다. 이 영화를 기준으로 고전기 영화와 모던 시네마를 구분 짓는 들뢰즈의 도식에 동의하지 않더라도, 〈이탈리아 여행〉이 '행위의 영화'에서 '견자(見者)의 영화'로의 경향적 이행기에 놓인 중대한 분기점의 영화라는 점은 분명하다. 부부간의 그다지 심각하지 않은 불화 외엔 문제적 상황도 긴급한 행동의 요청도 없는 이 영화에서 잉그리드 버그만은 나폴리 일대를 순례한다. 주인공은 이제 행위의 주체가 아니라 시청각적 주체이다. 그녀가 목격하는 세계의 이미지들과 그것의 감흥이 느슨한 사건들의 틈새를 채운다. 문제적 상황과 해결의 행동이 아니라 장소와 시간이 이후 모던 시네마의 끈질긴 의제가 되었다는 것은 잘 알려져 있다.

〈코스모폴리스〉는 이 의제를 과격하게 뒤집는다. 사회적 상황(거리의 폭동, IMF 부총재 피살, 대통령 암살 위협)과 개인적 상황(투자 실패, 주인공 패커의 암살 위협) 모두 심각하다. 게다가 패커는 코스모폴리스 최강의 행위자다. 실은 이 모든 문제적 상황의 가장 큰 원인 제공자가 패커다. 하지만 그는 창밖을 보지 않고 듣지 않는다. 소설과 영화가 미묘하지만 결정적으로 갈라지는 것도 이 대목이다. 소설에서 리무진의 창문은 투명한 막으로만 등장하지만, 영화에서 리무진의 창문은 리무진 밖의 현실이 영사되는 스크린과 같은 것이 되어 안과 밖을 존재론적으로 갈라놓는다. 몽환적인 윤곽과 색채, 그리고 느린 움직임으로 드러나는 거리의 현실은 리무진의 외관을 더럽히거나 속도를 늦추는 것 외에 어떤 영향도 미치지 못한다. 패커의 현실은 리무진 안에 있을 뿐이다. 그는 창문이라는 스크린에 무관심하며, 리무진 안에서 대화하는 어떤 피고용자의 얼굴도 마주 보지 않는다(그의 아내도 동류의 인간이어서 "당신, 파란 눈이네. 왜 말해주지 않았어"라고 말한다). 그는 뉴욕 거리를 순례하지만 보지 않는다. 대신 행위는 너무도 간단한 것이 되어, 패커는 몇 번의 모니터 터치만으로 세상을 뒤흔든다. 그는 비견자(非見者)이며 광포한 행위자다.

그가 눈길을 보내는 것은 성욕의 대상과 고통스럽게 죽어가는 몸밖에 없다. 이것은 프로이트의 단순한 인용이 아니다. '세계와의 감각적 관계는 단절되고 오직 디지털 신호만이 광포한 운동력을 행사할 때 몸은 무엇을 할 수 있는가'에 대한 논리적 대답이다. 섹스하거나 고통을 느끼며 죽어가거나. 결국 그의 최종 목적지는 죽음에 이르는 고통이다.

〈이탈리아 여행〉은 행위가 아니라 관찰로 세계와 새로운 관계를 맺으려는 여정의 시작이다. 〈코스모폴리스〉는 그 여정의 종언이다.

한 가지 반문이 가능할 것이다. 패커의 선택은 그가 시스템의 승자라는 특별한 조건 아래에서만 이해되는 것이 아닌가. 그것이 과연 동시대의 보편적 체험일 수 있는가. 패배자들과 저항자들의 선택은 정반대로 새로운 시작이 될 수도 있지 않은가. 여기서 앞서 언급한 '자본주의라는 유령'의 문제로 돌아올 필요가 있을 것 같다. 그것이 '자본주의가 유령 같은 것이 되었다'라는 인문학적 진술이 아니라 「공산당 선언」의 혁명적 수사를 차용한 저항자의 언어라면, 그럼에도 마르크스가 말한 또 다른 의미의 '유령'을 상상할 수 없다면, 그들은 어디로 향하려는 것일까. 그것은 자본주의 바깥을 상상할 수 없는 불모의 저항이며, 저항이라는 퍼포먼스에 자족하는 저항을 위한 저항이다(이것은 토마스 프랭크가 『르 몽드 디플로마티크』 2013년 1월호에 쓴 「오큐파이 운동이 빠진 함정」의 요지이기도 하다. 그런 점에서 소설 『코스모폴리스』는 2011년 월스트리트 점거 운동 자체가 아니라 그 운동의 한계를 예견한 셈이다). 영화와 소설 모두에 등장하는, 패커에게 파이를 던지는 저항자, 생쥐를 들고 다니며 '생쥐가 화폐가 되었다'고 퍼포먼스를 벌이는 저항자들은 그들의 '유령'을 말하지 못한다.

　패커를 암살하려는 패배자 베노 레빈은 "성기가 뱃속으로 쪼그라들고 있다"고 말한다. 그가 사회적 패배와 성 불능화 외에 아직 알지 못하고 있는 것은, 자신이 패커에 대한 열등감을 증오심으로 키워가고 있는 동안, 패커는 육체적 고통과 죽음의 최종적 비극을 완성해가고 있다는 사실이다. 패커가 가진 것은 돈과 힘만이 아니다. 그는 큐레이터와 인문학자를 고용해 예술품을 소유하고 세계의 작동 방식을 논한다. 그리고 반체제적 래퍼를 사랑하고 그의 매니저를 친구로 삼는다. 소설 『코스모폴리스』의 역자이며 인문학자인 조형준은 '시/자본 복합체'라는 용어를 썼는데, 아마도 자본가와 인문학자와 예술가의 이런 결합을 뜻할 것이다.

패커는 여기서 더 나아간다. 그는 지금 자신의 삶 자체를 비극화하려는 것이다. 앞서 말했듯, 데이비드 크로넨버그는 패커의 '죽음의 선택'을, 자기 파괴적 충동이라는 심리적 동기를 삭제한 뒤 온전한 미학적 선택으로 바꾸어놓는다. 〈코스모폴리스〉는 그런 점에서 시스템 승리자의 미학적 승리담이기도 하다. 크로넨버그는 한 자본가의 미학적 승리를 묘사하며, 저항자들의 상상력과 성 기능과 비미학을 비웃는다. 당신이 스스로 패배자 혹은 저항자라고 생각한다면, 이 비웃음을 반박할 수 있는가. 이것이 〈코스모폴리스〉의 불쾌하지만 피할 수 없는 잔혹한 질문이다.

(『씨네21』 911호, 2013. 7. 2 ~ 7. 9)

무중력의 카메라,
외설적 카메라

1

〈그래비티〉의 초반에 이상한 장면이 등장한다. 탐사선의 허블우주망원경을 수리하던 여성 우주비행사 라이언 스톤(산드라 블록)은 위성 파편들의 습격으로 우주 공간에 내동댕이쳐진다. 지지할 곳도 탐사선과의 연결선도 모두 잃어버린 그녀의 몸은 텅 빈 우주 공간에서 빙글빙글 돌며 어둠이 깃든 지구 반대편 상공으로 빨려 들어간다. 동료 맷 코왈스키(조지 클루니)와의 통신도 이제 끊겼다. 지평선에 걸린 해도 이제 곧 그녀의 시야에서 사라질 것이다. 이곳은 지구의 600킬로미터 상공, 중력도 소리를 전달할 매개체도 없고 영하 100도를 넘나드는, 생명이 살 수 없는 공간이다. 그녀는 죽음의 문턱에 있다.

카메라는 라이언의 주변을 돌며, 방향도 속도도 짐작할 수 없이 어둠 속으로 빨려 들어가는 그녀의 육체와 함께 조난의 움직임을 체화한다. 그러다 한순간, 라이언을 가까이서 지켜보던 카메라는 그녀의 헬멧에 점점 가까워지더니 헬멧 안으로 들어가 그녀의 눈이 된다. 이제 스크린에서 우리가 보는 것은 속절없이 유영하는 그녀의 육체가 아니라 그녀의 눈이 보는 것이다. 어둠이 깃든 지구와 광대한 우주의 풍경은 그녀의 입김이 종종 시야를 흐리게 하는 헬멧의 투명한 막 너머로 등장한다. 비인칭적인 카메라의 시점과 주인공의 1인칭 시점이 한 몸으로 이어진 것이다.

나는 이 장면을 보고 잠깐 동안 멍해졌다. 물론 클로즈업과 줌인 그리고 시점 숏은 수없이 보아온 것이다. 그러나 이들이 편집 없이 한 테이크로 이어진 카메라워크를 본 기억은 없다. 클로즈업과 시점 숏이 편집으로 연결될 때, 우리의 지각적 관습은 재빨리 카메라의 시점에서 인물의 시점으로 이동할 수 있다. 영화에서 광학적 시점은 매우 복잡하지만, 대부분의 관객은 별다른 불편 없이 이 시점 저 시점을 자유롭게 옮겨 다닌다. 그런데 클로즈업과 줌인과 시점 숏이 한 테이크로 이어진 이 장면은 보는 이에게 시점 이동의 이면에 존재하는, 그녀의 헬멧을 관통한 카메라의 행위를 은밀한 잔상으로 남긴다.

물론 〈시민 케인〉에서 오슨 웰즈의 카메라가 케인의 저택 문을 관통한 이래, 유리창 밖의 카메라가 컷 없이 유리창 안으로 들어가는 장면 정도는 드물지 않게 보았다. 이건 단순한 기술적 유희일까. 그럴지도 모른다. 이후로도 라이언의 헬멧 안 시점 숏은 두어 번 더 등장하지만, 모두 컷으로 이어져 있다. 그럼에도 초반의 이 카메라워크가 잊히지 않는 이유는, 그 순간의 카메라가 은밀한 외설성을 지니고 있다는 느낌 때문이다. 잘 정리되지 않는 이 느낌은 뒤에 다시 말하려 한다.

2

SF작가 배명훈은 『씨네21』(928호)에 기고한 글 「상상이 아닌 진짜의 세계」에서 〈그래비티〉는 "리얼한 SF가 아니라 그냥 리얼한 영화"라고 말했다. 정확한 지적이라고 생각한다. 이 영화에는 현행 과학기술을 넘어서는 상상력이 없다. 정확히 말하면 채택하지 않았다. 이 영화의 사건은 지금 바로 상공 600킬로미터 위에서 일어날 수 있는 일이다.

〈씨네21〉 편집자로부터 인상적인 이야기를 하나 들었다. 한국 최초의 우주비행사인 이소연 씨에게 이 영화에 대한 평을 부탁했을 때, 그녀는 "〈그래비티〉가 내가 본 모든 영화를 통틀어 가장 무서운 영화였다. 끝나고 나서도 한동안 일어서지 못했다. 객관적인 무언가를 말할 수 없다"며 거절했다고 한다. 실제 우주 비행 경험이 있는 그녀에게 이 영화가 탈진할 정도로 무서웠다면 상황의 개연성뿐만 아니라 표현의 현장감 때문이기도 할 것이다. 사실 〈그래비티〉는 거의 실시간 영화다. 러닝타임은 90분이지만, 허블망원경 수리 장면에서 시작해 지구 귀환으로 끝나는 영화 내적 시간도 세 시간 안팎에 불과하다. 게다가 카메라는 여주인공의 시점을 거의 벗어나지 않는다. 이 영화를 아이맥스 3D로 본 관객이라면 시종 죽음의 공포를 겪는 여주인공과 유사한 지각의 장을 체험할 수밖에 없다. 이런 요소들이 〈그래비티〉의 '리얼'을 강화한다.

　사실 이 영화는 SF영화에 대한 우리의 예상과 기대를 효과적으로 거역함으로써 성공을 거둔 것처럼 보인다. '외계인도, 우주전쟁도 없다'는 홍보 문구는 그 거역의 대중적 호소력을 자신하고 있다. 하지만 스스로 SF의 미니멀리즘을 과시하는 듯한 〈그래비티〉를 다소 복잡하게 만드는 것은 거역의 서사적 기획과 시각적 기획이 어긋나게 결합되어 있다는 점이다. 그 자체는 장점도 단점도 아닌 이 어긋남의 방식을 살피는 것이 〈그래비티〉라는 영화가 놓인 자리를 말하는 데 도움이 될 것 같다.

　거역의 서사적 기획은 선명하다. 기존 SF영화들이 수많은 행성 중 하나로 사소화하거나 황폐화한 때론 폭파되어 사라진 지구의 복권이다. 아마도 우리는 암울한 SF영화에 지쳤을 것이다. 올해 개봉한 〈엘리시움〉 〈월드워Z〉 〈애프터 어스〉만 놓고 봐도 SF영화에서 디스토피아적 비전은 장르적 관습에 가깝다. 중력으로의 회귀라는 〈그래비티〉의 소박한 서사는 디스토피아적 SF영화에 익숙한 관객들에게라면, 혹은 해체, 숭고, 탈주, 유목과 같은 유행이 된 인문학 언어에 지친 동시대인들에게라면, 소란스런 대도시를 떠돌다 문득 평온한 전원 마을에 이른 것과 같은 아늑한 느낌에 젖게 할지 모른다.

　늙은 에스키모의 음성, 개 짖는 소리, 그리고 아이의 울음소리……연료가 바닥난 우주선 안에서 죽음을 눈앞에 둔 여인의 귀에 들려오는 지구의 음성은 아름답다. 그녀는 우주의 침묵을 사랑한다고 말했지만,

이제 지구의 작별인사와도 같은 그 보잘것없는 소리들에 눈물을 참지 못한다. 그녀는 아이를 잃고 운전만 했다고 했다. 아이는 어이없게도 계단에서 미끄러져 죽었다. 그녀에게 지상의 시간, 지구의 중력은 고통스러웠을 것이다. 끝없는 운전은 아이의 머리를 바닥으로 끌어당긴 지구의 중력에 대한 소극적 저항이었을 것이다. 우주비행사가 된 것도 그 때문이었을 것이다. 생의 마지막 순간에 그녀는 지구의 중력을 그리워한다.

여기서 지구의 복권이라는 기획은 그녀의 개인적 애도의 기획과 정확히 겹친다. 라이언은 애도에 실패했고 우주 공간의 침묵을 택했다. 이제 지구 복귀의 마지막 시도를 하면서, 라이언은 자신을 살리고 죽은 코왈스키를 떠올리며 "내 딸을 만나서 반갑게 인사될다"고 씩씩하게 독백한다. 이상하게도 그녀는 죽음을 기다릴 때 죽은 딸을 떠올리지 않았고, "너를 곧 볼 수 있겠구나" 같은 말을 하지 않았다. 실낱같은 생존의 가능성을 가까스로 찾았을 때 그녀는 딸을 비로소 떠나보냈고 애도는 완수된다.

이 대목이야말로 정말 리얼하다. 애도는 상실한 대상을 일정한 방식으로 상징화시켜 일상적 삶으로 복귀하는 과정이다. 복잡한 정신분석 논의를 끌어들이지 않더라도 상징화가 파토스의 중핵을 제거하거나 억압하는 작업이라는 사실을 인정할 수 있다. 나아가, 애도는 자기기만을 동반하지 않으면 완수되지 않는다고 말할 수 있다. 애도의 기획이 삶으로의 복귀를 결심했을 때 완수된다는 사실을 지구 귀환의 버튼을 누른 라이언만큼 더 잘 보여줄 수는 없을 것이다.

이 과정에서 제거되거나 억압된 것은 무엇일까. 물론 개인적 애도의 기획에서는 죽은 딸을 향한 병적인 집착일 것이다. 지구의 복권이라는 기획에서는 다름 아닌 우주다. 두 주인공이 사랑한 침묵 혹은 아름다움의 우주, 그리고 뒤이은 절대 고독과 공포. 거역의 시각적 기획은 이 것이다. 많은 SF영화들에서 우주는 시공간적 장벽이거나 기껏해야 이국적 풍경의 확장판이었다. 〈그래비티〉가 우리를 사로잡는 것은, 동시에 이소연 씨를 공포에 떨게 한 것은 아름답고 무서운, 그저 아득하다고 말할 수밖에 없는 우주의 공간 감각을 고스란히 전이시키는 이 영화의 시(청)각적 기획이다. 이건 소재나 대상으로 전락한 우주의 복권이라고 부를 만한 사태다. 기묘한 일이다. 〈그래비티〉는 시각적으로는 우주를 복권시킨 다음, 서사에선 우주를 제거하고 지구를 복권시킨다. 여주인공의 사적 애도의 기획이 이 어긋난 결합을 봉합한다.

이 교묘한 봉합을 영리하다고 말할 순 있겠지만, 전적으로 지지하는 것은 망설여진다. 여기서 〈그래비티〉를 만든 알폰소 쿠아론 감독에게 영감을 주었을 것으로 짐작되는 두 편의 SF영화를 언급하고 싶다. 〈그래비티〉가 우주를 '복권'했다고 말할 수 있다면, 두 영화가 그것을 선취했기 때문이다.

하나는 모두가 칭송하는 〈2001 스페이스 오디세이〉(스탠리 큐브릭, 1968)이다. 이 영화의 위대성은 장황한 형이상학이나 45년 전 영화라고 믿기 힘든 장대한 스케일과 경이로운 세공술의 프로덕션 디자인에 있는 게 아니라(물론 그것들도 훌륭하지만), 무중력 공간에서 완전히 새로운 영화적 리듬을 창안했다는 데 있다. 저 유명한 360도 조깅뿐만 아니라, 슈트라우스의 왈츠를 배경음악으로 디스커버리호의 둔중한 우주 운행을 어떤 카메라 기교도 없이 담아낸, 거만하게까지 느껴지는 롱테이크 장면은 이전의 어떤 영화에서도 체험하지 못한 장엄한 시청각적 충격을 선사했다.

다른 하나는 명백히 〈2001 스페이스 오디세이〉의 영향을 받은, 그리고 개봉 당시 극소수의 지지를 얻었지만, 이후론 부당하게 잊혀져 가는 〈미션 투 마스〉(브라이언 드 팔마, 2000)다. 인용과 짜깁기의 대가 브라이언 드 팔마는 이 영화에서 숨 막힐 듯 아름다운 장면이자 21세기 SF의 가장 창의적인 장면 가운데 하나를 빚어낸다. 그것은 우주 비행사 팀 로빈스 부부가 무중력의 우주선 내부에서 춤추는 장면이다. 중력이 지배하는 지상에선 불가능한 부드러움과 우아함과 자유로움의 몸짓. 이 장면의 아름다움이 뼈저린 이유는 뒤이은 장면에서 조난당해 우주선 사이를 이동하던 팀 로빈스가 아내와 동료들을 살리기 위해 스스로 줄을 놓고 우주의 어둠 속으로 고요히 사라져 가기 때문이다.

무중력의 공간 감각이 주요 모티브라는 점에서 〈그래비티〉를 두 걸작 SF의 뒤를 잇는 순수 SF라고 부르고 싶은 유혹을 느낀다. 하지만 〈그래비티〉는 두 영화와 근본적으로 다르다. 〈2001 스페이스 오디세이〉와 〈미션 투 마스〉는 우주의 초월성을 시청각적으로 제시하고 그것을 주인공의 사적 서사로 회수하지 않는다. 〈2001 스페이스 오디세이〉에는 아예 사적 서사가 전무하며, 우주 공간과 400만 년이라는 인류사의 전 시간이 일체화하는 4차원의 세계로 이행한다. 〈미션 투 마스〉에서 게리 시니즈는 화성에 남아 우주 그 자체와 합일하려 한다.

그도 아내를 잃고 애도에 실패한 우울증자이지만 〈그래비티〉의 라이언과 반대로 죽음/기원/초월이라는 미지의 세계에 진입한다.

미치광이의 집착을 지닌 창작자의 산물인 두 영화는 예외적이라기보다 미국 영화의 존중받을 만한 전통에서 멀지 않다. 미국 영화의 위대한 성취 가운데 하나는 서사로 정돈되지 않는 리비도를 풍경이 끌어안는, 서사적 기획과 긴장하는 시각적 기획의 전통에 있다. 위대한 미국 영화들에 빈번히 등장하는 불모의 황야, 성난 바다, 끝없는 사막, 위압적인 산악과 밀림, 아득한 설원은 인간 중심적 서사의 재강화를 위한 경유지이거나 감상의 대상이 아니라, 오히려 서사를 품고 있는 큰 형식이다. 이를 미국 영화의 지리학적 전통이라 부를 수 있을 것이다. 서부극의 전통이 그것을 완성했고, 소수의 걸작 SF들도 그것을 이어받았다. 물과 바다가 사실상의 주인공인 〈라이프 오브 파이〉는 3D, 혹은 아이맥스 3D 테크놀로지를 이런 전통을 계승하는 데 활용한, 적어도 지금까지는 가장 성공적인 영화일 것이다.

〈그래비티〉는 반대의 길을 택한다. 우주의 초월성은 특별한 유형의 위협이 잠복한 가혹한 환경의 하나로 대체되고, 주인공의 사적 서사의 대상으로 정돈된다(탈진한 라이언의 "난 우주가 싫어"라는 대사는 나카토미 빌딩에서 악전고투하던 브루스 윌리스(《다이하드》)의 "난 고층빌딩이 싫어"라는 대사와 공명한다). 걸출한 시각적 기획에도 불구하고, 소재가 된 과학기술의 현실성 여부와 상관없이, 이 영화를 걸작 SF라고 부를 수 없는 이유도 이것이다. 〈그래비티〉는 차라리 훌륭한 액션영화다.

3

그럼에도 불구하고 〈그래비티〉의 시각적 기획을 이렇게만 말하는 것은 충분치 않다는 느낌을 지울 수 없다. 서두에서 말한 카메라의 외설성 때문이다. 그 장면 이후로 이 영화의 이미지들은 불분명하나마 어떤 층위에서든 성적 연상을 불러일으킨다. 사적이고 주관적인 반응일 가능성이 높다는 점, 또한 남성 관객으로서의 한계를 벗어나지 못한다는 점을 전제하고, 맺음말 삼아 이 영화가 성 불능자(혹은 불감자)가 성행위에 성공하는 과정이라는 가설을 짧게 말하려 한다.

〈그래비티〉의 주된 운동 이미지는 막의 관통이다. 위성의 잔해들은 남사선의 벽을 관통하고, 우수비행사의 헬멧을 관통한다. 주인공이 살기 위해선 중력이라는 막을 관통해야 한다. 남근적 발상이라 해도 이 운동 이미지는 어쩔 수 없이 성적이다. 물론 최초는 카메라가 라이언의 헬멧을 에로틱하게 관통한 것이다. 〈그래비티〉의 카메라는 서사 밖의 안정된 내레이터 자리에 머무르지 않고 이 공간의 일부를 점유하는 하나의 육체를 겸한다. 종종 이 무중력 공간을 부유하는 인물들과 같은 속도와 동선으로 움직이는 것이다. 그러다 최초의 관통에서 카메라 관음의 시선에 그치지 않고 욕망의 육체가 되어 인물을 건드린다. 100kg에 달하는 우주복이라는 막으로 몸을 감싸야 생존하는 무생명, 무성(無性)의 공간에서, 이 순간 유일하게 활성화한 성적 주체는 끝없이 수다를 늘어놓는 남성 동료가 아니라 이 카메라다.

최초의 관통 이래 의미상으로는 무관하거나 인과 관계가 없는 이미지들이 일종의 연쇄반응을 일으키며 라이언이 피신해 온 무성의 공간에 위험한 리비도를 풀어놓기 시작한다. 소유스가 중력의 막을 뚫는 통제된 성기라면 위성의 잔해들은 통제 불능의 난폭한 성기다. 잔해가 헬멧을 관통해 죽은 동료 비행사의 얼굴 구멍 뒤로 우주가 보이는 장면을 무섭다고만 말하는 건 솔직하지 않다. 이것은 과도한 관통이 빚은 끔찍한 형상이지만 그렇다고 관음의 쾌락이 사라지는 건 아니다. 관음증이 성욕과 파괴욕을 종종 구분하지 못한다는 것을 우리는 경험적으로 알고 있다. 대중영화 제작자들은 관객들이 비명을 지르면서도 보고 싶어하는 것을 잘 알고 있다.

천신만고 끝에 귀환용 우주선 소유스에 도착한 라이언이 우주복을 벗자 속옷만 입은 그녀의 건장하고 매끈한, 어딘지 중성적인 느낌의 몸이 드러난다. 중력이라는 최후의 막을 뚫는 주체에게 중성적 이미지는 기묘하게 어울린다. 대기권에 진입한 라이언은 "10분 뒤에 나는 불타버렸거나, 아니면 무용담을 말하고 있을 거야"라고 말하고, 대기권을 통과할 때의 그녀의 몸은 격렬하게 요동하며 신음 소리가 터져 나온다. 대사와 몸짓과 신음은 귀환을 한바탕의 정사처럼 보지 않을 수 없게 만든다. 그녀는 마침내 무성의 존재에서 성적 존재로 귀환한 것이다.

나는 〈그래비티〉의 또 다른 자질이 은밀한 에로스라고 생각한다. 할리우드가 대중영화의 이미지를 빚어내는 능력은 스케일과 강도에만 있지 않고, 이미지의 관능성에 대한 집요한 탐구에도 있다. 〈그래비티〉는 그 능력의 한 정점을 보여주는 사례다.

(『씨네21』 929호, 2013. 11. 12~11. 19)

사이비(2013, 연상호)

얼굴 없는
가면들

1

확실히 〈사이비〉의 이야기는 매력적이다. 나쁜 인간이 더 나쁜 인간을 응징한다. 물론 이 설정 자체는 새롭지 않다. 좋은 악인(good badman)은 거의 영화의 역사만큼이나 오래되고 낯익은 캐릭터다. 적지 않은 영화들에서 공동체를 위협하는 악이 관습적 영웅이 아니라 악인에 의해 추방되어 왔다. 〈공공의 적〉의 강철중, 〈추격자〉의 엄중호도 이런 좋은 악인의 계보에 속한 인물이다.

〈사이비〉는 비슷하지만 다르다. 민철은 거의 최악이다. 극심한 가난에 시달리는 가족을 내팽개치고 몇 달 동안 나타나지 않는 무책임한 가장, 수몰지구 보상금과 딸의 저축금마저 도박에 탕진하는 파렴치한,

항의하는 아내와 딸을 무자비하게 폭행하는 무뢰배. 이 구제불능의 사내가 마을 주민들의 수몰지구 보상금 전부를 횡령하려는 사이비 종교인/사기꾼과 대결한다. 〈사이비〉의 특별한 점은 민철이라는 악인에게 최소한의 선한 동기도 어떤 자각의 계기도 부여하지 않는다는 것이다. 사소한 시비(그것도 그에게 책임이 있는)로 인한 복수심이 그가 지닌 동기의 거의 전부다. 이 단순한 동기만으로 그는 자신도 모르게 공동체가 직면한 문제를 해결한다. 논리적으로 성립하지 않는 표현이지만 이렇게 말할 수 있다. 〈사이비〉는 최악의 인간이 더 나쁜 인간을 응징하는 이야기다.

그런데 이것은 이야기의 일부다. 〈사이비〉는 근본적으로 해결될 수 없는 문제, 응징될 수 없는 악을 숙고한다. 사기꾼은 응징되었지만, 민철의 딸은 창고에서 자살한다. 우리는 자살 직전의 소녀에게서 사기꾼에게 속는 것만이 그녀가 삶의 시간을 버텨낼 수 있는 유일한 길이었다는 사실을 알게 된다. 민철이 밝힌 사기꾼의 '진실'이 그녀를 자살로 이끌었다. 처참한 진실과 견딜 만한 거짓 사이. 가혹한 내기다. 갑자기 노쇠한 민철이 동굴에 들어가 자기만의 제단 앞에 무릎을 꿇고 알아들을 수 없는 주문을 흐느끼듯 읊조리는 마지막 장면은 말문을 막게 만든다.

〈사이비〉는 사회 문제를 다루면서 니체적인 질문을 제기한다. 우리는 진실을 견딜 수 있을까. 환상을 부수고 난 다음 '진리의 낙원' 대신 찾아오는 '무지, 진공, 황야'를 살아낼 수 있을까. 그 두려움의 자리에 환상과 기만이 다시 초대된다. 문제는 해결되지 않았고, 악은 응징되지 않는다. 잊기 힘든 무시무시한 결말이다.

그러므로 〈사이비〉는 최악의 인간과 더 나쁜 인간의 이야기일 뿐만 아니라, 평온한 얼굴로 영면한 아내의 시신 앞에서 "그게 가짜면 이 평화로운 얼굴은 뭐예요"라고 담담하게 반문하는 칠성, 자신을 지키는 것과 신앙을 지키는 것을 구별하지 못해 결국 미치광이 살인마가 되어버린 젊은 목사, 그리고 진실을 알기 전에 삶을 포기한 가련한 소녀의 이야기이기도 하다. 인물들이 너무도 적절한 시간에 도착하는 클라이맥스에 장르적 과장이 있다 해도, 〈사이비〉는 단단하고 명석한 서사의 영화다.

연상호의 전작 〈돼지의 왕〉의 이야기는 상대적으로 헐거웠다. 폭력과 계급의 문제가 집약된 교실, 중산층의 몰락, 자본에 봉사하는 문학 등의 문제가 제기되지만, 유기적으로 연결되기보다는 나열된다. 예컨대 경민의 학창 시절의 악몽 같은 과거와 사업 도산이라는 현재의 문제 사이엔 내적 연관이 없다. 이 영화가 미스터리 구성을 취하고 있고, 과거의 비밀과 현재의 선택을 교차시키며 클라이맥스에 이르려 하고 있으므로 이 내적 연관성의 부재는 사소한 약점이 아니다.

인물들의 선택이 과도한 점도 동의하기 힘들다. 그중에서도 경민의 아내 살해는 가장 과도하다. 학창 시절 교실을 지배하던 친구는 중학교 1학년 우등생이라는 사실이 믿어지지 않을 만큼 가학적이고 잔인하고 비열하다. 주인공에겐 불행과 불운이 임의적으로 집약되어 있고, 그를 둘러싼 인물들은 과도하게 잔혹하며, 주요 인물들은 극단적인 선택에만 몰두한다. 가학과 자학의 과잉은 이 영화가 제기하는 사회적 의제의 절실함을 오히려 훼손한다.

　연상호의 두번째 장편 〈사이비〉는 모든 면에서 전작을 넘어섰다. 인물은 다양해졌고, 대사에는 생기와 위트가 있으며, 낭비되는 숏은 찾아보기 힘들다. 무엇보다 예상하기 힘든 충격적인 결말은 이 영화의 감독이 뛰어난 이야기꾼이라는 사실을 입증한다.

2

하지만 〈사이비〉는 훌륭한 영화인가. 많은 장점들에도 불구하고 그렇다고 대답하기에 망설여진다. 그 망설임에 관해 말하고 싶다. 〈사이비〉는 애니메이션이다. 그런데 이 영화를 본 사람들은 모두 실사 영화를 본 것처럼(더 정확하게는 마치 하나의 이야기를 읽거나 들은 것처럼) 말한다. 실은 나도 위에서 그렇게 말했다. 하지만 그렇게 말하는 것이 타당한가.

　실사 영화와 애니메이션의 차이를 우리 모두 알고 있다. 전자는 찍은 것(포토그래픽)이고, 후자는 그린 것(그래픽)이다. 20세기 영화는 포토그래픽 시네마였다. 2012년 12월 『사이트 앤 사운드』가 전 세계 천여 명의 영화 전문가들을 대상으로 집계한 세계 영화사의 걸작 리스트 100에는 애니메이션이 한 편도 없다. 애니메이션은, 적어도 영화 전문가들에게는, 여전히 변방의 장르로 인지된다. 하지만 포토그래픽과 그래픽의 위계는 짐작보다 공고하지 않으며, 둘 간의 경계도 생각보다 불분명하다. 디지털 테크놀로지가 둘 사이의 위계와 경계를 불안정하게 만들었기 때문이다. 예컨대, 〈아바타〉는 포토그래픽인가 그래픽인가.

　미디어 이론가 레프 마노비치는 일찍이 21세기의 영화 세상에서 포토그래픽과 그래픽의 위계가 뒤바뀔 것이라고 예견했는데, 오늘 우리가 목격하는 건 위계의 전복보다는 경계의 교란이다. 오늘의 관객을 사로잡는 할리우드 대작 대부분은 실사영화로 분류되지만 실은 포토그래픽 피사체인 인간이 그래픽 공간에서 벌이는 모험담/판타지이다. 그렇지만 21세기의 디지털 그래픽은 20세기적 애니메이션과 근본적 차이가 있다. 21세기의 디지털 그래픽 이미지에는 대개 작가의 서명이 없으며, 오히려 포토그래픽 이미지를 모방한다는 것이다. 미셸 오슬로나 프레데릭 백처럼 개별 이미지에 강렬한 개성을 수공업적으로 새기는 경우를 제외한다 해도, 애니메이션 애호가들은 한 컷만으로도 오시이 마모루와 실방 쇼메의 터치를 알아볼 수 있을 것이다. 작화가와 감독의 분업이 오래전에 확립된 디즈니 애니메이션에서도 포토그래픽과의 자의식적 거리는 유지된다. 하지만 21세기의 할리우드 포토그래픽/그래픽 판타지는 그 거리를 완전히 지우려 한다.

　그러고 보면 〈사이비〉는, 〈돼지의 왕〉도 마찬가지이지만, 이상한 시점에 도착한 영화다. 포토그래픽 시네마가 디지털의 권능에 기대 그래픽과 이종교배한 뒤 양자의 시각적 경계를 지운 환상담에 몰두하고 있을 때, 그래픽 시네마 그것도 1인 가내수공업 방식으로 제작된 고색창연한 셀 애니메이션이 고전적인 리얼리즘 드라마로 등장한 것이다. 더 이상하게도 그 영화를 본 우리는 마치 이제 더 이상 포토그래픽과 그래픽의 차이는 존재하지 않는 것처럼 말한다. 혹은 좋은 이야기를 담고 있다면 어느 쪽이든 상관없다는 듯이 말한다.

3

〈사이비〉에서 우리가 읽은 것이 아니라 본 것은 무엇일까. 이 질문에 대답하기 어려운 첫번째 이유는 이 영화의 그래픽에서 작가의 서명을 감식하는 개인적 능력의 부족임을 먼저 고백해야겠다. 각본은 물론이고 작화에서부터 편집에 이르기까지 연상호라는 한 창작자의 손으로 이루어졌다는 점에서 이건 부차적인 의제라고 말할 수 없다(이 문제에 관해선 다른 평자들의 견해를 듣고 싶다). 물론 다른 이유도 있다. 포토그래픽 외양을 지닌 화려한 디지털 그래픽의 홍수 속에 살아가는 오늘의 우리에게 〈사이비〉의 간결한 셀 애니메이션 터치는 오히려 기묘한 현실감을 불러일으킨다는 것이다. 이 역설적 상황이 그래픽적 과장(〈돼지의 왕〉에서의 본드 환각 장면과 같은)이나 시각적 개그를 최소화하고, 사실주의적 드라마 전개에 몰두하는 이 영화의 서사적 전략과 만나 우리가 지금 애니메이션을 보고 있다는 사실을 어느 순간부터 잊게 만드는 것 같다.

그럼에도 불구하고 〈사이비〉가 애니메이션이라는 사실은 변함없다. 앞서 제기한 질문에 대해 그래픽에 새겨진 작가의 서명을 판독하는 대신, 이 영화가 불러일으킨 보다 일반적인 질문에 대해 생각해보고 싶다.

포토그래픽과 그래픽의 경계가 희미해져 가고 있다 해도, 변함없는 차이가 있다. 포토그래픽 시네마에는 얼굴이 있고 그래픽 시네마에는 얼굴이 없다는 것이다. 풍경과 공간과 사물은 물론이고, 모션 캡처의 개발 이후로 인간의 섬세한 움직임마저 디지털 그래픽으로 표현 가능해졌지만, 아직 얼굴은 정복되지 않았다. 그리고 사견으로는, 정복되지 않을 것이다.

인간의 얼굴이 지닌 이중성 혹은 다성성(polyphony)을 재론할 필요는 없을 것이다. 클로즈업에 특권적 지위를 부여했던 영화 이론가 벨라 발라즈는 "얼굴은 영화만의 고유한 미학적 작업을 위한 최적의 장소며, 따라서 마법적이고 나아가 끊임없이 기적을 불러일으키는 장소"라고 말했다. 이 말은 "위대한 사진은 얼굴을 포착할 능력이 없음을 인정하고 얼굴을 다르게 보려고 노력하는 사진"이라는 사진작가 프랑수아 술라즈의 말과 함께 기억하면 좋을 것이다. 『영화 속의 얼굴』이라는 책을 쓴 영화학자 자크 오몽은 "사람들은 단지 인간의 얼굴을 재현하기 위해 그토록 많은 재현을 수행했다"고 단언한다. 무엇보다 영화의 비밀을 묻는 질문에 존 포드는, 우리의 예상과 달리, "그런 건 없다. 그저 영화는 사람의 눈을 찍는 것"이라고 퉁명스럽게 대답한 바 있다.

애니메이션에서 실사 영화의 얼굴을 대신하는 것은 특정한 표정을 나타내는 패턴화된 그래픽 즉 가면이다. 유능한 애니메이션일수록 여러 감정을 표현하는 가면의 수가 많을 것이라고 가정할 수 있다. 하지만 그 수를 아무리 늘인다고 해도 얼굴을 대체할 수는 없다. 얼굴은 하나의 표정에도 많은 표현이 담겨 있을 뿐만 아니라 숨김과 드러냄이 예측할 수 없는 방식으로 점멸하는 불가사의한 장소이기 때문이다.

〈북촌방향〉(홍상수, 2011)의 마지막 장면에서 고현정의 카메라에 찍히기 위해 벽에 기대선 유준상의 두려움, 불편함, 놀라움이 무표정과 교차하는 그 기묘한 얼굴을 어떤 그래픽도 대신할 수 없을 것이라고 단언할 수 있다. 우리가 〈사이비〉를 리얼하다고 받아들이는 이유 가운데 하나는 무성영화 시대에 벨라 발라즈를 경탄케 한 얼굴을 해체하거나 하나의 오브제로 축소시켜온 현대 영화의 무능력에 너무 익숙해져 있기 때문일 수도 있다.

얼핏 생각하기와는 달리 몇몇 훌륭한 애니메이션은 오직 하나의 가면을 유지함으로써, 즉 감춤만을 고집함으로써 우리를 더욱 감동시킨다. 자크 타티가 모델인 〈일루셔니스트〉(실방 쇼메, 2011)의 인물은 한 가지 표정으로 일관한다. 거듭된 몰락의 와중에도 감정이 드러나지 않는 그 태평스런 얼굴이 오히려 깊은 비애감을 자아내는 것이다. 진짜 얼굴을 감춘 어릿광대의 웃음 분장 혹은 버스터 키튼의 '위대한 무표정'이 전하는 특별한 감흥도 드러냄이 아니라 감춤이 지닌 마법의 사례들이다. 아마도 이것이 〈토이 스토리〉(존 라세티, 1995)에서 하나의 표정으로 고정된 장난감과 인형들이 인간적으로 보이고, 오히려 복수의 표정을 지닌 인간들이 인형처럼 보이는 역설을 설명해줄 것이다. 우리가 〈월-E〉(앤드류 스탠튼, 2008)에서 그토록 감동을 받았던 것도 튀어나온 눈밖에는 얼굴이 없는 깡통 로봇이 어떤 표정도 지닐 수 없었기 때문이 아닐까.

4

미루어온 대답을 해야겠다. 많은 장점들에도 불구하고 〈사이비〉는 훌륭한 서사의 영화라고 말할 수 있지만 훌륭한 애니메이션이라고 생각하진 않는다. 나는 어쩔 수 없이 20세기적 포토그래픽 시네마 편에 서 있으며, 그래픽 시네마가 인간의 얼굴을 담을 수 없다면 그에 값할 만한 무언가 다른 것을 보여줘야 한다고 믿고 있다. 〈사이비〉에서 나는 무언가를 보았다기보다는 차라리 무언가를 들었다. 그것은 훌륭한 이야기였지만 애니메이션이 더 잘할 수 있는 건 아니다.

물론 이건 절대적 기준에서 그러하다는 말이다. 예컨대, 〈사이비〉는 올해 성공작 중의 하나인 〈관상〉에 비해 캐릭터의 다양성과 개성에서 결코 뒤지지 않으며, 이야기의 짜임새와 사색의 깊이에서는 오히려 능가한다. 그럼에도 〈관상〉이 〈사이비〉보다 더 훌륭한 영화로 인지된다면 그것은 애니메이션과 실사, 그리고 대작과 소품의 관습적 위계, 스타의 스펙터클 유무가 얽혀 있는 제도적 효과다(굳이 〈관상〉을 예로 든 것은 이 영화가 얼굴과 가면의 관계를 소재로 삼고 있기 때문이다. 물론 〈관상〉은 '얼굴=가면'이라는 소박한 등식에서 크게 벗어나지 않는다. 하지만 여전히 남는 문제는 그럼에도 〈관상〉의 얼굴들에는 가면에 없는 관능성이 있다는 것이다. 역적의 가면을 쓴 이정재의 얼굴은 왜 그토록 매혹적인가. 영화와 스타의 관계가 연관된 이 질문은 다른 기회에 다시 말할 수 있기를 바란다).

연상호는 왜 〈사이비〉를 실사로 찍지 않고 애니메이션으로 찍었느냐는 질문에 "그건 피터 잭슨에게 왜 〈반지의 제왕〉을 애니메이션으로 찍지 않고 실사로 찍었느냐고 묻는 것과 같다"고 재치 있게 답했다. 취향의 문제일 뿐이라는 말이다. 하지만 나는 그의 실사 영화를 보고 싶다. 그의 서사가 인간의 얼굴과 만난 결과를 보고 싶다. 실사가 아니라면 나는 그의 애니메이션에서 인간의 얼굴을 불완전하게 모방하는 가면들이 아닌 다른 무언가를 보고 싶다. 평자 이전에 한 사람의 관객으로서의 소망이다.

(『씨네21』 933호, 2013. 12. 10~12. 17)

변호인(2013, 양우석)

살균과
표백

1

또 한 편의 영화가 휩쓸고 갔다. 소위 천만 영화가 이제는 1년에 한두 편 등장하는 게 예사가 되었지만, 단기간에 전 국민의 5분의 1이 극장에 가서 같은 영화를 본다는 것은 어떻게 생각해도 단순한 일은 아니다. 소위 대박 영화들의 운명이 모두 같지는 않을 것이다. 어떤 영화는 극장에서 간판이 내려간 지 얼마 지나지 않아 잊힌다. 또 어떤 영화는 그것이 불러일으킨 집단적 감흥의 다층성이 공동의 의제가 되어 하나의 사회사적 사건으로 남는다. 극소수이지만 어떤 영화는 그것을 본 관객 수와 무관하게 의미 있는 영화적 질문을 남기고 혹은 재발견의 과정을 거쳐 오래 되새겨진다.

〈변호인〉은 어떤 운명의 영화일까. 아마도 두번째 범주에 가까울 것이다. 비평은 첫번째 범주의 영화에는 대체로 무관심하며, 세번째 범주의 영화에 몰두하는 경향이 있다. 세번째 범주의 영화들을 다루는 비평은 대개 그 영화의 사회적 파장을 잊고 텍스트의 미학적 자질에만 몰두한다.

비평이 제일 버거워하는 대상이 두번째 범주의 영화들이다. 미학적으로는 평범하거나 첫번째 범주의 영화들과 큰 차이가 없어 보이는데도, 그것이 불러일으킨 사회적 감흥의 폭과 깊이가 특별한 까닭에 평론가의 직무(사회적 요구가 아니라 평론가 자신이 스스로에게 부과한 직무이긴 하지만)라는 자의식이 그 영화를 진지하게 다루도록 요청한다. 그런데 미학적 평범함 혹은 진부함과 사회적 반향의 특별함이 교차하는 바로 그 지점이 비평을 난처하게 만든다. 영화평론의 일반적 범주를 넘어서는 사회적 정치적 의제에 직면해야 하기 때문이다. 이 문제를 다루려 할 때 평론가들은 얼치기 사회학자나 서투른 문화연구가 시늉을 내고 있다는, 또는 정체불명의 잡문을 쓰고 있다는 자괴감에 종종 사로잡힌다.

〈변호인〉이라는 영화 앞에서 나도 그러했다. 비평 쓰기를 몇 번 시도했으나 아마도 그 자괴감 때문에 계속 길을 잃었고, 글쓰기는 자꾸 중단되었고 결국 포기했다. 그럼에도 늦게나마 이 영화에 대해 다시 쓰게 된 직접적 계기는 'Fantasy'라는 이름의 블로거가 쓴 비판론 「〈변호인〉, 텍스트 안과 밖의 노무현」(blog.naver.com/satan_tango/110183981904)을 읽었기 때문이다. 이 글은 훌륭한 비평이며 그의 견해에 동의한다. 무엇보다 〈변호인〉이 "박정희라는 유령을 불러내는 것과 같은 방식으로 노무현을 불러냈다"라는 지적이 정신을 번쩍 들게 했다. 그의 글은 영화평론의 일반적 범주를 벗어나 정치적 견해를 드러내는 것을 망설이지 않았다. 이 당당한 글에 화답하고 싶었고 약간의 이야기를 덧붙이고 싶었다.

두번째 범주의 영화들 중에서도 〈변호인〉은 매우 특별한 아마도 가장 특별한 영화일 것이다. 이 영화를 다른 영화를 말할 때처럼 말하는 건 불가능하다. 나는 그리고 아마 우리 대부분은 이 영화를 한 편의 영화로만 볼 수 있는 외국 관객도 먼 미래의 관객도 아니다. 2013년 초 스티븐 스필버그의 〈링컨〉이 개봉했을 때, 오바마 내놓딩에 내안 평가에 따라 완전히 상반된 평론을 내놓은 몇몇 진중한 미국 평론가들의 예민한 정치적 반응을, 우리는 외부 관객으로서 여유롭게 지켜보며 편한 마음으로 영화에만 집중할 수 있었다.(『씨네21』 895호, 이 책의 「숭고하고 더러운 손」 참조)

〈변호인〉에 대해선 그것이 불가능하다. 우리가 이 영화의 의제에 깊이, 아마도 미국인들과 링컨이나 오바마의 관계에 비할 바 없을 만큼 깊이 연루되어 있기 때문이다. 나는 연루의 감정과 의식 없이 이 영화를 볼 수 없다. 이 연루의 성격을 말하지 않고 이 영화를 말할 수 없다. 나는 사실에 바탕한 〈변호인〉의 인물과 시대에 대해 특별히 더 많은 정보를 갖고 있지 않다. 다만 이 영화에 등장하는 대학생과 같은 세대이며, 그 세대가 평균적으로 겪어야 했던 일들을 겪고 들었다. 나는 이미 연루되어 있다. '초연하게' 이 영화를 본 사람이 있다는 사실을 부인할 수 없다. 그런 사람들의 말을 듣기도 했다. 나는 그런 사람들이 다수가 아니라고 믿지만, 다수라고 해도 어쩔 수 없다. 나는 그들의 생각을 알지 못하고 말하지 못한다. 이 글은 중립적인 영화평이 아니라, 연루자의 편견이 담긴 잡문이다.

2

연루의 중심축은 〈변호인〉이 다루는 노무현이라는 인물에 대한 우리의 연루다. 그것은 사적-감정적 수준과 공적-정치적 수준에 걸쳐 있다. 비슷한 사례조차 찾기 힘들 만큼 특별한 점은 전자에 있다. 한 사람의 정치 지도자에게 그토록 많은 사람이 그처럼 깊은 사적-감정적 연루의 느낌을 가진다는 건 그 일을 겪기 전에는 상상하기 힘든 일이었다. 사적-감정적 연루의 정체를 우리는 알고 있다. '그처럼 착한 사람을 우리가 자살로 내몰았다'는 죄의식이다('착한' 외엔 다른 표현을 찾지 못하겠다. '착한'은 '위대한' 혹은 '고결한'과 같지 않다. 내가 아는 그에 대한 정보는 극히 한정적이므로, 이 표현은 객관적 평가와는 무관한, 한 존재와의 대면에서 비롯되는 즉각적인 인상 혹은 마음의 동요에 가까운 2인칭적 감화의 표현이다). 그해 늦봄 허공을 향해 가장 많이 던져진 말은 '미안합니다'였다.

이 죄의식은 부당한 희생자들에 대한 도덕적 책임감에서 비롯되는 사회적 죄의식과 같지 않다. 그것은 그를 향해 돌팔매질하는 군중에

끼어 있었다는, 개인적 자책에 가까운 감정이다. 우리는 그가 '바보'였다는 사실을 알고 있었지만, 최고 권력자를 거치고 나서도 여전히 '바보'였다는 사실을 충분히 의식하지 못했다. 한때 억울한 사람들의 신음에 혹은 나의 소망에 응답하듯 싸웠던 사람이, 나의 돌팔매에 응답하듯 자살했다. 추악한 권력의 모함으로 그가 죽음을 선택했다는 건 반쪽의 진실이다. 그는 한때 추악한 권력에 대해 싸움을 선택했던 사람이다. 우리의 발신이 달라졌고, 그는 자신의 제거로 답했다. 마지막 날들의 그를 괴롭힌 주변의 비리 혐의의 실체에 대해, 또 그가 느꼈을 치욕과 절대적 고립의 마음을 나는 모른다. 내가 말할 수 있는 건, 나의 발신 그리고 그의 표정과 응답뿐이다.

많은 사람들이 공유하고 있을 이 사적인 죄의식은 해소될 수 없을 것이다. 죄의식의 해소가 향해야 할 대상이 더 이상 존재하지 않기 때문이다. 그는 애도의 대상이 아니다. 애도의 의식은 상실감을 다룰 수 있지만, 죄의식을 다룰 수 없다. '노무현 정신의 계승'과 같은 정치적 구호가 공허하게 들리는 이유는 공적인 과업이 2인칭적 죄의식의 해소를 헛되이 시도하려 들기 때문이다. 그는 응답하는 사람이었고, 최고 권력자까지 거친 정치 지도자로서는 유례없는 2인칭적 존재였다. 그가 우리의 돌팔매에 죽음으로 응답하고 나서야, 우리는 그 사실을 알게 되었다. 아니, 차라리 자살이라는 최종적 응답이 그를 형용모순에 가까운 '2인칭 공인'으로 각인시켰다.

일국의 대통령이었고 그의 정치의 효과는 지속되고 있기에 그와의 공적-정치적 연루는 오늘의 한국인 누구에게나 불가피하다. 하지만 그와 사적-감정적으로 연루된 이들에게 공적-정치적 연루의 표정은 좀 복잡한 것 같다. 깊은 사적-감정적 연루를 빚어낸 그의 특별한 2인칭성이 그의 정치의 내면으로 보이기 때문이다. 그는 작은 부족마을의 현명한 족장의 방식과 같은 2인칭의 정치를, 질서의 정치가 아니라 응답의 정치를 꿈꾸었던 것 같다. 혹은 보살핌의 정치, 어머니의 정치를 꿈꾸었던 것 같다(응답의 정치는 '소통의 정치'라는 유행어와 비슷하지 않다. 소통은 과정의 기술로 환원될 수 있지만, 응답은 응답자의 인격이 걸려 있다. 소통의 정치는 근사하지만 모호한 말이다. 소통의 과정으로 충분한가, 아니면 '우리'의 요구가 반영되는 데 이르러야 하는가. 그런데 그 '우리'는 누구인가).

그는 최고 권력자로서 실패했다. 스스로 고백했듯, 간혹 오류인 줄 알면서도 실행 버튼을 눌렀고, 너무 많은 응답의 요구들 속에서 종종 길을 잃었다. 무엇보다 시장이라는 유령의 권력을 다루는 길을 찾지 못했고, 스스로 그 유령에 사로잡혔다. 돌팔매라고 표현한 우리의 비난도 그때 시작되었을 것이다. 대통령으로서는 응답하려 했지만, 응답의 방법을 찾지 못했을 것이다. 어쩌면 끝내 2인칭의 응답자로 남으려 했기 때문에 대통령으로서 실패했을 것이다. 그러므로 '그는 헌신적 인권변호사이며 양심적 정치인이었다. 하지만 실패한 대통령이었다'는 표현은 정확하지 않다('하지만'의 자리에 '그래서'를 기입해야 할까? 아닐 것이다. 그것은 공백으로 남겨두어야 할 질문의 자리일 것이다). 그 전 과정에 그의 착한 얼굴, 필사적(必死的, 그는 이 말을 곧이곧대

로 실행했다) 응답자의 태도가 어두운 운명처럼 음각되어 있다. 공적
-정치적 연루와 사적-감정적 연루는 서로 환원 불가능하지만, 노무현
에 관한 한 양자의 경계는 식별 불가능하다.

그의 마지막 응답을 들은 지 5년이 채 되지 않은 지금, 그는 애도의
대상도 회고의 대상도 아닌, 여전히 무거운 질문의 대상이다. 그의 실
패는 무엇이었을까. 응답은 정말 불가능한 것이었을까. 그를 좌절케
한 시장을 결국 최종적 권력으로 승인해야 하는가. 우리의 돌팔매가
그의 실패를 향한 것이라면 부당하기만 한 것일까. 우리의 돌팔매는
정말 그를 향한 것이었을까, 아니면 다른 무엇을 향한 것이었을까. 그
우리는 과연 '우리'라는 이름으로 묶일 수 있는 집단일까.

3

〈변호인〉은 감동적이다. 왜 아니겠는가. 여기엔 돈 없고 '스펙' 없는
청춘의 서러운 안간힘이 있고, 그의 존중받지 못했지만 애틋한 사적
성공이 있으며, 마침내 성공을 내팽개치고 공동선에 투신한 영웅적 결
단이 있다. 부모 없는 그의 곁에, 품어주고 꾸짖고 오열하는 어머니와
도 같은 존재(국밥집 아줌마)가 있어, 이 궤적에 인간적 온기를 불어
넣는다. 사실 우리의 마음을 움직이는 건 이 어머니의 미소와 눈물이
며, 주인공 송우석은 그 미소와 눈물에 응답한다. 이 영화의 이야기 솜
씨를 폄하할 수는 없다. 동요 없는 악과 의심의 여지없는 불의, 명백한
선과 이미 정해져 있는 정의의 선택, 그리고 선과 정의의 도덕적 승리

의 이야기. 〈변호인〉은 오래된 그리고 앞으로도 수없이 반복될 대중영화의 이 보편적 도식을 영리하고 효과적으로 사용했다. 이것에 대해선 따로 말할 필요가 없을 것이다.

하지만 이 영화가 노무현과 우리 시대를 다루는 한, 창작자의 취사선택을 물을 권리가 우리에게 있다. 그것은 선택된 것들이 어떻게 배열되고 어떻게 작동하는가, 라는 평자의 질문이 아니라 무엇을 선택하고 무엇을 선택하지 않았는가, 라는 연루자의 질문이다. 〈변호인〉은 '젊은 날의 노무현'의 이야기다. 한 포털 사이트의 〈변호인〉 소개 페이지에는 이런 댓글이 달려 있다. '노통은 미워해도 노변은 미워하지 맙시다.' 온갖 악성 댓글에 대한 이 감동적일 만큼 순박한 옹호의 문장은 〈변호인〉의 취사선택 전략을 적절하게 요약한다. 변호사 노무현과 대통령 혹은 정치인 노무현을 분리시킬 것, 그리고 전자에만 집중할 것. 취사선택은 불가피하니, 이것 자체엔 잘못이 없다고 말할 수 있다. 문제는 다른 데 있다.

돌려 말할 필요가 없겠다. 〈변호인〉은 '영웅적 결단'의 즉각적이고 강력한 감화를 위해 중요하지만 논쟁적인 사실들을 모두 버린다. 간단하게 물어보자. 1981년의 부림사건을 다루면서 왜 1982년의 부산 미문화원방화사건은 다루지 않는가. '노변'이 역시 변호인단으로 참여한 부산 미문화원방화사건은 광주 민주화운동의 유혈 진압을 미국이 묵인한 데 대한 항의로 문부식 등이 벌인 사건이었다. 문제는 이 사건으로 문화원에서 공부하던 동아대생 한 명이 사망했고, 세 명이 중경상을 입었다는 것이다. 민주화의 대의와 무고한 희생의 충돌 앞에서 어떻게 변호할 것인가. 〈변호인〉은 그 딜레마를 질문하지 않는다.

영화에서 부독연사건으로 지칭되는 부림사건을 다루는 방식도 순박한 척 영악하다. 물론 문제의 그 모임은 독서회였다. 하지만 1980년대는 독서야말로 가장 정치적인 행위, 이념적인 행위였던 시대다. 어떤 책은 읽고 나면 다시는 읽기 전으로 돌아갈 수 없다. 겁 많고 멍청한 대학 1학년생이 과격한 시위자가 되었던 건 어젯밤에 이영희의 『전환시대의 논리』혹은 『우상과 이성』을 읽었기 때문이다. 용공 조작에 눈이 멀어 『역사란 무엇인가』같은 자유주의적 역사서조차 불온서적 명단에 올리는 멍청한 짓을 하기는 했지만, 당대의 권력이 금서 혹은 불온서적 목록을 작성한 건 그들 나름의 '합리적' 행위였다.

'송변'은 그러나 법정에서 『역사란 무엇인가』만 거론하고 『전환시대의 논리』와 『우상과 이성』을 거론하지 않는다. 이영희는 적어도 1980년대까지는 사회주의에 대한 기대를 버리지 않았고, 당대의 대학생들은 그의 글들을 읽고 레드컴플렉스의 미몽에서 깨어났다. 이영희는 좌파 이론서가 아니라, 미 국무성 문서와 자유주의적인 영미 저널리즘의 인용만으로 베트남이 부당하게 적화된 것이 아니라 정당하게 통일된 것이며 중국 공산당이 주목할 만한 거대한 실험을 하고 있다는 사실을 입증했다. 금지된 이념에 대한 맹렬한 호기심 혹은 경도는 당시 대학생들에게 보편적인 것이었다. '좌경화' '의식화'라는 당시 관제언론(군사정부의 보도지침에 충실한 당시 대부분의 언론을 그렇게 불렀다)의 용어는, 악의가 담겨 있다 해도, 엄밀히 말하면 정확한 표현이었다.

당시 학회로 불린 대부분의 대학생 독서모임은 분명히 '정치적' 조직이었고, 한동안 학생운동의 기본 조직이었다. 이건 비화가 아니며, 그 시대에 대학을 다닌 사람이면 누구나 알고 있는 사실이다. 〈변호인〉에 등장하는 야학에서 피천득의 수필을 읽는 장면은 믿기지 않을 정도다. 모든 야학이 그렇진 않았지만, 대학생 독서회가 참여한 노동자 야학은 학생운동과 노동운동의 연계를 위한 첫 단계였고, 거기선 국정교과서로 공부하는 일은 드물었으며 대개 노동자용 의식화 교재가 따로 사용되었다. '순수한' 독서 같은 건 있을 수 없었다. 독서는 당당히 불온했다. 〈변호인〉의 잘나가던 '속물 변호사' 송우석은 변호해야 할 대학생이 읽었다는 책을 쌓아놓고 밤새 읽는다. 하지만 그가 이 불온성과 대면하는 순간을 다루지 않는다. 그는 무엇을 읽었던 걸까. 〈변호인〉은 의로운 자의 불온성도 질문하지 않는다.

이 모든 취사선택의 목적은 명백하다. 의심과 토론의 여지없이 자명한 선악 대비를 위해 논쟁적 사실들을 버리는 것이다. 이 땅의 권력자에겐 보검과 같은 레드컴플렉스의 가공할 위협 앞에서 그 레드컴플렉스와 싸우는 대신, "나는 피천득의 수필을 읽는 실존주의자에 불과해요"라며 자신을 포장된 '순수'로 방어하려는 것이다. '붉은 악마' 대 '하얀 천사'의 폭력적인 이분법의 프레임과 맞서는 대신, 자신을 그 프레임 안의 '하얀 천사'라고 강변하려는 것이다. 나는 지금 법정에서의 송우석의 변호 전략이 아니라, 〈변호인〉이 시대와 인물을 그리는 이분법의 방식을 말하고 있다. 국가주의자의 폭력적인 이분법과 대중 서사의 순진한 이분법이 본질적으로 다른 것일까. 잔혹하고 폭력적인 권력 대 순박하고 가련한 민중, 혹은 사악한 저들 대 순수한 우리, 혹은 오염된 세상 대 순결한 나. 대중 서사가 오래 사랑해온 이 도식이, 노무현과 우리 시대라는 절박한 질문의 사실들로부터 빚어진 서사에 작동할 때, 우리는 이것마저 창작자의 선택으로 존중해야 되는 걸까.

4

더 중요한 문제는 '노변'과 '노통'의 분리라는 문제와 관련된다. 반복하건대 그의 변호사 시절만을 다룬다는 선택 자체에는 시비를 걸 수 없다. 하지만 이 영화의 결말은 짚고 가지 않을 수 없다. 1981년의 독서회사건 법정 공방 이후, 영화는 1987년 봄으로 점프한다(아마도 생략된 6년 동안 그는 앞서 말한 딜레마와 불온성이라는 의제와 만났을 것이다). 송우석은 박종철 고문치사사건에 항의하는 시위대를 이끌다가 구속되어 법정에 수의를 입고 나타난다. 그를 변호하러 나선 99명의 변호사들 앞에서 그의 눈은 젖어가고 그의 얼굴을 정면으로 잡은 숏에서 영화는 끝난다. 불의의 시대에는 수의를 입은 자만이 정의롭다는 듯, 이 장면은 송우석의 도덕적 승리를 찬미한다.

그런데 왜 1987년인가. 6월 민주항쟁의 해이고 직선제개헌을 쟁취한 승리의 해였기 때문일까. 아닐 것이다. 노무현 변호사는 1988년 노무현 의원이 되었다. 단순하게 물어볼 수 있다. 왜 '노변' 이야기의 결말에 1988년의 국회의원 배지가 아니라 1987년의 수의가 필요했을까. 변호사로 시작된 이야기가 피고인으로 끝난다는 구성상의 묘미 때문일까. 그럴지도 모른다. 하지만 그것만으로는 이 장면의 강렬한 파토스를 설명할 수 없다.

오프닝에서 '허구'임을 밝힌 자막이 떴지만, 마지막 장면에는 '부산 지역 142명의 변호사 중 99명이 변호인으로 출석했다'는 다큐멘터리 적 자막이 뜬다. 이 자막은 그것의 내용보다 마지막 장면의 진실성을 특별한 방식으로 강조한다는 점 자체가 중요한 것 같다. 영화를 보는 우리에게 송우석은 이제 온전한 노무현이 된 것이다. 우리는 실제 노 무현의 마지막 장면을 알고 있다. 그리고 그의 마지막 선택은 앞서 말 했듯, 우리의 사적-감정적 연루와 공적-정치적 연루 전체를 장악하고 있다.

우리가 명료하게 떠올렸던 그렇지 않든, 이 영화의 마지막 장면은 노무현의 마지막 장면과 겹쳐진다. 송우석의 마지막 눈물은 노무현의 마지막 눈물과 겹쳐진다. 송우석의 수의(囚衣)는 노무현의 수의(壽衣) 다. 이것은 송우석-노무현의 도덕적 승리를 찬미하면서 동시에 그의 슬픈 운명을 암시하는 중의적 결말처럼 보인다.

어쩔 수 없이 눈시울이 뜨거워지게 하는 효과적인 수사학이지만, 나 는 이 수사학에 찬사를 보낼 수 없다. 두 수의는 근본적으로 다르기 때 문이다. 앞서 우리의 연루에 관한 이야기를 장황하게 늘어놓았던 것 은 이것을 말하기 위해서였다. 송우석의 수의는 도덕적 승리의 훈장이 지만, 노무현의 수의는 풀 방법이 보이지 않는 사슬이다. 송우석의 수 의는 고통받는 민중과 사악한 권력, 인권과 억압, 정의와 불의, 민주 와 반민주의 선명한 대립의 세상, 그러니까 선과 악이 자명한 세상에 서, 전자의 편에 섰던 이들의 단문의 웅변이다. 노무현의 수의는 시장이 모든 것의 경계를 지워가는 세상, 한때 그것을 위해 많은 사람들이 피 흘리며 싸웠던 대의민주주의가 더 이상 '우리'의 소망에 응답하지 않는 세상에서 실패와 좌절, 무기력과 수치, 오인과 고립, 자책과 회한, 그리고 실낱같은 희망이 어지럽게 얼룩진 긴 질문지다.

〈변호인〉은 노무현의 수의를 송우석의 수의로 대체한다. 앞서 말한 블로거가 '노무현의 유령'이라고 표현한 것은 바로 이 대체된 수의일 것이다. 이 수의는 말끔하게 살균되고 표백되어 지나치게 깨끗하다. 살균과 표백으로 제거된 것은 우리의 죄의식과 질문들이다. 이 수의가 많은 사람들, 이 영화에 동의하지 않는 사람들조차 울게 했다면, 실은 우리가 살균과 표백을 원했기 때문일 것이다. 죄의식의 연루와 대답 없는 질문들의 미로를 벗어나고픈 욕망, '선한' 우리의 고단함과 불행이 '악한' 그들로부터 비롯된 것이라고 믿고 싶은 충동 때문일 것이다. 우리가 응시해야 할 것은, 이 한 편의 영화 이전에 그 욕망과 충동일 것이다.

송우석은 "국민이 국가입니다"라고 감동적으로 변호했지만, 그 '국민'이 노무현을 수의에 감금한 정파의 계승자들을 선택한 시대에 우리는 살고 있다. 노무현이라는 거대한 질문은 아직 위인전, 전설의 서사가 되어선 안 된다. 살균되고 표백된 박정희의 서사를 원치 않는다면 그 같은 방식으로 구성된 노무현의 서사에도 동의하지 말아야 한다. 이건 평자의 판단이 아니라, 연루자의 판단이다. 나는 〈변호인〉에 동의할 수 없다.

(『씨네21』 942호, 2014. 2. 18~2. 25)

노예 12년(2013, 스티브 맥퀸)

진실이
폭력 이미지를
만났을 때

〈노예 12년〉은 평판이 좋다. 올해 오스카 작품상을 받았으며, 김영진과 김혜리도 『씨네21』(945호)에 호의적인 글을 썼다. 나는 그들의 견해에 동의하지 않는 편이다. 그렇다고 그들의 견해를 반박하기 위해 이 글을 쓰는 건 아니다. 〈노예 12년〉은 훌륭하다고 생각하지는 않지만 그렇다고 형편없는 영화라고 생각하지도 않는다. 몇몇 인상적인 장면이 있지만, 관습적인 화법에서 크게 벗어나지 않는 주류 영화라고 생각한다. 수작 혹은 범작. 서로 견해를 경청하는 평자들 사이에서도 이 정도의 견해 차이가 생기는 일은 드물지 않다.

다만 이 영화는 몇 가지 생각할 거리를 제공했다. 나는 여기서 〈노예 12년〉이라는 영화의 내용은 거의 거론하지 않을 생각이다. 대신 이 영화를 보는 관객으로서의 우리의 자리를 생각해보고 싶다. 그 자리는 우리가 이미 어느 정도 알고 있지만 한 편의 영화 앞에서 종종 잊는 종류의 상식에 가깝다. 다소 원론적이고 뻔한 말이 되더라도 그 상식을 한번쯤 짚고 싶다. 물론 이건 〈노예 12년〉에만 해당되는 것은 아니지만, 이 영화에 선뜻 호의를 가지기 힘든 간접적인 이유의 하나는 될 것이다.

1. '실화에 근거한'이라는 것

'This film is based on a true story.'

시작 장면에 등장하는 이 자막은 낯익다. 이 영화는 실화에 근거하고 있다는 것이다. 너무 많이 봐서 무심하게 지나쳐온 이 문장의 의미를 한번 짚어보고 싶다. '실화(true story)에 근거한'이라는 말이 단순히 '이런 일이 실제로 있었다'는 정보에 불과한 것일까? 그건 아닐 것이다. 매튜 맥커너히에게 올해(2014) 오스카 남우주연상을 안긴 〈달라스 바이어스 클럽〉도 실화에 근거했지만, 거기엔 이 자막이 등장하지 않는다. 한쪽에선 필요한 자막이 왜 다른 쪽에선 필요하지 않았을까.

실화를 스크린에 옮긴 영화들이 시작 장면에서 내세우는 언명에는 몇 가지 종류가 있다. 첫번째, 드물지만 클린트 이스트우드의 〈체인질링〉에서처럼 '근거한(based on)'이라는 표현 없이 그냥 '실화'라고 밝히는 것. 두번째, 가장 흔한 사례로서 〈노예 12년〉처럼 '실화에 근거했다'라고 말하는 것. 세번째, 〈변호인〉처럼 '실화에 근거했지만 허구'라고 밝히는 것. '실화에서 영감을 얻었다(inspired)'는 표현도 이와 비숫할 것이다. 네번째, 〈달라스 바이어스 클럽〉에서처럼 아무런 언명을 하지 않는 것 등이다(정반대의 예로는 '이 영화는 온전한 허구이며 그럼에도 실제 사건과 인물을 연상시킨다면 그것은 전적인 우연의 일치'라고 밝히는 것이다. 이 자막은 할리우드 고전기 영화들에서 종종 등장한다).

이들 언명의 미묘한 차이를 단순히 실화와 허구의 비중 차이로 볼 수도 있다. 그렇게 본다면 첫번째 사례가 실화의 비중이 가장 크고 뒤로 갈수록 허구의 비중이 커진다. 실제로 그 비중을 밝힐 목적으로 이 자막을 사용한 경우도 있을 것이다. 하지만 여기선 그 비중 차이를 감안하지 않으려 한다. 보통의 관객에게 실화와 허구의 비중 차이라는 것은 인지되기 어려우며, 그것이 영화를 감상하는 데도 별다른 영향을 미치지 않기 때문이다. 보다 중요한 이유는 어떤 경우에도 한 편의 극영화는 근본적으로 허구의 성격을 지니며, 실화의 '양적 비중'이 그 허구라는 본질을 변화시킬 수 없기 때문이다.

우리의 관람 체험으로 미루어보건대, 위의 언명들은 공통적으로 관객에게 특정한 태도를 은연중에 요청한다. '실화이다' 혹은 '실화에 근거했다'는 언명은 우리를 구경꾼이 아니라 목격자로 초대하는 것이다. 이것은 은밀한 도덕적 명령이기도 한데, '당신이 봐야 한다'는 것이며, 나아가 어떤 식으로든 그것에 '응답해야 한다'는 것이다. 실화를 다룬 영화들이 대부분 사회성 드라마이며, 도덕적 이슈를 제기하고 있다는 점에서 이 요청은 일견 건전하고 자연스러운 것처럼 보인다.

하지만 문제가 그렇게 단순하진 않은 것 같다. 우리가 지금 보고 있

는 것은 사건 현장을 찍은 사진도 다큐멘터리도 아니다. 자본과 기술
과 인력이 투입되고 여러 단계에서 창작자의 계획과 직관이 배우와 스
탭의 역량을 통제하고 조정해 산출한 허구의 서사, 조작된 이미지이다.
영화는 모든 예술 중에서도 가장 조작적인 분야다(여기서 '조작적'이
라는 단어는 중립적인 의미로 쓰고 있다). 가장 조작적인 영화가 실제
사건과의 동일성('이것은 실화이다')이나 유사성('이것은 실화에 근거
했다')을 표방할 때, 그것을 보는 우리는 목격자인가, 감상자인가. 달
리 말해, 우리는 목격자로서 그 실제 사건에 반응하는가, 아니면 감상
자로서 그 텍스트의 자질에 대해 반응하는가. 관객인 우리의 자리는
근본적으로 애매하다.

2. '실(實)'과 '화(話)' 사이

이 애매성의 정체를 말하기 위해선 얼마간 상식적이고 원론적인 수준
의 논의를 피하기 힘들 것 같다. 논의를 단순화하기 위해 앞서 말한 언
명들 가운데 〈노예 12년〉이 채택했으며 가장 널리 사용되는 '실화에
근거한'이라는 표현을 뜯어보자.

이 표현은 '실화'와 '근거한'이라는 단어로 이루어져 있다. 먼저 실
화부터 살펴보자. 실화(實話, true story)는 '실(實, true)'의 '화(話,
story)', 실제로 일어난 이야기라는 뜻이다. 〈노예 12년〉의 경우, 노예
제 폐지 직전, 자유인이었다가 납치되어 12년의 노예 생활을 한 흑인
솔로몬 노섭이 쓴 동명의 책이 그 실화에 해당될 것이다. 나는 이 문단

에서부터 의도적으로 '실제로 일어난 사건'이 아니라, '실제로 일어난 이야기'라고 바꾸어 쓰고 있다. 사건은 그것을 육체적 감각으로 경험한 당사자들 외엔 물리적 실체로서의 사건이 아니라, 그것에 관한 그들의 이야기로 경험된다. 이것은 해당 사건의 시공간을 공유한 인물들 외엔 누구도 근본적으로 목격자가 될 수 없다는 뜻이다.

당사자가 전하는 진솔한 이야기라면 그것은 실제 사건과 동일한 가치를 지니지 않는가, 라는 소박한 반론이 있을 수 있다. 하지만 이 반론에 동의할 수 없다. 물론 우리는 알려진 합리적 반증이 없는 한 그 이야기에 담긴 사건의 개요를 대체로 믿을 수 있다. 하지만 '실(實)'과 '화(話)'는 발화자인 당사자가 가장 신뢰할 수 있는 사람일 경우에도 일체가 되지 않는다. 이 사실을, 언어의 자의성에 관한 기호학적 지식에 기대지 않고도 우리 자신이 겪은 사건을 말하거나 쓴 경험을 돌이켜봄으로써 수긍할 수 있다. 우리는 일기를 쓸 때조차 완벽하게 솔직해질 수 없다는 사실, 그리고 하루의 사건들에 낮은 층위에서라도 일관성을 부여하기 위해 자신도 모르게 취사선택, 과장 혹은 미화의 과정 속에 빠져든다는 사실을 경험한다.

이것은 일기나 수기, 자서전조차 넓은 의미의 허구로 읽어야 한다는 뜻이다. 우리는 모종의 허구를 경유하지 않고 우리가 겪은 사건을 이야기하지 못한다. 자크 랑시에르는 "전기 양식은 행동들과 상태들 사이뿐만 아니라 현실과 허구 사이의 이중적 판별 불가능성의 특권적 장소"(자크 랑시에르, 『문학의 정치』, 유재홍 옮김, 인간사랑, 2009)라고 말했는데, 여기서 '전기 양식'을 자전적 기록으로 대체해도 유효할 것이다.

물론 허구는 거짓과 동의어가 아니다. 그렇다고 완전히 무관한 건 아니다. 이와 관련된 유명한 사례는 장 자크 루소의 『고백록』이다. 교육철학서 『에밀』을 쓴 저자가 자신의 다섯 아이를 고아원에 버린 사실까지 진술하는 이 자서전은 "저는 선과 악을 똑같이 솔직하게 말했습니다. (……) 단 한 사람이라도 '나는 그 사람보다 선량했습니다'라고 감히 말할 수 있다면 당신께 말하게 하소서"라는 간증의 언사로 시작해 절도와 무고를 포함한 자신의 파렴치한 악행을 적나라하게 고백한다.

하지만 당대의 논적들과 후대의 연구가들은 이 전대미문의 솔직한 고백조차 변명과 누락된 사실투성이라고 지적한다. 그러나 이 지적은 설사 객관적이라고 해도 초점을 빗나간 것이다. 이 결함은 고백록이라는 양식에 내재한 것이며, 누구도 그 결함 없이 고백할 수 없다. 루소는 참회하면서 변명한다. 『고백록』의 위대성은 저자가 법정이 증인에게 요구하는 '진실만을 그리고 모든 진실을' 말했기 때문이 아니라(누구도 그렇게 할 수 없다), 참회하는 자의 정체성과 변명하는 자의 정체성 사이의 분열을 끝내 버텨내며 어느 쪽에도 우선권을 두지 않았다는 점에 있다.

(물론 내면적 독백의 비중이 큰 『고백록』과 사건의 기록에 집중한 『노예 12년』은 초점이 다르지 않느냐고 반문할 수 있다. 하지만 둘의 거리는 생각만큼 멀지 않다. 양자 모두 개인의 육체적 심리적 경험을 플롯의 근간으로 삼는다. 근대 소설은 "플롯을 자전적 회고록 양식에 완전히 종속"시키며 "개인 경험의 절대 우위"를 단언한다(이언 와트,

『소설의 발생』, 강유나 외 옮김, 강, 2009). 영화 〈노예 12년〉이 채택하고 있는 고전적 할리우드 양식의 핵심 요소 가운데 하나도 자전적 회고록 양식이다. 자서전, 근대 소설, 고전적 할리우드 양식은 서사의 방식에서 연속성이 있다.)

요컨대 '실'은 취사선택과 허구가 개입해 '화'가 된다. 이것이 우리가 실화라고 부르는 것이다. 솔로몬 노섭의 자전적 기록에서 사실과 허구는 식별 불가능하다. 그가 쓴 『노예 12년』이라는 실화가 어떤 사실들을 버렸으며, 채택된 사실들의 서술에서 어떤 허구가 작용했는지 우리는 알 수 없다. 노섭의 기록 앞에서 우리는 이미 감상자와 목격자의 자리를 분간할 수 없다.

하지만 일기, 수기, 자서전 등의 자전적 기록 앞에서 이 식별 불가능성이 우리를 혼란스럽게 하지는 않는다. 그 기록들에서 사건과 풍경은 기록자와 독립된 객관적 세계로 드러나지 않는다. 기록자는 사건과 풍경을 보는 투명한 창이 아니다. 그는 사건과 풍경에 연루되어 있고, 우리는 그와 함께, 그리고 그를 통해 사건과 풍경을 접한다. 우리는 그 기록이 그가 구성한 하나의 세계라는 것을 알고 있다. 우리가 그 기록의 언어들에서 만나는 진정한 대상은 사건의 진실에 관한 조서가 아니라, 그 기록자의 언어에 담긴 세계와 사건의 즉각적인 표정이고 인상이며 무늬다. 여기에선 주관과 객관이 분리될 수 없다. "살이 에이듯이 추운 날이다. 옷 없는 병졸들이 움츠리고 앉아 추위에 떨고 있다. 군량은 바닥났다. 군량은 오지 않았다."(『난중일기』, 1594년 1월 20일)라고 이순신이 쓸 때, 그는 단 한마디의 평가도 감상도 없이 오직 객관적인 조서의 언어만 쓰고 있지만, 바로 그 엄격함 때문에 우리는 이 짧은 글에서 이 언어를 쓰고 있는 사람, 분노와 고통을 삼키며 일기에서 조차 감정을 발설하지 않으려 하는 과묵한 단독자를 동시에 만난다.

그런 점에서 자전적 기록의 최고의 양식은 일기일지도 모르겠다. 문학의 비전문가인 나로서는 "아이들이 그린 그림은 모두 걸작이다"라는 곰브리치의 말에 빗대어 모든 일기는 위대한 문학이라고까지 말하고 싶다. 이 말이 섣부르고 과도하다면, 적어도 모든 일기는 흥미롭다고 말하고 싶다. 일기가 가장 객관적('實')이어서가 아니라, 주관과 객관의 식별 불가능성이 가장 온전하게 드러나기 때문이다. 좀더 긴 시간 동안 벌어진 사건을 정리하는 수기, 한 사람의 일생을 정리하는 자전 혹은 전기는 사실들을 취사선택하고 선택된 사실들을 가공하는 모종의 목적 지향적인 허구적 틀이 객관적 기준을 가장해 점점 더 강하게 작용하기 때문이다. 이 '실화'들 앞에 선 우리의 거처는 감상자와 목격자 사이에서 점점 불투명해진다.

3. 폭력 이미지의 출현

'실화' 다음에 등장하는 '근거한'이라는 표현은 그 애매성을 배가한다. 나는 솔로몬 노섭의 기록을 보지 못했다. 그것을 읽은 김혜리의 촌평을 보면 영화보다는 훨씬 풍부하리라 짐작된다.(『씨네21』 945호 참조) 하지만 내용의 비교는 이 영화에 관한 한 이 글의 관심사가 아니다. 영화가 실화에 근거한다고 언명할 때, 그것은 사실들을 첨삭하는 데서 그치지 않는다. 여기엔 모종의 질적 변화가 있다. 문자로 정리된 이야기가 실제적 시공간에 담긴 육체의 움직임으로 변하는 것이다. '실'과 '화' 사이에 존재하는 불연속성과는 다른 차원의 불연속성이 '근거한'의 과정에 놓여 있다. 이 이중적 불연속성이 관객인 우리의 자리를 더욱 복잡하게 만든다.

우리는 지금 문자 기록 『노예 12년』이 아니라 극영화 〈노예 12년〉 앞에 서 있다. 어떤 묘사적 언어도 따라잡을 수 없는 현재적 시공간과 살아 있는 육체로 재현된 솔로몬 노섭을 만나는 것이다. 그의 슬픈 이야기는 고도로 정련된 이미지와 사운드로 우리에게 육박해 온다. 우리는 읽는 게 아니라 감각한다. 이제 실화(實話)는 실감(實感)의 문제가 된다. 영화는 실제 세계의 이미지와 동질적인 시청각 이미지를 제공하기 때문에 그것을 보는 우리는 이제 목격자와 동질적인 경험의 장에 입회한다. 실화에 근거한 한 편의 영화 앞에서 우리가 스스로를 종종 목격자로 오인하는 것은, 그것의 진실성이 아니라 영화 이미지의 특별한 능력 때문이다. 읽고 전해 들은 것이 아니라 직접 보고 들었다고 믿게 만드는 그 능력은 유능하고도 위험하다.

자전적 기록에선 우리가 그 기록을 통해 기록된 세계와 그 기록자를 함께 만나고 있다는 사실이 끝내 잊히지 않는다. 우리는 그가 기록한 세계와 자신을, 기록자 스스로 선택한 언어로만 만나고 있기 때문이다. 하지만 '실화에 근거한' 영화는 '실'이 '화'와 '근거한'이라는 이중적 불연속의 벽을 뛰어넘어 우리에게 육박해 오는 것으로 믿게 만든다. 여기서 '근거한'이 함축한 불연속성을 생각해보지 않을 수 없다.

간단하게 물어볼 수 있다. 영화 〈노예 12년〉은 누가 말하고 있는가. 기록 『노예 12년』에서는 솔로몬 노섭이 말하고 있다는 사실을 의심할 수 없다. 그런데 영화 〈노예 12년〉에서 이야기하는 주체, 보는 주체는 누구인가. 이 물음은 영화의 내레이션을 둘러싼 까다로운 논의와 연관되어 있다. 영화는 시각적인 것과 언어적인 것, 광학적 시점의 주체와 이야기하기의 주체가 분열하고 중첩되고 엇갈리기 때문에 이 문제에 관한 한 기댈 만한 확정적인 논의는 없다. 하지만 상식적인 수준에서 잠정적으로 이렇게 말할 수 있다. 광학적 시점의 주체는 언제나 카메라이며(등장인물의 시점 숏에서조차도), 그 카메라를 통제하는 것은 감독이다. 또한 이야기를 데쿠파주하고 촬영된 장면을 편집해 내러티브를 결정하는 주체 역시 감독이다. 따라서 영화의 최종적 화자는 결국 감독이다.

요컨대 영화 〈노예 12년〉은 솔로몬 노섭이 아니라 스티브 맥퀸이 들려주는 이야기다. 이야기의 면에서만 보면, 이 영화의 감독은 자신의 체험을 기록한 노섭의 이야기를 읽고 난 뒤, 그것을 우리에게 '그랬다'가 아니라 '그랬다고 하더라'라고 들려주는 사람이다. 화자가 체험자에서 전달자로 교체된 것이다. 이것이 '근거한'의 과정에 개입된 근본적인 불연속성의 한 측면이다. 이것이 그렇게 중요한가라고 묻는다면 당연히 그렇다고 대답할 수밖에 없다. 우리는 더 이상 기록자의 언어를 만날 수 없기 때문이다. 그러니 우리는 여기서 주관과 객관이 식별 불가능한 그 단독자의 언어 대신 영화가 할 수 있는 일은 무엇인가, 라고 물어야 한다.

실제 세계의 이미지와 동질적인 영화 이미지의 능력은 만드는 이에게나 보는 이에게나 모두 유혹적이다. '실'과 '화' 사이, 그리고 '근거한'이라는 것 사이의 이중적 불연속성을 넘어 '실'이 관객에게 직진하는 것으로 오인하게 만드는 것. 다시 말해 언어가 수행하지 못한 감각의 강도 혹은 실감을 관객에게 전이시키는 것. 이것이 '실화에 근거한' 대부분의 영화가 이기지 못하는 유혹이다.

우리는 여기서 대중영화에서 가장 까다로운 의제 가운데 하나인 고통의 이미지라는 문제와 만난다. 육체가 고통을 느끼는 순간을 생생하게 되살리는 것만큼 '실'을 효과적으로 육박하게 만드는 방법은 드물며, 그것은 영화 이미지가 가장 유능한 분야 가운데 하나다. 하지만 '실화에 근거한' 영화에서 한 자연인이 실제로 경험한 육체적 고통을 영화 이미지로 '재연'한다는 것에는 중대한 질문이 기다리고 있다. 우리는 그 고통의 이미지 앞에서 공포와 혐오로 분노하고 있는가, 아니면 그것을 즐기고 있는가.

나는 이 질문에 대해 어느 정도 자신 있게 대답할 수 있다. 우리 누구도 그것을 즐기고 있지 않다고 단언할 수 없다. 우리의 감각은 그 앞에서 쾌와 불쾌 사이를 동요한다. 우리의 이성은 불쾌를 승인하고 쾌를 억누르지만, 그것은 억압될 뿐 제거되지 않는다. 고통의 이미지는 미혹적(迷惑的)이다. 만연한 폭력 이미지 중에서도 고통의 이미지, 그 중에서도 육체 손상 이미지는 가장 미혹적이다. 예컨대, 영화 〈노예 12년〉에서 솔로몬 노섭이 악랄한 주인의 강요에 못 이겨 여자 노예에게 채찍을 휘두르고 그녀의 피가 튀고 살이 파져 짓이겨진 그녀의 등이 보일 때, 우리는 온전히 고통받는 그녀의 자리에 서서 그 고통을 공감하고 있다고 자신할 수 있을까.

고통의 이미지, 그중에서도 신체 손상 이미지의 문제가 까다로운 이유는 그 이미지를 따지고 있는 내가 이미 그 이미지를 원하고 그 이미지에 중독되어 있기 때문이다. 우리가 오늘의 대중영화에서 보는 신체 손상 이미지들이 허용된 것은 불과 50년 정도밖에 되지 않는다. 우리는 '폭력의 피카소'(샘 페킨파)와 '헤모글로빈의 시인'(퀜틴 타란티노)을 응원했으며, 표현의 자유라는 이름으로 영화 이미지에 가해지는 어떤 규제도 반대했고 앞으로도 반대할 것이다. 하지만 우리가 옹호한 영화가 앞장서 유포한 신체 손상 이미지의 만연으로 우리의 감각이 병들어가고 있다는 사실도 인정해야 한다.

앞서 예로 든 〈노예 12년〉의 채찍질 장면이 만일 1950년대의 관객에게 보여졌다면 그것만으로 하나의 스캔들이 되었을 것이다. 오늘의 우리에게 진짜 문제는 그 이미지가 위험하기 때문이 아니라 오히려 거의 위험하지 않기 때문에 생겨난다. 위험은 그 정도 장면이라면 대수롭지 않거나 참을 만하다고 느끼게 된 우리 감각의 둔화에 있다. 이것은 잔인하고 끔찍한 것을 즐긴다는 저속한 취향의 문제가 아니다. 영화에 상당한 책임이 있는 고통의 이미지에 대한 우리의 감각 둔화가 바로 타인의 고통에 대한 우리의 공감 저하와 직결된다는 사실이 문제다.

실감을 위해 이미지는 더 강해지려는 유혹에 빠진다. 문자 언어가 그 유혹을 느낀다 해도 이미 주어진 어휘들을 벗어날 수 없다. 그러나 이미지의 강도에는 끝이 없다. 실화를 실감의 세기, 이미지의 강도로 대체한 가장 끔찍한 사례 가운데 하나는 역시 '실화에 바탕한' 〈시티 오브 갓〉(2002)이다. 총알이 몸속을 헤집는 장면까지 시각화한 이 영화를, 그 높은 평판에도 불구하고, 나는 여전히 받아들이기 힘들다. 그에 비하면 〈노예 12년〉은 온후하고 세련된 화술의 영화다. 그럼에도 나는 이 영화가 고통의 이미지를 등장시키는 장면에서 여전히 망설이게 된다.

앞에서 자전적 기록에서의 주관과 객관이 식별 불가능한 단독자의 언어 대신, 그것을 제3자로서 전달하는 영화가 할 수 있는 일은 무엇인가, 라고 물었다. 나는 그 대답을 갖고 있지 않다. 다만 여전히 이미지의 강도와 고도의 실감 대신 영화 이미지의 환기력이라는 또 다른 훌륭한 능력에 기대를 걸고 있다. 다른 지면에서 몇 차례 언급한 바 있지만 '실화에 근거한' 영화 가운데 역사상 가장 위대한 영화는 존 포드의 〈젊은 날의 링컨〉(1939)이라고 여전히 생각한다. 이 영화는 난반사하는 이미지들의 환기력으로 실화를 실감의 서사가 아니라 위대한 허구의 세계로 재창조했다. '실화에 근거한' 오늘의 영화들이 그 이중적 불연속성과 대면하는 방식에서 이 영화로부터 더 많은 것을 배워야 한다고 여전히 믿는다.

영화 〈노예 12년〉에서 마음을 움직인 한 장면에 관한 감상을 덧붙이고 싶다. 가족과 재회한 뒤 영화가 끝나고 솔로몬 노섭의 이후 이야기가 자막으로 떠오른다. 납치자들을 고발했으나 패소했고 자신처럼 납치된 흑인들을 구조하는 활동을 전개했다는 내용이 차례로 지나간다.

그리고 마지막 문장이 떠오른다. "그가 죽은 날짜, 장소, 사인은 알려지지 않았다." 검은 바탕에 희고 작은 알파벳으로 새겨진 이 간결한 문장, 그리고 '알려지지 않았다(unknown)'라는 마지막 단어가 무겁게 사무친다. 감독의 의도와 관계없이, 이 마지막 장면의 검은 무지와 흰 글씨, 그리고 그 단순하고 외로운 단어야말로 오늘의 한 창작자가 오래전 부당하게 고통받은 한 인간에게 바치는 최대한의 그리고 아름다운 예의라고 생각한다. 그리고 역설적이지만 이 무지 화면의 아름다움이야말로 영화 이미지의 힘이라고 생각한다.

(『씨네21』 946호, 2014. 3. 18~3. 25)

님포매니악(라스 폰 트리에, 2013)

비웃음에
관하여

1

색정광 여인 조(샤를로트 갱스부르)의 파란만장한 성 편력을 밤새 듣
고 난 남자 셀리그만(스텔란 스카스가드)은 정중하게 "잘 자라"는 인
사를 하고 방문을 나선다. 그는 금방 되돌아온다. 그러고는 갑자기 이
불을 들치고 그녀의 질에 자신의 성기를 들이민다. 여인이 소리친다.
"안 돼요!" 무지 화면이 뜨고 남자가 말한다. "하지만 당신은 수천 명
이랑 잤잖아." 무지 화면이 계속되고 총소리, 여인이 옷 입는 소리, 방
을 나서는 발소리가 들린다.

　〈님포매니악〉의 마지막 장면은 황당하다(여기선 볼륨1과 볼륨2를
묶어 한 편의 영화로 다룬다). 셀리그만은 성욕이 없는 무성애자이며

여자와도 남자와도 자본 적이 없다. 게다가 그는 박식한 교양인이며 독서광이다. 그런데 왜 갑자기 무도한 강간자로 돌변한 걸까. 그리고 "생애 첫 친구를 얻었다"며 그에게 고마움을 표하던 여인은 왜 거부의 과정도 없이 바로 총을 쏘았을까.

우리는 이 남녀의 돌발적인 행동에 갖가지 인간적인 이유를 추론할 수 있을 것이다. 그런 다음 양자의 행동을 이해할 만한 것으로 받아들일 수도 있을 것이다. 그런데 그럴 필요는 없을 것 같다. 내 생각에 이 장면은 유머다. 강간과 살인이라는 난폭한 장면을 유머라고 말할 수 있는 건 관객인 우리가 셀리그만의 발기되지 않은 성기를 보았기 때문이다. 우리는 네 시간에 걸쳐 온갖 성기를 만났고 강력한 형상의 남근노 여러 번 복격했기 때문에, 이 장면에서 셀리그만의 풀죽은 성기를 그냥 지나치긴 힘들다. 발기되지 않은(아마도 그럴 수 없는) 성기로 덤벼들다 총을 맞아 죽은 중년의 무성애자 지식인.

웃을 수도 울 수도 없는 이 해괴한 유머에는 기묘한 비웃음이 있다. 색정증이라는 욕망의 짐을 짊어진 한 여인에 관한 캐릭터 탐구처럼 보이는 이 영화를 특별한 유머로 끝맺으면서 감독 라스 폰 트리에는 포르노그래피적 표현의 충격과는 다른 종류의 충격 효과를 원했던 것 같다. 영화 전체에 대한 논평과 분석은 이미 정한석(『씨네21』 959호)과 남다은(『씨네21』 964호)에 의해 이루어졌으므로 여기서는 한 사람의 관객이자 평자로서 그 비웃음에 응답하고 싶다.

2

〈님포매니악〉은 〈안티크라이스트〉(2009), 〈멜랑콜리아〉(2011)에 이은 라스 폰 트리에의 '우울증 3부작'의 완결편으로 알려져 있다. 하지만 이 명칭이 적절한지는 모르겠다. 다른 이름들을 붙일 수도 있을 것이다. 색정광 3부작, 신성모독 3부작, 안티크라이스트 3부작 등등. 물론 어느 명칭도 그럴듯하지만, 온전히 적절하지는 않다. 다만 이 명칭들이 하나의 계열을 이룬다고 말할 수는 있다. 우울증, 색정광, 신성모독, 안티크라이스트…… 그런데 이 명칭들이 공유하는 또 다른 이름이 있다. 그것은 여인이다. 세 편 모두 여인이 우울증자이고 색정광이며 신성모독자이며 적그리스도이다(〈안티크라이스트〉의 상영본에 새겨진 제목은 〈Antichrist 우〉이다). 세 영화를 '마녀 3부작'으로 불러도 좋을 것이다.

이 3부작은 사실 매우 단순한 도식 위에 서 있다. 이성, 과학, 질서, 신앙, 문명 등이 한편에 있고 욕망, 마성, 혼돈, 자유, 자연 등이 맞은편에 있다. 전자는 남성에게 후자는 여성에게 귀속된다. 3부작을 양자의 대립으로 구도화한 뒤, 전자를 회의하고 후자를 동경하는 작품들이라고 정리한다면 라스 폰 트리에의 영화 세계는 진부한 것이 된다. 20세기 전체를 통틀어 진지한 사유와 예술은 대부분 그랬기 때문이다.

라스 폰 트리에는 오히려 이 대립구도 자체를 교란한다. 정확히 말하면 그의 영화는 우리 대부분이 공유하고 있는 대립항의 독법이라는 관습을 교란한다. 아이러니, 자리바꿈, 모호하지만 현란한 사악과 공포의 이미지가 그가 애용하는 교란의 수사학이다. 라스 폰 트리에는 종종 허세에 가까운 지적인 제목을 붙이고, 시대적 종교적 알레고리로 읽기를 유도하는 대립구도를 설정한 뒤, 갖가지 상징과 패러디를 촘촘히 배치한다. 그런 다음 그의 영화를 보는 게 아니라 해석하려는 우리의 독법을 혼란의 진창으로 이끈다.

　이것은 일견 유보 없이 존중할 만한 전복적이고 도발적인 예술 활동처럼 보인다. 하지만 여기엔 구분해야 할 지향이 있다. 라스 폰 트리에의 관심은 우리의 지식과 인지체계의 내재적 한계 탓에 왜곡되고 가려진 진실에 있는 게 아니라, 바로 그 지적 활동 자체를 무효화하고 폐기 처분하려는 데 있는 것 같다. 그의 영화가 혼돈에 몰두하는 것처럼 보일 때조차, 고도로 인공적인 그의 이미지들은 혼돈이라는 실재의 사태 자체를 향한 게 아니라, 우리 좌뇌의 오작동을 위한 바이러스로 작용한다는 말이다.

　이 말들이 다소 추상적으로 들린다면, 〈안티크라이스트〉의 프롤로그에 등장하는 한 장면을 떠올려보는 게 좋을 것 같다. 부모가 격렬한 정사를 벌이는 동안 아이는 침대를 빠져나와 베란다로 간다. 헨델의 유명한 아리아 '울게 하소서'(〈리날도〉)가 장중하게 흐르고, 내리는 눈과 인물들의 움직임은 우아한 슬로모션으로 묘사된다. 아이는 곧 베란다에서 추락사한다. 이것이 부모의 지옥도(사실은 인간 존재 자체의 지옥도)를 그린 영화의 시작이다. 이 과정에 이상한 숏이 등장한다. 베란다로 가던 도중 부모의 정사 장면을 보던 아이가 눈길을 돌려 카메라를 쳐다보며 기묘한 웃음을 짓는다. 아이의 것이라고 믿을 수 없는 냉소적이고 음산한 미소. 이 기분 나쁜 미소의 정체를 어떻게 말해야 할까.

이 숏을 근거로 이런 분석을 할 수도 있을 것이다. '이 아이는 부모의 무관심 속에 방치되다 사고사한 가련한 존재가 아니라, 부모에게 평생 벗어날 수 없는 죄책감을 안겨주기 위해 자살을 감행한 악의적인, 어쩌면 악마적인 존재다.' 하지만 이 분석은 틀렸다. 엄마가 고의적으로 신발의 좌우를 바꿔 신겨 아이의 발을 미세하게 기형으로 만들어놓았다는 사실이 후에 드러나기 때문이다. 아이의 죽음은 사실상 엄마의 살인이라는 것이다. 그렇다면 아이가 추락의 위험에 빠질 순간을 예견하고 그 순간에 균형을 잡기 힘들도록 오랫동안 준비해온 엄마는 믿기 힘든 예지력과 치밀함을 갖춘 완전범죄자가 되어야 한다.

사고사, 자살, 살인. 라스 폰 트리에는 이 가운데 무엇이 진실인지 알 수 없도록 만들었다. 정확히 말하면 어느 쪽도 진실일 수 있다는 가능성의 지평을 열어둔 게 아니라, 어느 쪽도 믿기 힘들도록 만들었다. 양자의 차이는 중대하다. 진실의 확정 불가능성과 진실의 원천적 부재는 완전히 다른 지적 태도의 표현이다. 전자의 예술가는 실재에 열려 있으며 사물을 듣고 만진다. 후자의 예술가는 현실적인 것의 위악적 변형만을 끝없이 추구한다. 네오리얼리즘의 정당한 유산을 공유한 다수의 작가들이 전자에 속한다면, 라스 폰 트리에는(아마도 데이비드 크로넨버그와 함께) 후자에 속한다. 그의 영화는 이미지의 인공 지옥이다(라스 폰 트리에는 한때 이와 상반된 듯 보이는 '도그마 선언'을 주도했지만, 그때도 그의 관심사는 실재가 아니라 인위적 규칙들이며,

그 규칙들의 효과였다).

〈안티크라이스트〉의 그 숏으로 돌아와 보자. 아이는 음산하게 웃고 있다. 그런데 카메라를 향해, 그러니까 영화를 보는 우리를 향해 웃고 있다. 그 웃음은 비웃음이다. 라스 폰 트리에는 어쩌면 친절하게도 이 영화 전체가 우리를 향한 비웃음이라는 사실을 혹시라도 알아채지 못한 관객이 있을까 봐 '관객을 쳐다보는 아이의 비웃음'이라는 더할 나위 없이 인공적인 표정과 시선의 이미지를 삽입한 것처럼 보인다. 아이의 비웃음은 다른 무언가를 의미하는 게 아니라 그 비웃음 자체에 직면하도록 하려는 것이다. 그러니까 그 비웃음은 이렇게 말하는 것이다. "관객 양반, 어디, 이 비웃음도 한번 해석해보시지."

이 상면은 〈님포매니악〉의 두 상면에서 변주된다. 하나는 조의 출산 장면이다. 갓 태어난 아이가 웃는 모습이 천장의 조명등에 어렴풋이 비친다. 조는 아이의 웃음을 분명히 보았다고 말하고 셀리그만은 "그건 악마의 징조"라고 논평한다. 다른 하나는 조가 SM 서비스를 받기 위해 외출했을 때, 아이가 베란다로 걸어가는 장면이다. 여기서도 〈안티크라이스트〉에서처럼 '울게 하소서'가 아름답게 울려 퍼진다. 하지만 아이는 추락하기 전에 구제되고 악마적 사건도 발생하지 않는다. 이 변주의 유일한 목적이 있다면 〈안티크라이스트〉를 본 관객의 연상과 추론을 무력화하는 것이다. 갓 태어난 아기의 어렴풋한 웃음은 '악마' 운운하는 논평자 셀리그만과 〈안티크라이스트〉의 관객을 동시에 겨냥한 비웃음이다.

〈멜랑콜리아〉에서 우울증자이자 비웃음의 주체는 저스틴(커스틴 던스트)이라는 여인이고 비웃음의 대상은 존재하는 모든 것으로 확대된다. 언니의 과학자 남편이 대변하는 지식도, 언니의 모정도 저스틴의 냉소를 벗어나지 않는다. 지구와 충돌할 행성이 다가오고, 언니는 어린 아들을 바라보며 깊은 슬픔에 빠져 있다. 그때 저스틴은 말한다. "지구는 사악해. 우리는 지구를 위해 슬퍼할 필요가 없어." 아마도 3부작의 또 다른 이름은 비웃음이 될 것이다.

3

〈님포매니악〉은 3부작의 두 전작에 비해 지루하다. IMDB 사이트에 한 관객은 "이 영화는 포르노그래피를 본 적 없는 50, 60대를 제외하고는 모두에게 지루하기 짝이 없다"고 썼는데, 동의할 만하다. 여인이 자신의 음핵을 가위로 잘라내고(〈안티크라이스트〉), 지구가 폭파되는 장면(〈멜랑콜리아〉)까지 본 관객에게, 그리고 자극적인 난폭한 이미지에 중독된 동시대인들에게 이 영화의 외설적 장면들이 충격을 주긴 힘들 것이다. 무엇보다 여기엔 두 전작에서 보는 이를 동요케 했던 사악하고 매혹적인 이미지들이 거의 없다.

사실 〈님포매니악〉은 이야기의 면에서도 에덴동산의 존재 자체를 원죄라고 간주하는 〈안티크라이스트〉나 지상의 모든 존재를 조롱하는 〈멜랑콜리아〉에 비하면, 라스 폰 트리에답지 않게 온건하고 소박하며 심지어 (마지막 장면을 제외한다면) 인간적으로 느껴진다. 색정증이라는 무거운 욕망의 짐을 지고 살아온 외로운 여인이 "내게 죄가 있다면 황혼이 좀더 아름답길 바란 것뿐"이라고 말할 때는, 한 편의 온전한 휴먼드라마처럼 보이기도 한다.

사적인 소감은 좀 다르다. 나는 이 영화를 보고 있기 민망했는데 그건 외설적인 표현 때문이라기보다 여인의 성 편력을 듣고 있는 셀리그만의 말들 때문이었다. 논평을 못 해 안달이 난 사람처럼 보이는 그의 말은 분석적이고 현학적이지만 대부분 쓸모없는 소리며 종종 초점을 벗어난다. 조는 셀리그만의 논평을 은근히 조롱한다. 그가 '프루직 매듭'에 관한 얘기를 들려줬을 때 조는 "그나마 가장 덜 빗나간 말(the weakest digression)"이라고 대꾸한다.

〈안티크라이스트〉에서 남자는 여자를 치료하려 한다. 그의 목적은 이성으로 비이성을 세워하려는 것이나. 〈님포매니악〉에서 남자는 여자를 해석하려 한다. 그의 목적은 이성으로 비이성을 포용하려는 것이다. 물론 성공할 리 만무한 시도다. 셀리그만은 정확히 평론가의 자리, 그것도 실패하는 평론가의 자리에 있다. 그는 역사, 종교, 정신분석, 수학, 낚시를 망라하는 방대한 지식의 소유자이긴 하지만 그의 말은 계속 헛발질한다. 그의 지식이 아니라 그의 실패 패턴이 평자인 나의 실패 패턴을 고스란히 연상시킨다. 그는 지식을 자랑하듯 온갖 레퍼런스로 확대 해석하거나 전혀 중요하지 않은 오류를 과시하듯 지적하거나 고통과 격정의 순간을 현학적 비유로 대체한다. 무엇보다 그는 가족애 인간애 따위의 휴머니즘 테두리 안에 머물며 여인의 욕망이 지닌 비인간적인 중핵에 이르지 못한다.

〈님포매니악〉은 색정광 여인의 일대기라기보다, 실패한 평론 사례

집처럼 보인다. 더 주관적으로 추측한다면 이 영화는 〈안티크라이스트〉(혹은 〈멜랑콜리아〉)에 대한 현학적이고 정치적으로 올바르며 따뜻한 인간주의적 비평들의 '역겨움'에 대한 응답처럼 느껴진다(자신에 관한 다큐에서 라스 폰 트리에는 "나와 내 영화에 대한 모든 말과 글은 모두 거짓"이라고 단언했다. 짐작건대 그는 악평을 더 좋아할 것이다). 물론 여기서 조는 이야기꾼의 자리에 있다. 이야기꾼은 최소한의 단서만으로도 이야기를 풀어내고, 비평가는 드물게 이야기꾼에게 힌트를 주긴 하지만 대개 변죽만 울리는 존재다. 내게는 조의 이야기 자체보다는 이야기꾼과 평론가의 알레고리로서 둘의 관계가 흥미로웠다.

마지막 장면으로 돌아와 보자. 이 장면을 이성적이고 인간적으로 납득할 방법은 없다. 나는 라스 폰 트리에가 어떤 암호를 숨겨놓았는지 알지 못한다. 현재의 구술 및 논평과 과거의 사건으로 이루어진 이 영화에서 마지막 장면은 처음이자 끝으로 현재에 일어난 사건이다. 우리는 과거의 사건과 함께 셀리그만의 부질없는 논평을 들어왔지만, 마지막 장면에서 일어난 현재의 사건에 대해선 어떤 말도 들을 수 없다. 논평자는 죽었고, 영화는 끝났기 때문이다. 마지막 장면은 이렇게 말하려는 것 같다. 이제 우리의 박식한 비평가도 죽었으니 이 장면의 논평은 (영화를 보는) 당신이 한번 해보시지.

그토록 박식한 셀리그만이 허튼소리만 했다면, 이 장면을 받아들이는 유일한 방법은 해석이 아니라 조의 말을, 이야기꾼의 욕망과 충동을 곧이곧대로 듣는 것이다. 그녀는 전남편 제롬과 제자 P가 열애 중이라는 사실을 알고 떠나려 하다가 돌아와 제롬을 죽이려 한다. 하지만 총알이 발사되지 않아 실패한다. 그녀는 이렇게 말한다. "사람을 죽이는 건 어려운 일이라고들 하죠. 내 생각엔, 안 죽이는 게 더 어려운 것 같아요. 인간에게 살인은 가장 자연스러운 행위에요. 우린 그렇게 만들어졌어요."

조는 이 장면 이전까지 살인에 대해 한 번도 말한 적이 없다. 그녀가 질투, 배신감, 절망 따위가 아니라 살인 욕구로 자신의 행위를 설명할 때, 셀리그만은 그걸 새겨들었어야 했다. 그리고 훨씬 전에 "내게 죄가 있다면 황혼이 좀더 아름답길 바란 것뿐"이라고 말했던 것을 상기해야 했다. 그러는 대신 셀리그만은 이렇게 논평한다. "(총알이 발사되지 않은 것을) 당신은 우연이라 말하지만 나는 무의식적인 거부였다고 봐요. 밑으로는 죽이고 싶었어도, 속에선 인간의 가치를 소중히 여긴 거죠. 총을 당겨야 한다는 지식을 (안전장치 해제를 잊어버린) 건망증으로 살짝 덮어버린 거예요." 프로이트와 휴머니즘을 결합한 이런 모범적인 분석이 그녀에게 더 이상 적용되지 않는다는 사실을 알아챘어야 했다. 그녀는 이렇게 대꾸한다. "엄청나게 상투적인 얘기여서 당신 주장에 반박을 해야 직성이 풀리겠지만, 너무 피곤하네요."

마지막 장면은 실은 황당하지 않다. 그건 피곤해서 미루고 싶었으나 보채는 바람에 할 수 없이 하게 된 반박 같은 것이다. 조금만 생각해보면 이보다 더 명쾌한 반박은 있을 수 없다. 조금 귀찮게 하는 것만으로 그녀는 살인할 수 있다. 발기되지 않은 강간자라는 설정은 유머이지만 이 유머는 강간과 살인의 인과 관계를 느슨하게 만든다. 이야기꾼의 말을 제대로 들어왔다면, 마지막 장면은 해석은 물론이고 설명조차 필요 없다. 이게 우리의 결론이라면, 이건 유용한가. 유감스럽지만 그렇지 않다. 이렇게 결론을 맺고 나면 여기 적힌 말들도 결국 쓸모없어진다. 영화에서 이미 말해진 것을 더 보탤 것도 없이 다시 말하는 것일 뿐이기 때문이다. 마지막 장면에 대해서 말하려는 순간 어떻게 해도 헛발질을 피할 수 없다. 이것이 이 장면의 비웃음이다.

그런데 이 비웃음은 전작들의 사악하지만 강력한 비웃음에 비해 어쩐지 왜소하고 뭔가 도피적이라는 느낌을 지울 수 없다. 욕정과 충동의 화신과 무기력한 불능의 지성의 만남이라는 설정의 이야기에서 라스 폰 트리에는 출구 찾기에 실패한 건 아닐까. 결말의 돌발성과 비웃음은 혹시 그 실패를 가리기 위한 또 다른 위악적 제스처는 아닐까.

(『씨네21』 966호, 2014. 8. 5~8. 12)

제외될 수 없는(2007, 최용석)

숭고한 무능력

그가 만든 두 편의 장편(〈제외될 수 없는〉(2007), 〈이방인들〉(2012))에 한정할 때, 최용석을 '그의 부재'를 다루는 작가라고 잠정적으로 말할 수 있을 것이다. 가까운 누군가(딸, 친구, 제자, 어머니)가 내가 떠나 있는 동안 죽었다. 나는 그가 죽은 장소로 돌아온다. 그곳은 내가 그와 함께 있던 곳이기도 하다. 그곳을 돌아보지만 나는 그의 죽음을 모른다. 같은 의미로, 나는 그의 삶을 모른다. 그는 어떻게 살았기에 그렇게 죽었을까, 라는 질문에 나는 답할 수 없다. 내가 할 수 있는 일은 그가 있던 장소를 배회하는 것뿐이다.

* 〈제외될 수 없는〉은 시네마디지털서울(CINDI) 등의 영화제에서 소개된 수작이지만 안타깝게도 정식 개봉되지는 않았다. 이 글은 부산독립영화협회가 발간하는 『인디크리틱』이 2013년 10주년을 맞아 10년간의 부산 독립영화 중 10편을 선정하고 그중 한 편인 이 영화의 비평을 의뢰해 쓴 것이다.

여기서 부재를 죽음이나 상실이라고 표현하지 않은 이유는, '나'는 그의 죽음을 사건으로 체험한 것이 아니라, 오랜만에 돌아와 보니 그가 더 이상 존재하지 않는다는 방식으로 체험하기 때문이다. 그의 죽음은 하나의 사건이라기보다, 그가 없는 텅 빈 공간이다. 최용석은 죽음을 인과적 계열의 사건이 아니라 부재의 체험으로 제시한다. 과묵하며 느리게 움직이는 그의 주인공은 이렇게 중얼거리는 것처럼 보인다. 그는 왜 이곳에도 없고 저곳에도 없지? 말하자면 이 화자는 "아버지가 돌아가신 것은 알겠는데, 왜 저녁 먹으러 오지 않는지는 알 수 없어요"라고 말하는 프로이트의 어린 환자와 같은 난처함에 처해 있다.

가까운 이의 죽음으로 인한 상실감을 다루는 가장 보편적인 방식은 애도이다. 애도는 상실한 대상을 일정한 방식으로 상징화시켜, 상실 이후 붕괴 위험에 빠진 일상의 질서를 회복하는 과정이다. 그러나 최용석의 인물들은 애도에 실패하거나 애도의 방법을 모르는 것처럼 보인다. 심지어 그들은 통상적 애도를 피하려는 것처럼 보이기까지 한다. 왜일까. 아마도 최용석의 영화에서 '그의 부재'만큼 문제가 되는 것이 '나의 부재'이기 때문일 것이다. 그가 여기 있을 때 내가 없었고, 내가 돌아오자 그는 없다. 이 엇갈린 부재가 최용석의 영화에서 애도를 가로막는 장애물인 것 같다.

그런데 '나의 부재'는 좀더 복합적이다. 최용석의 주인공은 자신이 떠나왔던 곳에 그리고 누군가가 부재한 곳에 돌아왔지만, 다시 돌아갈 곳도 없는 사람처럼 보인다. 그들은 자신이 돌아갈 곳을 말하지 않거나 못한다. 말하자면 그들은 이미 오래전에 상징적 질서 밖으로 이탈했고, 자기만의 질서를 구축하는 데 실패한 것처럼 보인다. 게다가 그가 지금 도착한 곳은 그나마 외형적 규칙이라도 주어진 자신의 생활공간이 아니라, 그가 한때 살았으나 이제는 낯선 곳일 따름인 일종의 여행지에 불과하다. '나의 부재'는 물리적인 문제일 뿐 아니라, 상징적인 문제이다. 이곳에 돌아왔지만 '나의 부재'는 지속되고 있다.

　이것이 통상적인 애도의 길을 어렵게 만든다. 나의 질서를 구축해 '나의 부재'를 삭제하고 그 질서 안에서 '그의 부재'를 상징화해 애도 작업을 종결해야 하는, 이중의 과제가 최용석의 인물들에게, 그리고 그의 서사에 주어져 있다. 양자를 동시에 해결하는 서사적 기술이 실은 그렇게 어렵지는 않을 것이다. 그의 죽음을 일종의 미스터리한 사건으로 제시한 뒤, 원인 대상을 찾아내, 제3자가 그 대상이라면 응징하고 자신이 그 대상이라면 참회함으로써, 그것을 축으로 나의 질서를 회복하는 것이다. 최용석은 그 길을 택하지 않는다. 대신 '나'는 그가 있던 자리 주변을 무언가 망설이듯 집요하게 서성인다. 죽음의 사건성을 부재의 상태가 압도한다. 피할 수 없는 질문은 이것이다. 최용석의 주인공은 왜 부재의 상태에서 죽음이라는 사건으로 이행하지 못하거나 그러지 않는 것일까. 이 질문을 지침 삼아 〈제외될 수 없는〉이라는 영화의 안으로 들어가 보자.

막이 열리면 세 인물의 클로즈업이 차례로 등장한다. 잠시 뒤에 알게 되지만, 그들은 각각 죽은(실은 자살한) 소녀의 친구, 아버지, 담임선생이다. 개별 숏에서 그들은 한곳을 응시하다 시선을 다른 쪽으로 돌리는데, 시선의 대상은 어느 쪽에도 등장하지 않는다. 그들의 시선은 텅 빈 시선이다. 달리 말하면 그들은 부재를 응시한다. 그곳은 소녀가 있던, 그러나 이제는 부재하는 장소일 것이다. 영화는 이들 세 사람의 배회와 응시를 교차시키며 진행된다.

이들이 오가는 교실과 운동장에는 학기 중인데도 교사 두 명만 잠깐 등장할 뿐 이들 외엔 아무도 없다. 소녀의 아파트도 아무도 살지 않는 폐건물처럼 보인다. 작위적으로 비워진 이 장소들은 사실주의적 배경이 아니라 심리적 공간으로 나타난다. 세 인물은 타인들을 보지 않고 듣지 않는다. 그리고 거의 말하지 않는다. 이들에게 타인들은 부재하지만, 뒤집어 말하면 타인들에게도 이들은 부재하다. 죽은 소녀는 물리적으로 부재하지만, 심리적으로 그리고 상징적으로는 이들 세 인물도 부재하다.

나는 이 영화를 처음 봤을 때, 한동안 소녀의 친구를 소녀의 유령으로 오인했는데, 이 오인에는 전혀 근거가 없는 게 아니다. 담임선생은 소녀의 친구에게 "말도 안하고 일기도 쓰지 않으면 너를 어떻게 알아"라고 말하는데, 정도의 차이만 있을 뿐 아버지나 담임선생도 마찬가지다. 그들에겐 타인과 관계 맺을 언어가 없고, 타인을 향한 시선도 없는 것처럼 보인다. 그들 셋은 모두 유령과 같은 존재다.

넋이 나간 표정으로 그리고 정말 유령과 같은 걸음걸이로 교실, 운동장, 아파트를 돌아다닐 때 그들은 도대체 무엇을 찾으려는 것일까. 관객으로서 우리가 알 수 있는 것은 그들이 죽은 소녀가 있던, 그러나 지금은 부재한 장소를 반복적으로 간다는 사실밖엔 없다. 말하자면 그들은 반복적으로 소녀의 부재를 확인하고 있는 중이다. 그들의 심리를 추측해서 그 행위를 이해할 만한 것으로 고정시키는 것은 좋은 비평의 방식이 아니지만, 여기서 하나의 해석을 제시하고 싶다.

먼저 그들의 행위를 애도의 한 방식으로 볼 수 있다. 그가 나를 필요로 했을 때 혹은 필요로 했을지도 모를 때 내가 거기 없었으므로 뒤늦게라도 그가 있던 자리에 머무는 것. 이 소극적인 행위를 과소평가해서는 안 된다. 시인 윤동주는 「병원」이라는 시의 마지막 연에서 이렇게 쓴다. "여자는 자리에서 일어나 옷깃을 여미고 화단에서 금잔화 한 포기를 따 가슴에 꽂고 병실 안으로 사라진다. 나는 그 여자의 건강이— 아니 내 건강이 속히 회복되기를 바라며 그가 누웠던 자리에 누워본다."

1연에서는 '찾아오는 이, 나비 한 마리도 없는' 가슴을 앓는 여자가, 2연에서는 의사가 병이 없다고 말하지만 '이 지나친 시련, 이 지나친 피로'를 앓고 있는 화자가 묘사된다. 그리고 3연에서 '나'는 그가 누웠던 자리에 누워본다. 이 조용한 행위는 문학평론가 신형철의 표현을 빌리면 "타자의 고통을 느낄 수 있다고 자신하지 않고 타자와의 만남을 섣불리 도모하지 않는" "소박하면서도 숭고한 행위"이다.

나와 그의 '병'이 나와 그의 '부재'로 대체되긴 했지만, 〈제외될 수 없는〉의 인물들의 오열 없는 배회를 같은 방식으로 존중할 수 있을 것이다. 그러나 이들에겐 이런 이해만으로는 충분하진 않은 것 같다. 그들은 '그가 누웠던 자리에 누워보기'를 결단하는 게 아니라, 그 부재의 장소로 호출되는 것처럼 보이기 때문이다. 그들이 거의 몽유병자와도 같은 눈빛과 걸음걸이로 같은 장소에 반복적으로 갈 때 그것을 의지의 행위로만 보기는 힘들다. 게다가 이 영화에선 죽은 소녀가 플래시백으로도 전혀 등장하지 않는다. 세 인물과 소녀의 감정적인 유대가 전혀 제시되지 않고 관객에게도 설득되지 않는다. 이것은 〈이방인들〉에서도 마찬가지인데, 부재한 그와 나의 진정한 관계는 괄호를 벗어나지 않는다. 따라서 텍스트 내에 존재하지 않는 그리움과 슬픔, 연민과 죄책감이라는 통상적인 정서적 유대와 관계만을 그 행위의 바탕으로 보기는 힘들다.

오히려 정반대의 해석이 가능하다. 그들이 그곳에 가는 이유는 부재한 그와의 정서적 유대 때문이기도 하지만, 동시에 그의 부재를 확인하기 위해서라는 것이다. 재유대의 기대만큼 큰, 어쩌면 그보다 더 큰 두려움 때문이라는 것이다. 그 반복적인 확인이 왜 그들에게 그토록 절실한 것인가. 그들이 실은 유령과 같은 존재이기 때문이다. 혹은 자신이 유령일지도 모른다는 두려움에 사로잡혀 있기 때문이다. 그들은 자신이 유령이 아니라는 사실을 확신하기 위해서 소녀의 부재를 확인해야 한다. 소녀를 만나는 순간, 그들도 유령일 것이기 때문이다. 그렇다면 자신의 존재감에 대한 근원적인 불안감, 혹은 '나의 부재'의 영구화에 대한 예감이 그 반복적인 행위의 또 다른 바탕이 아닐까. 아버지가 소녀의 방에 들어가기를 그토록 망설이는 이유도 바로 이것이 아닐까. 그렇다면 우리는 그들의 선택을 기대와 두려움, 어느 한쪽에 고정해선 안 된다.

물론 세 인물이 죽은 소녀와 맺는 관계는 같지 않고 그들의 선택도 조금씩 다르다. 셋 가운데 가장 현실적인 인물은 담임선생이다. 그녀도 소녀의 죽음 이후에 아이들과 동료 교사들로부터 이상해졌다는 평판을 듣고 소녀가 있던 교실에 강박적으로 붙박여 있지만, 살아 있는 아이들의 안전한 귀가를 필사적으로 확인하고 무언가 현실적인 방법을 찾기 위해 애쓰는 것처럼 보인다. 그녀는 칠판에 '계산하'까지 쓰고 더 이상 쓰지 못하는데, 그 행위는 자신의 부재를 벗어나기 위한 그녀의 안간힘과 그 시도의 미완성을 동시에 암시하는 것 같다. 그녀가 택한 계산적인 방법 하나는 부재의 장소 중 가장 가까운 하나를 제거하는 것, 구체적으로는 죽은 소녀의 책상을 치우는 것이다. 그러나 그 시도는 소녀의 친구에 의해 가로막힌다. 그녀는 다른 방법을 찾아야 한다.

아버지의 몸짓은 셋 중에서 가장 모호하며, 그런 면에서 앞서 말한 기내와 부려움 사이에서 가상 깊이 분별된 인물이다. 그는 처음 얼마간은 딸의 죽음의 경위를 파헤치려는 것처럼 보인다. 그는 교감을 만나 "이 좋은 학교에서 제 딸아이가 죽을 수는 없는 거 아닙니까?"라고 항변한다. 그러나 그에게는 소녀가 자살했다는 정보 외에는 어떤 것도 주어지지 않고, 담임을 만나려는 시도는 방해받는다. 또한 학교 인근의 파출소 앞을 서성이다 발길을 돌린다. 이 짧은 시도 이후, 그는 더 이상 죽음이라는 사건에 관심을 잃은 것처럼 보인다.

그는 교실과 운동장을 오가며 딸의 작품처럼 보이는 그림을 뜯어오기도 하고, 하염없이 운동장 한켠에 앉아 있기도 한다. 그러다 마침내 운동장의 구름다리에서 (아마도 딸이 그랬듯이) 줄넘기 줄로 자살의 몸짓을 취한다. 이것을 딸의 상실로 인한 슬픔을 극복하지 못한 아버지의 극단적 선택으로 단순화해선 안 된다. 그의 문제는 상실감 이전에 딸의 존재와 부재에 대한 완전한 무지이다. 딸에 대한 기억도 지식도 전혀 제시되어 있지 않으므로, 그의 행위는 그가 알고 있는 딸의 (자살) 행위를 재연하려 한다는 사실 그 자체만으로 이해되어야 한다. 사랑하는 이에 대한 앎이 실패할 때, 혹은 이해의 불가능을 수긍할 때 우리가 할 수 있는 일은 그의 행위를 모방하는 것이다. 이것이 윤동주가 표현한 '그가 누웠던 자리에 누워보기'의 다른 판본일 것이다.

그러나 그는 또한 두려움에 사로잡혀 있다. 그는 딸의 방 앞에서 문 열기를 계속 망설인다. 그 방은 도대체 무엇일까. 그는 무엇과의 대면을 두려워하고 있는 것일까. 여기서 두 가지 대답을 함께 생각해볼 필요가 있다. 한 가지는 상식적인 대답이다. 딸의 가장 내밀한 공간이었을 그 방에도 딸이 없다면, 딸은 정말 부재한 것이다. 그 아이는 정말 영원히 사라진 것이다. 그는 그 최종적인 확인을 두려워하고 있다.

다른 대답은 앞서 말했듯이 정반대로 딸이 그곳에 있을까 봐 두려워하는 것이다. 딸을 그 방에서 만난다면 그는 현실과 이어진 가느다란 끈도 모두 잃어버리고 그 스스로도 완전히 부재의 존재가 되는 것이다. 그것은 우리가 현실 세계에서 정신착란 혹은 죽음이라고 부르는 것과 연관될 것이다. 그는 지금 이제껏 반복해온 부재 확인의 최종적 실패, 혹은 자신의 완전한 부재의 확인을 두려워하는 것이다. 이 상반된 두려움 중 어느 한쪽이 진실이라고 말할 수는 없다. 그는 지금 이 양극단의 두려움 사이에서 분열되어 있다고 말하는 것이 옳을 것이다.

소녀의 친구는 우리의 예상을 완전히 벗어난다. 놀랍게도 두 어른과 달리 이 아이는 두려움이 없다. 아이는 친구가 있던, 그러나 지금은 부재한 장소를 떠나지 않는다. 적어도 영화 안에서 아이는 자신의 집에도 가지 않는다. 죽은 친구가 있던 교실과 운동장을 오가며, 친구가 있던 방에 가서 눕는다. 아이는 담임선생이 시도하는 친구의 책상 치우기를 차단한다. 아이는 '그의 부재'의 장소를 자신의 장소라고 생각한다. 아이에게 그곳은 제외될 수 없고, 친구도 제외될 수 없다.

그런데 이 아이의 선택이 아버지에게 뜻밖의 계기를 제공한다. 아이가 친구의 방에 가서 누웠을 때, 망설이던 아버지는 마침내 그 방문을 열 수 있게 된다. 아버지가 지닌 이중의 두려움을 해소시켜주는 존재가 바로 이 아이다. 그 방을 이 아이가 채웠을 때, 유령으로서의 딸의 현전과 딸의 부재로 인한 공허가 모두 해소될 가능성이 비로소 시작되기 때문이다. 그 가능성에 대한 응답이 맨바닥에 누운 아이를 자신의 외투로 덮어주는 아버지의 행위다. 이 장면은, 이제 이 불행한 어른과 아이가 상실감과 슬픔을 나누고 유사 부녀 관계를 맺을지도 모른다는 기대를 빚어낸다. 하지만 아이는 그 기대를 배반한다.

담임선생이 곧이어 죽은 소녀의 집을 찾아온다. 그리고 아버지는 그 시간에 교실을 찾아간다. 둘은 엇갈리지만, 담임선생이 조금 뒤 다시 교실에 돌아온다. 교실 문 여는 소리가 들리고 딸의 의자에 앉아 있던 아버지가 시선을 돌리는 숏에서 다른 신(마지막 신)으로 넘어감으로써 영화에서 둘의 만남은 제시되지 않는다. 하지만 이 미완의 숏에서, 우리는 서로 마주치기를 기피하고 마주쳐도 대화를 기피하던 두 어른이 이제 마침내 만날 것이라고 예상할 수 있다. 적어도 그들은 이제 대화를 시작할 수 있을 것이다. 아마도 그들은 딸의 죽음을 이제야 사건화하고 그 사건을 이해하거나 혹은 정념화할 수 있을 것이다. 그렇다면 그들은 애도의 작업을 시작할 수도 있을 것이다. 물론 이 모든 것을 그 미완의 숏은 희미한 가능성으로만 남겨두었을 뿐이다.

하지만 소녀의 친구는 그 가능성에조차 가담하지 않는다. 앞서 말한 미완의 숏 다음 숏에서 이 아이는 운동장의 한켠, 친구가 죽은 구름다리에 다시 와 있다. 이 아이는 어른과 대화하지 않고 친구의 죽음을 사건화하지 않으며, 애도하지 않을 것이다. 아이는 오직 부재한 친구의 자리에 머무를 것이다. 이것이 이 영화의 마지막 숏이다. 그리고 이 숏은 영화의 첫 숏과 거의 같다. 아이는 고스란히 멈춰 있다. 아이의 이 완강한 선택을 무어라 불러야 할지 모르겠다. 아이는 자신의 영원한 부재화를 감수하고, 친구의 부재를 어떤 다른 것으로 대체하지 않은 채 부재 그 자체로 봉인한다.

반복하건대, 최용석의 영화는 '그의 부재'와 '나의 부재'의 엇갈림 혹은 중첩에서 발생하는 근원적인 불안과 공허의 시선과 몸짓으로 구성된다. 자신의 등록소를 찾지 못한 자('나의 부재')가 어떻게 그의 부재를 등록할 것인가. 예상 가능한 방식은 그의 죽음을 윤리적 혹은 정념적 요소로 환원될 수 있는 사건으로 이해하고, 그것과 연관된 나의 등록소를 찾아내는 것이다. 예컨대, 나의 딸 혹은 나의 제자가 감당할 수 없는 고독과 고통 속에서 스스로 목숨을 끊었다고 이해하고(죽음의 사건화), 나는 그의 고통을 떠올리며 아버지로서 혹은 교사로의 무책임에 참회의 눈물을 흘리며(죽음의 정념화), 딸의 친구에게 혹은 다른 제자에게는 좋은 어른 혹은 좋은 교사가 되기로 결심하는 것(나의 귀환)이다. '그의 부재'는 이렇게 수습되고 그것에 힘입어 '나의 부재'도 해소된다. 이제 부재는 없다.

〈제외될 수 없는〉의 두 어른은 이 경로를 따르지 않았지만, 마지막 순간에 그 경로의 출발점 근처에 가까스로 도착한다. 하지만 소녀의 친구는 그곳에 가지 않는다. 이 아이는 이해하지 않고 슬퍼하지 않고 말하지 않으면서 '그의 부재'의 장소에 조용히 머물러 '나의 부재'를 지속한다. 아이에게 '그의 부재'는 '제외될 수 없는' 것이다.

왜 부재의 상태에서 죽음이라는 사건으로 이행하지 않는가라는 앞선 질문에 대한 잠정적인 대답은 이러하다. 〈제외될 수 없는〉의 이 아이는 그럴 능력이 없기 때문이다. '그의 부재'를 절대화하고 부재를 앓는 것 외의 어떤 가능성도 배제하는 이 아이의 무능력이 우리의 말문을 막는다면, 우리의 통상적 애도가 어떤 층위에서건 자기기만을 동반한다는 사실을 우리가 알고 있기 때문일 것이다. 이 아이의 무능력은 숭고한 무능력이다. 옹호될 수 없지만 반박될 수도 없는, 또한 해명될 수 없고 이해될 수도 없는 아이의 비상한 무능력, 그것에 바탕한 무시무시한 결단에 대한 존중이 〈제외될 수 없는〉을 특별한 영화로 만든다.

보이지 않는 영화

ⓒ 허문영

1판 1쇄 | 2014년 12월 23일
1판 4쇄 | 2018년 8월 31일

지은이 | 허문영
펴낸이 | 정홍수
편집 | 김현숙 박지아
펴낸곳 | (주)도서출판 강
출판등록 | 2000년 8월 9일(제2000-185호)

주소 | 서울시 마포구 동교로 17안길 21(우 04002)
전화 | 02-325-9566
팩시밀리 | 02-325-8486
전자우편 | gangpub@hanmail.net

값 16,000원
ISBN 978-89-8218-198-6 03680

이 도서의 국립중앙도서관 출판시도서목록(CIP)은 e-CIP 홈페이지(http://www.nl.go.kr/cip.php)에서
이용하실 수 있습니다.(CIP제어번호:CIP2014036249)